C.H.BECK
STUDIUM

W0370851

Martin Dreher

Athen und Sparta

Verlag C.H. Beck

Mit 5 Karten (gefertigt von Henrik Bollmann, Magdeburg)

Die Deutsche Bibliothek – CIP-Einheitsaufnahme

Dreher, Martin:
Athen und Sparta / Martin Dreher. – München:
Beck, 2001 (C. H. Beck Studium)
ISBN 3-406-48208-2

ISBN: 3 406 48208 2

Umschlagentwurf: Bruno Schachtner, Dachau
©Verlag C. H. Beck oHG, München 2001
Satz: Fotosatz Janß, Pfungstadt
Druck und Bindung: Nomos Verlagsgesellschaft, Sinzheim
Gedruckt auf säurefreiem, alterungsbeständigem Papier
(hergestellt aus chlorfrei gebleichtem Zellstoff)
Printed in Germany

www.beck.de

Inhalt

Vorwort

Athen und Sparta sind die beiden bekanntesten Stadtstaaten (*Póleis*) der Griechen. Ihre äußere Machtentfaltung und ihre gegensätzlichen inneren Strukturen beeinflußten und beeindruckten bereits die gesamte antike Welt. Die Faszination, die vom Schicksal Athens und Spartas ausging, dauert bis auf den heutigen Tag an und ist schon für viele historisch Interessierte ein Einstieg in die Beschäftigung mit der Antike gewesen. Aber auch Wissenschaftler verschiedener Disziplinen, nicht nur solche der Altertumskunde, sind immer wieder hingezogen zu den proto- und idealtypischen sozialen und politischen Verhältnissen, die in der Geschichte Athens und Spartas so eindrucksvoll zutage treten.

Eine zusammenhängende Darstellung der Geschichte Athens und Spartas lag bisher in deutscher Sprache nicht vor. Natürlich spielt der jeweils andere Staat in den Büchern über Athen *oder* über Sparta eine wichtige Rolle. Und selbstverständlich bilden diese beiden größten und wichtigsten Staaten den Kern jeder Monographie über die griechische Staatenwelt insgesamt. Wenn sich demgegenüber die vorliegende Darstellung ganz auf Athen *und* Sparta konzentriert, so kann erstens eine Perspektive eingenommen werden, die beiden Staaten gleichermaßen gerecht wird, indem beide in ungefähr gleichem Umfang berücksichtigt werden. Durch direkte Vergleiche, die immer wieder gezogen werden, können zweitens die jeweiligen Charakteristika, die Unterschiede und Gemeinsamkeiten, besonders deutlich herausgearbeitet werden. Und drittens wird bei der Nachzeichnung der bilateralen Beziehungen erkennbar, wie sich die innere Ordnung der beiden Staaten und ihre Politik nach außen wechselseitig beeinflußten und bedingten.

Die jeweiligen gesellschaftlichen und politischen Grundstrukturen bildeten sich in Athen und Sparta in einer Zeit heraus, in der sich diese Gemeinwesen weitgehend eigenständig, ohne enge Beziehungen zueinander, entwickelten. Das erste Kapitel behandelt daher die Entwicklung Athens und Spartas von der mykenischen Zeit in der zweiten Hälfte des 2. Jahrtausends v. Chr. bis zum Ende der griechischen Frühzeit am Ausgang des sechsten Jahrhunderts v. Chr. zunächst in getrennten Abschnitten, wobei die gegen Ende dieses Zeitraums erfolgte Polisbildung, die Staatswerdung also, im Zentrum steht. Ein dritter Abschnitt führt die beiden vorausgehenden zusammen, indem er Gemeinsamkeiten und Unterschiede zwischen Athen und Sparta festhält.

Am Ende der archaischen Zeit hatten sich Athen und Sparta zu den beiden bedeutendsten griechischen Staaten herausgebildet. Ab diesem Zeitpunkt war ihr Schicksal eng ineinander verwoben. Das zweite Kapitel zeichnet nach, wie die beiden Staaten zunächst bei der Abwehr der Perser kooperierten, sich dann zunehmend entfremdeten und schließlich, im großen Peloponnesischen Krieg, erbittert bekämpften. Gleichzeitig wird auf die jeweiligen Verfassungsstrukturen eingegangen, die sich in engem Zusammenhang mit der Außenpolitik entwickelten: Athen wurde zum Prototyp der Demokratie, Sparta zum Inbegriff, wenngleich nicht zum Idealtyp, der Oligarchie.

Wie das zweite Kapitel im fünften, so hat es das dritte Kapitel im vierten Jahrhundert v. Chr., nach der athenischen Niederlage im Peloponnesischen Krieg, mit einem Wechselspiel der Machtpositionen zu tun. Weder Sparta noch Athen konnte die Vorherrschaft über den jeweils anderen und damit über ganz Griechenland längerfristig ausüben. Die inneren Strukturen jedoch blieben in Athen insgesamt stabiler als in Sparta.

Ein Studienbuch im vorliegenden Umfang kann keine umfangreiche Dokumentation der Quellen und der wissenschaftlichen Literatur bieten. Daher werden die wichtigsten Quellen am Anfang der einzelnen Kapitel vorgestellt, während im Text nur ausnahmsweise auf wichtige Quellenstellen verwiesen wird. Bei der Auswahl der Literatur habe ich mich bemüht, in den Anmerkungen und der Bibliographie neben einigen unverzichtbaren Standardwerken vor allem neuere Schriften zu zitieren, die ihrerseits die frühere Literatur erschließen. Außerdem sollen neue Forschungstendenzen und damit verbundene Forschungskontroversen hervorgehoben werden. Dabei muß sich ein Studienbuch darauf beschränken, den derzeitigen Forschungsstand wiederzugeben, ohne in eine tiefergehende Diskussion eintreten zu können. Auswahl und Inhalte der Darstellung weisen aber durchaus eigene Akzente, Beurteilungen und Interpretationen des Autors auf.

Zur besseren Orientierung der Leser werden möglichst oft Datierungen angegeben, auch auf die Gefahr hin, daß in einigen Fällen, in denen die Daten nicht unumstritten sind, der Eindruck einer in Wirklichkeit nicht gegebenen Sicherheit entsteht. Alle Daten beziehen sich, sofern nicht anders vermerkt, auf die Zeit vor Christus.

Griechische Fachtermini werden mindestens bei ihrer ersten Nennung kursiv gesetzt und kurz erläutert. Sie erhalten außerdem einen Akzent, der als Betonungshinweis gedacht ist. Bei der Transkription der griechischen Eigennamen und geographischen Begriffen habe ich keine Einheitlichkeit angestrebt, sondern die jeweils gebräuchlichste oder einfachste Form vorgezogen. Die im Deutschen übliche Betonung dieser Begriffe kann dem Register entnommen werden.

Dank sagen möchte ich dem Verlagslektor, Stefan von der Lahr, der dieses Buch angeregt hat und als wirklicher *lector* viel zur Verbesserung des Manuskripts beigetragen hat, Lukas Thommen für die kritische Durchsicht des Abschnitts über das frühe Sparta und meiner Frau, Ute Großmaas, für vielfältige Anregungen. Für das Mitlesen der Korrekturen habe ich Eckart Frey und Ulrich Heider, der auch manches zur Glättung des Textes beigetragen hat, zu danken. Für die Herstellung der Karten danke ich Henrik Bollmann, für das Schreiben des Registers Gudrun Franke und für die Umbruchkorrekturen Kirsten Jahn.

Dieses Studienbuch wendet sich in erster Linie an diejenigen, die sich im Rahmen eines altertumswissenschaftlichen Hochschulstudiums, also in Seminaren, Vorlesungen und bei der Prüfungsvorbereitung, mit der Geschichte Athens und Spartas befassen. Auch Lehrern an weiterführenden Schulen sowie interessierten Wissenschaftlern verschiedener Disziplinen soll es von Nutzen sein. Darüber hinaus möchte es alle ansprechen, die ihre Kenntnisse über das Thema vertiefen wollen, vielleicht weil sie auf irgendeine Weise mit den vielfältigen und auf den ersten Blick nicht immer als solche erkennbaren Nachwirkungen der Zeit Athens und Spartas in Berührung kommen.

Magdeburg, im Januar 2001 Martin Dreher

I. Entstehung und Entwicklung der beiden Stadtstaaten bis zum Ende der archaischen Zeit (bis 511 v. Chr.)

1. Die gesellschaftliche und politische Struktur Athens

Quellenhinweise:

Die Vorstellungen der Athener von ihrer eigenen Frühgeschichte beruhten nicht auf gesicherter Überlieferung und lassen sich vom Inhalt her als spätere Konstruktionen erweisen. Für die athenische Frühzeit können wir uns fast nur auf archäologische Zeugnisse stützen. Da Athen in die allgemeingriechische Entwicklung eingebunden war, tragen auch die im 8. Jahrhundert aufgezeichneten homerischen Epen zum Verständnis seiner frühen Gesellschaftsordnung bei. Frühgeschichte

Schriftliche Nachrichten direkt über Athen sind erst für die Zeit ab dem ausgehenden 7. Jahrhundert v. Chr. aussagekräftig: Eine später wiederaufgezeichnete Inschrift mit einem Gesetz Drakons ist das erste direkte Zeugnis von historischer Bedeutung. Gedichte Solons sind in der aristotelischen *Athenaíon politeía* (*Staat der Athener*), deren Abfassungszeit auf 335–322 v. Chr. eingegrenzt werden kann, sowie in Plutarchs (S. 31) Biographie über Solon wörtlich zitiert. 7. Jahrhundert

Die weitere Überlieferung über das 6. Jahrhundert beruht, wie die neuere Forschung annimmt, so gut wie ausschließlich auf mündlicher Tradition.[1] Dabei muß aufgrund der Gesetzmäßigkeiten der *oral tradition* (der mündlichen Überlieferung geschichtlicher Ereignisse) davon ausgegangen werden, daß das Erinnerungsvermögen einer Gesellschaft im allgemeinen nur zwei Generationen weit zurückreicht, bei besonders bedeutsamen Ereignissen bis zu vier Generationen.[2] Was also Herodot aus Halikarnaß, unser ältester Gewährsmann, dessen Werk um 420 v. Chr. publiziert wurde, über die Zeit vor den Perserkriegen zu berichten weiß, ist nur mit großer Vorsicht heranzuziehen. Dasselbe gilt für die wenigen einschlägigen Bemerkungen seines jüngeren Zeitgenossen Thukydides aus Athen. Die Schrift des Aristoteles vom Oral tradition

Staat der Athener schließlich, unsere einzige einigermaßen zusammenhängende Darstellung der athenischen Geschichte, ist noch etwa ein Jahrhundert später entstanden und steht unter dem Generalverdacht, fehlende Kenntnisse durch philosophisch beeinflußte Rekonstruktionen ersetzt zu haben. Sie fußt auf den uns weitgehend verlorenen attischen Lokalgeschichten (Atthiden, von Atthidographen verfaßt) des ausgehenden 5. und des 4. Jahrhunderts v. Chr.[3]

Chronologie

Mit besonderer Skepsis muß den chronologischen Angaben unserer sich nicht selten widersprechenden Quellen begegnet werden, da die mündliche Überlieferung in dieser Hinsicht notorisch unzuverlässig ist.

1.1. Die Frühzeit

Athen und Attika

Athen war der wichtigste und größte Ort auf der Halbinsel Attika. Diese ist im Nordosten und Osten durch einen schmalen Meeresarm von der gegenüberliegenden Insel Euböa getrennt, verengt sich nach Süden hin bis zum Kap Sunion und zeigt nach Südwesten hin zum Saronischen Golf, in dem die Inseln Salamis und Ägina liegen. Im Norden wird Attika von der Landschaft Böotien, im Nordwesten von der Megaris begrenzt. Mehrere Gebirgszüge mittlerer Höhe gliedern das Gebiet in landwirtschaftlich nutzbare Ebenen. Die Halbinsel ist insgesamt etwa 2500 qkm groß. Der Name der Stadt Athen, im Griechischen *Athénai* (grammatisch ein Plural) geht auf eine vorgriechisches Wort zurück, kann aber von der Sprachwissenschaft nicht zufriedenstellend erklärt werden. In historischer Zeit bildete das attische Gesamtgebiet eine staatliche Einheit, wobei Attika der Name für die Landschaft war, während der Staat *hoi Athenaíoi* (die Athener) hieß.

Autochthonie?

Die Athener verstanden sich als Nachfahren von «Ureinwohnern» Attikas, hielten sich also für eine autochthone politische Gemeinschaft. Diese Vorstellung basierte nicht auf einer genuinen Tradition. Sie entstand wohl erst mit der Formierung der *Pólis* (des Stadtstaates), nicht zuletzt zur Abgrenzung gegenüber den als Invasoren geltenden Doriern und zur eigenen Identitätsfindung.

Besiedlung

Erste Siedlungsspuren in Attika führen bis in das 7. Jahrtausend v. Chr. zurück.[4] Athen selbst war ab dem Ende des 4. Jahrtausends kontinuierlich besiedelt. Um 2000 v. Chr., so die überwiegende Forschungsmeinung, sind indoeuropäische Bevölkerungselemente nach Griechenland und auch nach Attika eingewandert. Von der Vorstellung einer einmaligen Einwanderunswelle ist man seit langem abgekommen. Hingegen ist ein allmähliches Einsickern neuer Siedler anzunehmen, die mit der bisherigen Bevölkerung zu den späteren Griechen verschmolzen. Wie groß der Anteil der Zugewanderten war, in welchem Umfang also die athenische Vorstellung der Autochthonie sachlich zutreffend war, läßt sich nicht feststellen.

Mykenische Zeit

Die auf der Peloponnes ab etwa 1700 v. Chr anzusetzende mykenische Periode hat auch in Attika ihre Spuren hinterlassen. Die aufgefundenen typischen Tholosgräber (Kuppelgräber) und Kammergräber entstanden um 1400 v. Chr. Im späten 13. Jahrhundert wurde die athenische Akropolis durch die sogenannten zyklopischen Mauern befestigt und als Palastanlage ausgebaut. Wie weit die Macht des Palastherrschers innerhalb von Attika reichte, entzieht sich aber unserer Kenntnis. Zum Bau dieser Anlage muß die Familie, die sich die Herrschaft in Athen sichern konnte, über beträchtlichen Reichtum und über zahlreiche Arbeitskräfte verfügt haben und war zweifellos die mächtigste Dynastie in Attika. Die kleineren attischen Herrschafts- und Siedlungszentren wie Thorikos, Brauron und Eleusis bestanden jedenfalls auch zur Zeit des athenischen Palastes weiter. Attika war also einerseits ein Teil der mykenischen Welt und hatte zahlreiche Kontakte nach außen. Andererseits ist es fraglich, ob die Herren der athenischen Akropolis bereits einen institutionalisierten attischen Gesamtstaat geschaffen hatten.

Ende der Palastzeit

Nach 1200 wurde die im Unterschied zu den anderen mykenischen Palastzentren nicht zerstörte Residenz aufgegeben, die Bevölkerungszahl nahm bereits im Laufe des 12. Jahrhunderts ab. Die Macht des athenischen Herrschers ging in Attika wahrscheinlich langsamer zurück als in den anderen Zentren. Aber auch in Athen entstand allmählich eine Elite, die ihren Rang nicht mehr ihrer Verbindung zum *Wánax*, dem mykenischen Herrscher, sondern ihren eigenen, nicht mit dem zentralen Palast in Verbindung stehenden ökonomischen Erfolgen verdankte. Die Siedlungsgemeinschaften der mykenischen Zeit blieben großenteils bestehen und bildeten das wesentliche Element der Kontinuität bis in die Zeit der Polis hinein. Läßt schon das archäologische Material für diesen Zeitraum kaum sichere Schlüsse zu, so kann den späteren Erzählungen von Königsdynastien und Wanderungsbewegungen grundsätzlich nicht vertraut werden. Sie sind nur mythologische Konstruktionen, die aus den Verhältnissen der spätarchaischen und klassischen Zeit erklärt werden müssen.

Dunkle Jahrhunderte

Die Zeit bis etwa 1050 v. Chr. führte in vieler Hinsicht die materielle mykenische Kultur fort und wird daher als submykenisch bezeichnet. Ab der Mitte des 11. Jahrhunderts setzte die Produktion protogeometrischer Keramik ein, mit der Athen für lange Zeit die führende Stellung in der griechischen Vasenherstellung einnahm. Insgesamt gesehen sind die Funde aus dem 11. und 10. Jahrhundert und damit unser Wissen über diesen Zeitraum so dürftig, daß diese Periode nach wie vor als die «Dunklen Jahrhunderte» bezeichnet werden kann. Athen selbst, soviel läßt sich erkennen, war eine relativ große Siedlung, vielleicht sogar die größte in ganz Griechenland, aber das übrige Attika war nur sehr dünn besiedelt. Daher kann die spätere politische Einheit ganz Attikas nicht aus einem Zusammenschluß (*Synoikismós*) ursprünglich unabhängiger Kleinstaaten zu einem Gesamtstaat resultieren, wie es die Athener selbst glaubten, die die Einigung Attikas dem mythischen König Theseus zugeschrieben haben. Aber auch die Struktur der Stadt Athen selbst läßt sich noch nicht in wirklich politische Kategorien fassen. Die athenische Vorstellung, das ursprüngliche Erbkönigtum sei zunächst in ein lebenslanges, dann in ein zehnjähriges Oberamt, das Archontat, übergegangen, muß wiederum als anachronistische, aus der späteren Polisordnung abgeleitete Konstruktion gelten.

Die Gesellschaft der homerischen Zeit

Über die gesellschaftlichen Strukturen Athens in den Dunklen Jahrhunderten lassen sich nur wenige Schlüsse ziehen. Archäologisch bezeugen einige etwas reicher ausgestattete Gräber, daß eine gewisse soziale Differenzierung der Bevölkerung zwar vorhanden, aber erst gering entwickelt war. Darüber hinaus lassen sich in begrenztem Umfang die homerischen Epen als Quelle heranziehen, da man heute die gesellschaftlichen Verhältnisse, die aus diesen Texten erkennbar werden, nicht mehr wie früher auf die ferne mykenische Zeit, sondern auf ihre unmittelbare Vergangenheit, also auf das 9. und 8. Jahrhundert v. Chr., bezieht.[5] Die Gemeinwesen, die auch bei Homer *Póleis* genannt werden, wurden gebildet von einer überschaubaren Zahl von Einzelhaushalten (*Oíkoi*, Sing.: der *Oíkos*). Sklaverei wurde bereits praktiziert. Alle freien erwachsenen Männer hatten als bewußt zusammengehörige Mitglieder teil an den Rechten und Pflichten ihrer Polis. Sie leisteten entsprechend ihren Ausrüstungsmöglichkeiten Kriegsdienst und nahmen teil an der Volksversammlung, die sich akklamatorisch zu grundlegenden Entscheidungen des Gemeinwesens äußerte, und galten in dieser Hinsicht als untereinander gleich.

Basileis

Getroffen wurden die Entscheidungen jedoch von der Führungsschicht, den *Basileís* (Sing.: der *Basileús*), die in einem Rat zusammentraten. Ob jemand zu dieser Oberschicht gehörte, hing entscheidend von der Größe seines Vermögens ab, in den agrarisch geprägten griechischen Gesellschaften also von der Größe des Landbesitzes und des Viehbestands. Die homerischen Helden haben wir uns sozialökonomisch gesehen als Großbauern vorzustellen. «Adlige» Abstammung war demgegenüber eine sekundäre, aus den Besitzverhältnissen abgeleitete Eigenschaft.

Basileus

Aus der Gruppe der Basileis ragte wiederum ein Mann, *der* Basileus, als reichste, vornehmste und führende Persönlichkeit einer Polis heraus. Weil der Terminus in anderem Zusammenhang diese Bedeutung hat, wird ‹Basileus› unglücklich und irreführend meist mit «König» übersetzt. In Wirklichkeit war der Basileus ein *primus inter pares*, der die «politische Kommunikation» koordinierte, ohne formale Entscheidungsbefugnisse zu besitzen. Im ethnologischen Vergleich läßt er sich am besten als «Häuptling» oder als *chief* bezeichnen.

Vorstaatlichkeit

Die homerische Polis kann, wenn man den Begriff nicht völlig entwerten will, nicht als Staat bezeichnet werden, sondern bleibt eine vorstaatliche Gemeinschaft. Von den drei klassischen Elementen, die einen Staat im modernen Sinn ausmachen, also Staatsvolk, Staatsgebiet und Staatsgewalt fehlt der frühen Polis das letztere, also eine Staatsgewalt, die sich in Form von überpersönlichen, allgemein gültigen, institutionalisierten Herrschaftsverhältnissen erst noch etablieren sollte.[6] Das frühe Athen wurde also entgegen den antiken und vielen modernen Vorstellungen nicht von einem König regiert, es kannte keine Monarchie.

1.2. Die Entstehung des athenischen Staates

Binnenkolonisation Attikas

Für Athen lassen sich einige Voraussetzungen erkennen, die für den Übergang der Polis in einem Staat im eben genannten Sinn grundlegend waren. Die Bevölkerungszunahme seit dem 10. /9. Jahrhundert führte zu einer Binnenkolonisation Attikas von Athen aus, die in den Jahrzehnten um 800 ihren Höhepunkt erlebt haben dürfte.

Die Einbeziehung der gesamtattischen Bevölkerung in die gemeinsamen Untergliederungen der Phylen und Phratrien (zu den Begriffen S. 21) geht wahrscheinlich auf diese Zeit zurück. Da das Gebiet von Attika selbst eine ausreichende Landversorgung sicherstellte, gründeten die Athener keine nennenswerten Kolonien und eroberten kein zusätzliches Land, sondern schufen ein für griechische Verhältnisse ungewöhnlich großes geschlossenes Gemeinwesen.

Soziale Differenzierung

Wesentliche Voraussetzung für die Entstehung einer neuen, hierarchischen und institutionalisierten Ordnung war die stärkere soziale Differenzierung des Gesamtvolks (*Démos*). Zunehmend reichere Grabausstattungen bezeugen einen solchen Prozeß seit dem 9. Jahrhundert, mit stärkerer Dynamik dann ab ca. 770. Der Reichtum stammte natürlich vorwiegend aus der Landwirtschaft, aber auch aus dem Handel, dessen Intensität gerade in der ersten Hälfte des 8. Jahrhunderts zunahm. In den Texten des 6. Jahrhunderts werden die Angehörigen der athenischen Oberschicht von Solon als *Hegemónes* (Führer), von anderen Dichtern, die im allgemeinen selbst dieser Schicht angehörten, als *Agathoí* (Gute) oder *Esthloí* (Edle) bezeichnet; in der *Athenaion politeia* heißen sie *Eupatrídai* (Söhne guter Väter). Auch der heute vielverwendete Terminus ‹Adel› entspricht diesen Selbstbezeichnungen der eigentlich ökonomisch bestimmten Oberschicht.

Staatsgründung

Der entscheidende Schritt zur Staatlichkeit war dann getan, wenn Herrschaftsverhältnisse institutionalisiert wurden. Diesen Schritt konnte nur die vermögende Oberschicht vollziehen. Deren Organ, die Ratsversammlung, ging irgendwann dazu über, sich nicht mehr nur als Koordinationsgremium, sondern als Obrigkeit zu konstituieren, der sowohl das Gesamtvolk als auch vor allem jeder einzelne Adlige gehorsamspflichtig war, und das deshalb beanspruchte, seine Entscheidungen letztendlich auch mit Gewalt durchzusetzen.[7]

Adelsherrschaft

Der Beginn dieser kollektiven Staatsgewalt ist für uns nicht genau erkennbar. Greifbar sind nur die ersten Konsequenzen daraus, nämlich die Verteilung bestimmter Herrschaftsfunktionen auf einzelne Adlige, mithin die Schaffung von Ämtern, die ihren jeweiligen Inhabern auf Zeit verliehen wurden, um die kollektive Adelsherrschaft nicht zu gefährden. In Athen wurde als erster und wichtigster Amtsträger jeweils für ein Jahr, dem er auch seinen Namen gab, ein Archon gewählt. Auch wenn die überlieferte Archontenliste, die im Jahr 683/2 mit dem Namen Kreon einsetzt, den Beginn dieses Amtes nicht sicher markiert, so sind das Jahresamt des Archonten und damit erste staatliche Institutionen doch in der ersten Hälfte des 7. Jahrhunderts entstanden.

Archon-eponymos

In Athen muß dieser *Archon epónymos* (namensgebend) ursprünglich eine umfangreiche Jurisdiktionsgewalt besessen haben, zumindest den Vorsitz in einem aus mehreren Adligen bestehenden Gericht. Davon blieben ihm in späterer Zeit lediglich die Aufsicht über familien- und erbrechtliche Angelegenheiten und die Zuständigkeit in diesbezüglichen Prozessen. Darüber hinaus war der Archon aber auch der Leiter des Gemeinwesens im allgemeinen Sinn, wie schon seine Bezeichnung nahelegt, die ‹Führer›, ‹Leiter› oder ‹Regent› bedeutet. Er hatte bis ins frühe 5. Jahrhundert den Vorsitz in der Volksversammlung inne, wahrscheinlich rief er auch seit alters her den Rat zusammen und leitete dessen Sitzungen.

Polemarchos

Um den jeweiligen Archonten nicht zu mächtig werden zu lassen und um die Herrschaftsansprüche mehrerer Adliger befriedigen zu können, also vor allem aufgrund der Konkurrenz innerhalb der Oberschicht, wurden, wahrscheinlich gleichzeitig mit dem oder nicht viel später als das Archontat, weitere Ämter eingerichtet. Die Zuständigkeit des *Polémarchos* ergibt sich aus seiner Bezeichnung, die ‹Kriegsführer› bedeutet. Seit wann der Polemarchos auch für Rechtsfälle zugewanderter Fremder zuständig war, wissen wir nicht; das war jedenfalls in der klassischen Zeit seine Hauptaufgabe, nachdem er das militärische Kommando an die Strategen verloren hatte.

Basileus

Das dritte Jahresamt diente der Vertretung des Gemeinwesens in sakralen Angelegenheiten. Sein Inhaber hieß sicher deshalb *Basileús*, weil er rituelle und wohl auch judikative Funktionen vom «homerischen» Oberbasileus übernommen hat. Zu seinen Aufgaben gehörten wahrscheinlich die Durchführung von Opfern und die Leitung von Festen der Polis, außerdem die Entsühnung des Gemeinwesens nach der Tötung eines Menschen, da nach griechischem Verständnis dadurch die ganze Gemeinschaft befleckt wurde. Bei Tötungs- und Körperverletzungsprozessen hatte er die judikative Zuständigkeit, Reste davon sind im Recht Drakons (S. 22) noch zu sehen.

Thesmotheten

Archon, Polemarchos und Basileus waren die drei höchsten und zu Anfang vielleicht einzigen Amtsträger der Polis Athen. Allgemein akzeptiert ist die Angabe des Aristoteles, daß das Amt der sechs Thesmotheten erst nach den drei Oberämtern eingeführt worden sei. Das muß aber noch im 7. Jahrhundert und vor der Kodifikation Drakons geschehen sein. Der Begriff Thesmothet bedeutet ‹Rechtssetzer›, und Aristoteles hat daraus abgeleitet (*Ath. pol.* 3,4), daß die Thesmotheten die Rechtssätze (*Thésmia*) aufgeschrieben und für Streitfälle aufbewahrt hätten.[8] Die Thesmotheten bildeten im Unterschied zu den drei obersten Amtsträgern von Anfang an ein Kollegium. Mit diesen zusammen wurden sie spätestens ab der solonischen Zeit als die Neun Archonten bezeichnet. Höchstwahrscheinlich galt schon von Anfang an das erst später gesicherte Iterationsverbot (das Verbot, ein Amt mehrfach zu bekleiden).

Areopag

Die Archonten und die Inhaber weiterer, noch im 7. Jahrhundert eingerichteter Ämter wurden nach der *Athenaion Politeia* (8,2) vom Rat auf dem Areopag eingesetzt, der so hieß, weil er sich auf dem Hügel des Ares (*Áreios págos*) versammelte. Seit den Reformen des Kleisthenes (S. 65 ff.) war der Areopag, wie er auch einfach genannt wurde, fast nur noch für die Aburteilung von Tötungsdelikten zuständig. In der Anfangszeit des athenischen Staates muß er jedoch die Instanz gewesen sein, in der die Oberschicht ihre Konkurrenz kanalisierte, Meinungsverschiedenheiten austrug und gegenläufige Interessen auszugleichen suchte, das Gremium also, das wir in jeder Polis vorauszusetzen haben.[9] Mit der Einrichtung der Ämter mußte auch der Rat einen institutionalisierten Modus zu seiner Selbstergänzung finden. Das spätere Prinzip, daß alle Archonten nach ihrem Amtsjahr dem Areopag auf Lebenszeit angehörten, kann schon aus der Frühzeit des Rates stammen. Im Gegensatz zu entsprechenden Gremien in Sparta und anderen Poleis war die Zahl seiner Mitglieder, der Areopagiten, nicht festgelegt.

Volksversammlung

Möglicherweise war bei der Bestellung der Amtsträger von vornherein noch eine zweite Institution beteiligt, wenngleich mit weitaus geringerem Anteil, nämlich die Volksversammlung (*Ekklesía*). Wie schon in der homerischen Gesellschaft mußten die Führer der Polis in gewisser Weise Rücksicht auf das Volk und auf seine Willensäußerungen nehmen, obwohl diesem keine formale Entscheidungsgewalt zukam. Weitere grundsätzliche Entscheidungen, besonders über Krieg und Frieden, die militärische Organisation und kultische Angelegenheiten, dürften der Volksversammlung vorgetragen worden sein. Die Teilnahme an der Volksversammlung stand allen freien Politen, die wir jetzt, nach der

Staatswerdung, als Bürger bezeichnen dürfen, offen. Mit der Zeit wird sich eine gewisse Regelmäßigkeit der Versammlungen herausgebildet haben.

Oikos und Polis

Sozusagen unterhalb der staatlichen Ebene hatten sich genossenschaftlich organisierte, schichtenübergreifende Vereinigungen ausgeprägt, die zwar vorstaatlichen Ursprungs waren, jetzt aber in staatliche Strukturen eingebunden wurden und damit die Zugehörigkeit jedes freien Atheners zur Polisgemeinschaft sicherten. In der jüngeren Forschung wurde herausgearbeitet, daß diese Vereinigungen keine festgefügten, auf wirklicher Verwandtschaft beruhenden Einheiten, sondern lose, durch fiktive Verwandtschaft und gemeinsame Kulte verbundene Zusammenschlüsse von Kleinfamilien waren. Athen war weder ein Geschlechterstaat noch ein Stammstaat. Die Kleinfamilie, der einzelne Oikos, war und blieb die wesentliche Grundeinheit der athenischen Polis.

Gene, Phratrien, Phylen

Die kleinsten dieser Vereinigungen waren die *Géne* (Sing.: das *Génos*, ‹Geschlecht›). Während aber nicht jeder Athener einem Genos angehörte, war gerade das bei der nächstgrößeren Einheit, den Phratrien, wörtlich ‹Bruderschaften›, gegeben. Sie hatten schon im drakontischen Recht eine quasi-öffentliche Funktion (S. 22). Im klassischen Athen oblag den Phratrien die Anerkennung der Vollbürtigkeit der neugeborenen Söhne und wahlweise auch der Töchter der Phratriegenossen. Der Bürgerstatus war an die Mitgliedschaft in einer Phratrie gebunden. Nach Vollendung des 18. Lebensjahres wurden die Männer vollgültige Mitglieder ihrer Phratrie und damit zugleich Vollbürger, die nun vor allem auch Wehrpflichtige waren. Die größten und jüngsten Personenverbände waren die Phylen (Stämme), die in vielen ionischen und dorischen Poleis belegt sind. In Athen gab es die vier Phylen der *Geléontes*, *Hópletes*, *Aigikoreís* und *Argadeís*, als deren Stammväter Söhne der Mythenfigur Ion galten, der wiederum als Stammvater der Ionier angesehen wurde, zu denen die Athener gehörten. Die historischen Phylen sind geplant eingerichtete, staatliche Untergliederungen der Gesellschaft; das sieht man auch daran, daß sie in Sparta schon in der Großen Rhetra (S. 42 f.), in Athen und anderen Poleis im 6. Jahrhundert reformiert, d. h. neu gegliedert wurden, was mit altüberkommenen Einrichtungen nicht geschah. Dementsprechend waren die vier *Phylobasileís* keine Nachfolger früherer Stammeskönige, sondern Vorsteher der Phylen, athenische Amtsträger.

1.3. Die Gesetzgebung Drakons

Drakon

Ab der zweiten Hälfte des 7. Jahrhunderts werden dank der schriftlichen Überlieferung auch konkrete Vorgänge greifbar. Zwischen 640 und 620 scheiterte der Versuch eines Olympiasiegers namens Kylon, sich zum Tyrannen aufzuschwingen. Die dadurch ausgelösten blutigen Auseinandersetzungen zwischen den führenden Familien mögen dazu beigetragen haben, daß, wohl im Jahr 621/0 und zur Sicherung des inneren Friedens, eine Gesetzeskodifikation stattfand. Sie wird einem Mann namens Drakon (Schlange, Drachen) zugeschrieben, über dessen Person nichts bekannt ist. Von seiner vielleicht umfangreicheren Gesetzesaufzeichnung ist uns nur ein Teil des Blutrechts überliefert, weil es dauerhaft in Kraft blieb und am Ende des 5. Jahrhunderts noch einmal inschriftlich festgehalten wurde.[10] Das Gesetz scheint teils Gewohnheitsrecht, teils neue Bestimmungen festgeschrieben zu haben.[11]

Blutgesetze

Drakon setzte für das Delikt der unvorsätzlichen Tötung als Strafe die Verbannung fest, die wahrscheinlich auch für Mord galt. Mit der Kategorie des Vorsatzes ist zum ersten Mal in der europäischen Rechtsgeschichte den Willen des Täters berücksichtigt; ebenso werden die Tatumstände herangezogen. Eine genau definierte Gruppe von Verwandten des Getöteten hatte das Recht, Klage zu erheben. Die Prozeßführung lag beim Basileus und den Phylobasileis. Das Urteil spachen 51 Epheten, die eventuell dem Areopag angehörten. Wenn der Täter verbannt war, aber in Attika angetroffen wurde, durfte er von den Verwandten sowie den Phratriegenossen des Getöteten straflos getötet werden.

Staatliche Strukturen

Drakons Blutgesetze geben deutliche Hinweise auf den Grad der Ausprägung, den die staatlichen Strukturen Athens am Ende des 7. Jahrhunderts erreicht hatten. Sie zeigen, daß der Übergang von der privaten Blutrache zur staatlichen Verfolgung von Tötungsdelikten zu einem guten Teil vollzogen war. Indem das Gesetz private Rache in legale Bahnen lenkte, bedeutete es einen wichtigen Markstein bei der Verstaatlichung der Rechtsverhältnisse. Außerdem zeigt das Recht Drakons, daß die Rechtsnormen von Anfang an für alle Athener gleich waren. Als passive Staatsbürger besaßen die Bürger also bereits die Gleichheit, die sie als aktive Staatsbürger erst in der Demokratie erringen sollten.

1.4. Die Reformen Solons

Sollte Drakon noch andere Gesetze gegeben haben, so wurden sie bei der völligen Neuordnung Athens unter Solon entweder verändert oder so in Solons Gesetze integriert, daß sie nicht mehr als eigenständige Regelungen erkennbar waren. Vorsolonische Gesetze

1.4.1. Die Krise Athens am Ende des 7. Jahrhunderts v. Chr.

Die Sozialordnung Athens scheint, das können wir mit der *Athenaion politeia* aus den Reformen Solons schließen, gegen Ende des 7. Jahrhunderts in eine Krise geraten zu sein. Die Kleinbauern waren verarmt und verschuldet. Viele waren in einen Status sozialer Abhängigkeit abgesunken, in dem sie von den Quellen *Hektémoroi* genannt werden. Der Terminus, wörtlich ‹Sechstler›, bedeutet nach der wahrscheinlichsten Interpretation, daß die Hektemoroi ein Sechstel ihrer Ernteerträge an ihre Gläubiger abzuliefern hatten. Schuldsteine (*Hóroi*) zeigten an, daß das Land des Hektemoros, auf dem sie aufgestellt waren, verpfändet war. Kam ein Hektemoros oder ein sonstiger Schuldner seinen Verpflichtungen nicht nach, konnte der Gäubiger auf seine Person zugreifen, ihn in Schuldknechtschaft nehmen und gegebenenfalls verkaufen. Soziale Krise

Solon beklagt in seinen Gedichten, daß in Athen die gute Ordnung, die *Eunomía*, gestört sei und jetzt Unordnung herrsche, *Dysnomía*. Und er gibt die Schuld an dieser Entwicklung eindeutig den Reichen, die durch Habgier, durch Gewinnsucht und durch Hybris die innere Eintracht der Polis aufs Spiel gesetzt haben sollen. Von den Reichen befürchtet Solon die Errichtung einer Tyrannis. Von den bedrängten Schichten hingegen könne, so seine Sorge, ein Bürgerkrieg (die *Stásis*) ausgehen. In beiden Fällen wäre es nach seiner Auffassung um die Eunomia geschehen. Gefährdung der Eintracht

1.4.2. Solons Stellung und das Datum seiner Reformen

Die nachsolonischen Quellen rechnen Solon zwar zur Oberschicht, aber nicht zu den reichsten Bürgern Athens. Das mag daraus abgeleitet sein, daß sich Solon selbst als einen Mann der Mitte und des Ausgleichs darstellte. Solon wird als Archon des Jahres 594/3 geführt, es spricht aber vieles dafür, daß er seine Reform unabhängig vom Archontat erst in der Zeit von 580 bis 570 durchgeführt hat.[12] Solon

Schiedsrichter

Zuerst muß eine Gruppierung versucht haben, Solon zum Tyrannen zu machen, die Verhältnisse also mit Gewalt in ihrem Sinn zu gestalten. Solon ist stolz darauf, dieses Ansinnen abgelehnt zu haben und hält Gewalt für kein sinnvolles Mittel: «... etwas durch tyrannische Gewalt zu erreichen, sagt mir nicht zu» (*Ath. pol.* 12,3). Stattdessen ließ er sich, zweifellos im Konsens aller Gruppierungen, zum *Diallaktés* (Schiedsrichter, Vermittler, Schlichter) wählen. Von Plutarch (*Sol.* 14,3) wird er auch als *Nomothétes* (Gesetzgeber) bezeichnet.

1.4.3. Die Seisáchtheia (Lastenabschüttelung)

Entschuldung

Solon war gegen den Egoismus der Reichen, aber auch gegen eine grundsätzliche Neuverteilung des Bodens (*Isomoiría*), die offenbar von der anderen Seite gefordert wurde und die sozialen Verhältnisse der Polis völlig revolutioniert hätte. Sein Ziel war die Wiederherstellung von lebensfähigen Oikoi und die Anerkennung jedes Politen als rechtlich gleicher Person und damit als Eigentümer insbesondere von Land. Die Seisachtheia stuft Solon selbst als seine wichtigste Leistung ein: «... die schwarze Erde, aus der ich einst die überall eingesetzten Schuldsteine (*Horoi*) herausriß; ehedem war sie versklavt, nun aber ist sie frei.» (*Ath. pol.* 12,4). Den Hektemoroi wurden also ihre Schulden erlassen, so daß sie über ihre verpfändeten Landstücke wieder uneingeschränkt verfügen konnten.[13]

Lebensfähiger Bauernstaat

Mit der Seisachtheia verbunden war die Rückführung, d. h. meist der Rückkauf schon verkaufter Athener aus dem Ausland, sowie die Abschaffung zukünftiger Schuldknechtschaft. Auf der sozialen Ebene wurde dadurch ein breiter Bauernstand als Fundament der athenischen Gesellschaft dauerhaft gesichert. In den folgenden Jahrhunderten kam es in der Tat zu keiner vergleichbaren Krise mehr, und es erfolgte trotz freier Vererbbarkeit auch keine übermäßige Konzentration des Grundbesitzes.[14] Auf der politisch-rechtlichen Ebene garantierte die Abschaffung der Schuldknechtschaft die Verfügung jedes einzelnen Atheners über seine Person – nicht aber über eine bestimmte Größe von Grundeigentum, wie sie eine Landverteilung mit sich gebracht hätte.

1.4.4. Die Gesetzgebung

Authentizität

Solon hat zahlreiche Gesetze zur Absicherung und Verbesserung der gesellschaftlichen Ordnung gegeben. Nicht immer jedoch läßt sich mit Sicherheit sagen, ob ein unter seinem Namen überliefertes

Gesetz wirklich auf ihn oder auf seine Zeit zurückgeht. Denn zum einen wurden seine Maßnahmen später für umfangreicher gehalten als sie waren. Die ihm zugeschriebene Münzreform (*Ath. pol.* 10) ist ein Beispiel dafür, denn zu Solons Zeit wurden in Athen noch keine Münzen geprägt. Zum andern galten den Athenern des 4. Jahrhunderts alle Gesetze, die in der Revision von 410 bis 399 (S. 107) als gültig anerkannt wurden, unabhängig von ihrem wirklichen Alter als fester Bestandteil des solonischen Gesetzeswerks und wurden daher Solon selbst zugeschrieben.[15] Das war keine Geschichtsfälschung, sondern eine zusätzliche Sanktionierung der als altehrwürdig betrachteten Regelungen.

Wirtschaftliche Regelungen

Zahlreiche Gesetze Solons lassen sich als «flankierende Maßnahmen» der Seisachtheia einstufen und sollten ihrerseits zum Erhalt der bäuerlichen Oikoi beitragen. Einige davon waren später nicht mehr in Kraft und wohl auch nicht mehr notwendig. Dazu gehören das Ausfuhrverbot für Nahrungsmittel außer Olivenöl, also vor allem für Getreide, die Beschränkung des Grunderwerbs und das «Einbürgerungsgesetz», das die Verleihung des Bürgerrechts an Neubürger, also potentielle Landbesitzer, einschränkte.

Erbrecht

Im Erbrecht regelte Solon, daß Töchter, die nach dem Tod des Vaters unverheiratet und ohne Brüder waren (*Epíkleroi*, ‹Erbtöchter›, Sing.: *Epíkleros*), den nächsten männlichen Verwandten heiraten mußten, damit das Landgut (*Kléros*) in der Familie blieb. Mit der Testierfreiheit für Bürger ohne männliche Erben wurde die freie Willensentscheidung des Erblassers stärker als bisher anerkannt, ein weiterer Schritt bei der staatlichen Anerkennung des Bürgers als Person, d. h. der freien Verfügung über sich selbst und sein Eigentum. Aus demselben Grund, nämlich der Erhaltung der einzelnen Oikoi, schränkten jedoch andere Gesetze die ungehinderte Verfügung über das Eigentum ein: Eine Begrenzung der Mitgift und des Grabluxus sollte die Bürger vor ruinösen Ausgaben schützen.

Geschriebenes Recht

Die schriftliche Fixierung aller gültigen Normen, soweit sie überhaupt Gesetzesform hatten und nicht weiterhin als Gewohnheitsrecht befolgt wurden, war eine neue Stufe in der Entwicklung der Rechtsordnung, die bei Drakon noch nicht erreicht worden war. Nicht zuletzt auch die öffentliche Aufstellung der Gesetze machte diese zur dominierenden Rechtsgrundlage des Zusammenlebens. Selbstverständlich bildeten sie auch die Grundlage aller gerichtlichen Auseinandersetzungen.

1.4.5 *Die rechtlichen und politischen Neuerungen*

Popularklage

Solon hat die «primitive» Regelung, nach der nur die unmittelbar Betroffenen vor Gericht gehen konnten, durchbrochen und erweitert durch die sogenannte Popularklage, bei der in bestimmten Fällen jeder Bürger beim zuständigen Amtsträger eine Klage erheben konnte. Darin manifestierte sich ein öffentliches Interesse, bestimmte personenrechtliche Grundlagen – etwa beim Schutz von Waisen –, aber auch staatliche Strukturen – wie im Gesetz gegen die Errichtung einer Tyrannis – abzusichern. Die Popularklage beruhte auf der Idee, daß alle Bürger für die Ordnung der Polis verantwortlich seien.

Volksgericht

Während Tötungsdelikte und politische Vergehen weiterhin vom Areopag abgeurteilt wurden, mußten die Amtsträger bestimmte Klagen, z. B. wegen Diebstahls, vor ein von Solon neu geschaffenes Gericht bringen. Es wird von der *Athenaion politeia* bereits als *Dikastérion*, das spätere Volksgericht (S. 107f.), bezeichnet, was sicher anachronistisch ist. In anderen Quellen wird es *Heliaía* genannt, ein Begriff, der in der modernen Forschung im allgemeinen mit der Volksversammlung gleichgesetzt wird. Da aber die Volksversammlung zu dieser Zeit noch immer eine untergeordnete Rolle spielte und die athenische Oberschicht den Staat dominierte, müssen wir eher ein spezielles Gericht annehmen, über dessen Besetzung wir nichts wissen.[16]

Verfassung

Was die politische Verfassung im engeren Sinn angeht, so hat Solon seine Eunomia keinesfalls als Demokratie verstanden, und auch wir dürfen ihn nicht, wie es manche Autoren ab der zweiten Hälfte des 4. Jahrhunderts v. Chr. getan haben, als Gründer der athenischen Demokratie ansehen. Vielmehr hat Solon auch auf diesem Gebiet einen Ausgleich zwischen den unterschiedlichen ökonomisch-sozialen Gruppierungen angestrebt: «Das Volk dürfte seinen Führern dann am besten folgen, wenn es weder zuviel Freiheit erhält noch unterdrückt wird» (*Ath. pol.* 12,2), formuliert er selbst. Umwälzungen wurden also nicht angestrebt, oben blieb oben und unten blieb unten.

Timokratie

Prinzipiell behielt Solon die timokratische Ordnung bei, in der die Beteiligung der Bürger am Staat nach ihrem Besitz abgestuft war. Er teilte die Bürgerschaft in vier Zensusklassen ein: *Pentakosiomédimnoi* (Fünfhundertscheffler) produzierten mindestens 500 Medimnen (1 *médimnos* = 52,53 l) Getreide oder im Wert vergleichbare Mengen an Öl und Wein; die *Híppeis* (Reiter) 300, die

Zeugiten (Phalanxkämpfer; nach anderen: Jochbauern) 200, die Theten (Tagelöhner) weniger als 200 Scheffel. Die vielen praktischen Probleme, die eine solche schematische Einteilung in unseren Augen aufwerfen mußte, wurden am ehesten dadurch umgangen, daß die Erträge aus dem jeweiligen Landbesitz, bei Handwerkern das sichtbare Vermögen, grob geschätzt wurden. Bedeutung hatte die Zensuseinteilung insbesondere für die Besetzung von Ämtern. Die Kassenverwalter (*Tamíai*) der Polis und wahrscheinlich auch die Archonten mußten der vermögendsten Klasse, den Pentakosiomedimnoi, angehören.

Rat der Vierhundert?

Als neue politische Institution soll Solon einen Rat geschaffen haben, der sich aus je 100 Angehörigen der vier Phylen zusammensetzte. Die Existenz dieses Rates der Vierhundert, über den in der Folgezeit nichts mehr überliefert wird, ist in der Forschung seit langem umstritten. Meines Erachtens hätte ein zweiter Rat neben dem Areopag keinen sinnvollen Sitz in der Verfassung gehabt.

Charakter der Verfassung

Die vorgenannten rechtlichen und politischen Regelungen wurden wahrscheinlich nicht, wie die Einzelgesetze, öffentlich aufgestellt, sondern gingen in das «Erfahrungswissen» der Athener ein. Trotzdem kann man die umfassende solonische Neuordnung als eine Art von Verfassung bezeichnen, wenngleich nicht als durchgearbeitete Verfassung im heutigen Sinn.

1.5. Von Solon zur Tyrannis des Peisistratos

Adelsrivalität

Die Zeit nach den solonischen Reformen ist nur schlecht dokumentiert und wirft zahlreiche, auch chronologische Probleme auf. Sicher ist, daß Solons Reformen zwar die sozialökonomischen Grundlagen der Polis, nicht aber die Kontinuität der politischen Machtverteilung sichern konnten. Vielmehr traten jetzt einzelne Adlige, die ihren Reichtum und ihr Ansehen im Rahmen der Gesamtentwicklung der Polis entsprechend steigern konnten, in härtere Konkurrenz zueinander.

Machtergreifung des Peisistratos

Am Ende längerer Bemühungen, die vielleicht Ende der 60er Jahre begonnen hatten, setzte sich schließlich Peisistratos, der schon in einem Krieg gegen Megara hervorgetreten war, durch und gewann um 546 v. Chr. die Alleinherrschaft. Wesentlich für seinen Erfolg waren seine Verbindungen zu auswärtigen Aristokraten in Theben, Argos, Eretria und Naxos, die ihn unterstützten. Außerdem ließ Peisistratos Gold- und Silberminen im Pangaiongebirge am Strymon ausbeuten und warb mit dem Edelmetall Söldner aus verschiedenen Städten an. Mit dieser Truppe und Anhängern aus ganz Attika schlug er das athenische Aufgebot, das sich ihm bei Pallene entgegenstellte, in die Flucht, besetzte die Akropolis und beherrschte dadurch die Stadt. Durch die Kombination von Geld und Gewalt hatte ein einzelner den Bürgerstaat zunächst aus den Angeln gehoben.

Bebauung der Polis

In dieser Zeit stehen zwar für unsere Quellen die Auffälligkeiten und Unruhen an der Spitze der Polis im Vordergrund, aber insgesamt hat sich Athen in der ersten Hälfte des 6. Jahrhunderts doch in geregelten Bahnen und erfolgreich weiterentwickelt. Das belegen unabhängig von der literarischen Überlieferung die archäologischen Zeugnisse, die außerdem eine bemerkenswerte Kontinuität der öffentlichen und privaten Bautätigkeit bis in die Zeit der Tyrannis hinein nahelegen.[17] Seit dem Anfang des Jahrhunderts wurde die *Agorá* (Markt- und Versammlungsplatz) allmählich zum öffentlichen Zentrum der Stadt ausgebaut. Im Südwesten und Nordwesten entstanden neue Gebäude, darunter um die Jahrhundertmitte das Amtslokal des Basileus, die *Stoá Basíleios* (Königshalle). Im gleichen Zeitraum wurde auch der zentrale Sakralbereich auf der Akropolis ausgebaut, in das zweite Viertel des Jahrhunderts (um 570) scheint der sogenannte Urparthenon zu gehören.[18] Um die Jahrhundertmitte entstanden ein neuer Zugang zur Akropolis und vielleicht eine erste Stadtmauer.

Polisbewußtsein

Die Planung der Bebauung und die Errichtung der meisten Gebäude fielen in die Zeit vor der Tyrannis und waren daher, auch wenn die Finanzierung aus Privatmitteln erfolgte, überwiegend eine Anstrengung der gesamten Polisgemeinschaft. Die Bautätigkeit setzte einerseits Engagement und funktionierende Institutionen, andererseits auch wachsenden materiellen Wohlstand voraus. Das gewachsene Polisbewußtsein kommt auch in der Erweiterung der Panathenäen, des Hauptfestes der Athener zu Ehren der Stadtgöttin und zur kultischen Selbstvergewisserung des Bürgerverbandes, zum Ausdruck: seit dem Jahr 566/65 wurden alle vier Jahre die Großen Panathenäen gefeiert, die auch sportliche Agone (Wettkämpfe) einschlossen.

1.6. *Die Tyrannis*[19]

1.6.1. *Peisistratos*

Tyrann und Polis

Die Herrschaft des Peisistratos war schon nach antikem Verständnis insofern eine Tyrannis, als sie illegitim und auf Gewalt gegründet war. Peisistratos unterhielt eine Leibwache und ein Söldnerheer, wodurch er der Polis seinen Willen aufzwingen konnte. Im zivilen Bereich ließ Peisistratos die Gesetze und Verfassungseinrichtungen, die durch die solonischen Reformen bereits relativ weit entwickelt waren, formal bestehen, kontrollierte aber alle Ämterbesetzungen und Entscheidungen, so daß nichts gegen seinen Willen geschah. Zur Verbesserung der Rechtsprechung setzte er 40 Demenrichter ein, die am ehesten als «reisende Schiedsrichter»[20] zu verstehen sind.

Tyrann und Adel

Peisistratos mußte sich sowohl gegen die Oberschicht als auch gegen das Volk absichern. Die Machtambitionen des Adels waren durch die Alleinherrschaft zunächst beendet. Einige Adlige gingen ins Exil, und ein Teil von ihnen versuchte von dort aus, den Sturz der Tyrannis zu betreiben. Andere wurden zur Loyalität gezwungen, indem Peisistratos ihnen Geiseln abverlangte. Wieder andere arrangierten sich freiwillig mit dem Machthaber, um doch noch an der Macht zu partizipieren. Um den Adel an sich zu binden, worauf der Alleinherrscher auf Dauer angewiesen war, vollführte Peisistratos eine Gratwanderung zwischen Härte und Zugeständnissen.

Tyrann und Volk

Den niederen Demos soll Peisistratos durch Förderung der Landwirtschaft, insbesondere durch die Gewährung von Darlehen, für sich gewonnen haben. Gegenüber der modernen Interpretation, Peisistratos habe eine systematische «Wirtschaftsförderung» betrieben, muß man aber ebenso mißtrauisch sein wie gegenüber den Quellenangaben, er habe eine Bodenertragssteuer von zehn Prozent erhoben.

1.6.2. *Die Peisistratiden*

Hippias und Hipparchos

Peisistratos hatte von seiner athenischen Frau mindestens zwei Söhne, Híppias und Hípparchos. Als der Tyrann 528/7 v. Chr. starb, ging seine Machtposition offenbar problemlos an Hippias, den Älteren, über. Zunehmend jedoch ergaben sich Schwierigkeiten für die Herrscherfamilie. Innenpolitisch kam es bald zu Unstimmigkeiten mit anderen athenischen Adligen, denn selbst Familien, die zunächst mit Hippias zusammengearbeitet hatten wie die Alkmeoniden, gingen bald darauf wieder ins Exil. Einige von ihnen besetzten sogar den kleinen Ort Leipsydrion und versuchten, die Peisistratiden gewaltsam aus Attika zu vertreiben, was ihnen jedoch nicht gelang. Auch das außenpolitische Umfeld verschlechterte sich, weil die verbündeten Tyrannen Lygdamis von Naxos (525/4) und Polykrates von Samos (etwa 522) gestürzt wurden.

Ermordung des Hipparchos

Ein Wendepunkt in der Peisistratidenherrschaft war dann die Ermordung des Hipparchos während der Panathenäen des Jahres 514. Der Anschlag galt eigentlich dem Hippias, soll aber nach den Quellen nicht politisch, sondern nur persönlich motiviert gewesen sein. Er hätte dennoch weitreichende Folgen haben können, wenn er für die Athener zur Initialzündung für einen Aufstand geworden wäre, worauf anscheinend die Mörder, Harmodios und Aristogeiton, wenngleich vergeblich, hofften.[21] Hippias ließ die Mörder seines Bruders und weitere vermeintlich an der Verschwörung Beteiligte töten. In der Zeit bis zu seinem Sturz im Jahr 510 soll seine Herrschaft auch allgemein härter geworden sein.

Bedeutung der Tyrannis

Schon die Quellen beurteilen die Tyrannis nicht einheitlich; ihr Bild ist teils durch staatstheorische Vorstellungen beeinflußt, teils durch die Nähe zu später noch wichtigen Familien verzerrt, teils von Anekdoten gefärbt. Demzufolge kommen auch in der modernen Forschung, auf die zusätzlich zeitgenössische Umstände einwirken, unterschiedliche Ansichten zum Zug. Ich selbst vertrete einen sehr quellenkritischen Ansatz, demzufolge die Entwicklung der Polis Athen nur in geringem Umfang von den Maßnahmen der Tyrannen beeinflußt wurde. Auch wenn sie neue öffentliche Gebäude errichten ließen, auch wenn sie das Panathenäenfest ausbauten und selbst wenn sie Landwirtschaft und Kunsthandwerk in größerem Umfang gefördert haben sollten: Alle dadurch vielleicht verstärkten Entwicklungen haben schon vor der Tyrannis eingesetzt und haben sich nach ihrem Ende fortgesetzt. Die Polisgemeinschaft hätte den Aufschwung auf diesen Gebieten auch ohne die Tyrannis bewerkstelligt.

Politische Stagnation

Das gilt noch verstärkt für den politischen Bereich im engeren Sinn. Die Tradition, die Tyrannis als wichtigen und großen Schritt in der Poliswerdung Athens einzustufen, durch den Staatlichkeit und Bürgerbewußtsein große Fortschritte gemacht hätten, steht auf schwachen Füßen. Peisistratos brauchte das Gemeinwesen nicht zu retten; er hat es vielmehr unter seine Gewalt gebracht und alle seine Maßnahmen zur Absicherung seiner persönlichen Herrschaft getroffen. Die Periode der Tyrannis wird daher von Welwei zu recht als «Stagnation im politischen Leben der Bürgergemeinschaft» bezeichnet.[22]

2. Der spartanische «Kosmos»

Quellenhinweise:

Die frühesten schriftlichen Quellen sind einige erhaltene Gedichte der spartanischen Dichter Tyrtaios und Alkman, die direkte Einblicke in die Verhältnisse ihrer Zeit, d. h. der zweiten Hälfte des 7. Jahrhunderts, geben.[23] Tyrtaios und Alkman

Herodots *Historien* (S. 13) enthalten Rückblenden bis in die Mitte des 6. Jahrhunderts. Der Athener Xenophon, der nach 394 länger in Sparta lebte, beschreibt den *Staat der Spartaner.* Die gleichnamige Schrift des Aristoteles ist verloren. In seiner *Politik* zieht der Philosoph aber, ebenso wie Platon in mehreren Werken, die spartanische Verfassung als empirischen Beleg heran. Von Herodot bis Platon

Der Achaier Polybios (um 200 – nach 120 v. Chr.) vergleicht in seiner Universalgeschichte, den *Historíai*, ebenso wie nach ihm Cicero in *De re publica*, die spartanische Verfassung mit der römischen und macht Angaben über die Topographie Lakoniens. Plutarch (nach 45 – nach 120 n. Chr.) aus Chaironeia in Böotien hat Sparta mehrere Werke gewidmet. Von seinen Biographien (S. 59f.) ist diejenige über Lykurg einschlägig, die mit jener über den ebenfalls sagenhaften römischen Gesetzgeber Numa Pompilius ein Paar bildet. In der Lykurg-Biographie geht manches auf Aristoteles zurück. Von den als *Moralia* zusammengefaßten Schriften sind *Aussprüche der Spartaner, Aussprüche spartanischer Frauen* und *Sitten der Spartaner* zu nennen. Da Plutarch weitgehend von hellenistischen Historikern abhängt, die ihrerseits keine zuverlässigen Quellen besaßen, sind seine Angaben über das frühe Sparta so gut wie wertlos.[24] Dasselbe gilt für den im 2. Jahrhundert n. Chr. in Rom lebenden Griechen Pausanias, der das dritte Buch seiner *Beschreibung Griechenlands* Lakonien und das vierte Buch Messenien widmet. Im Gegensatz zu seinen historischen Einlassungen sind seine Beschreibungen der Landschaft und der Monumente eine wertvolle Quelle. Sie werden ergänzt durch einige Bemerkungen des Geographen Strabon (64/63 v. Chr. – nach 23 n. Chr.). Von Polybios bis Strabon

Unzulänglichkeit der literarischen Quellen

Die genannten literarischen Quellen geben allenfalls sporadische Einblicke in die Frühgeschichte Spartas und werfen für den modernen Historiker eine Vielzahl von Problemen auf. Das liegt zum einen daran, daß Sparta vor dem späten dritten Jahrhundert v. Chr., als Sosibios erstmals (uns verlorene) systematische Aufzeichnungen anfertigte, keine eigene Geschichtsschreibung, auch keine lokalen Historien wie die Atthiden in Athen, gekannt zu haben scheint, so daß den späteren Historikern keine Vorarbeiten zur Verfügung standen.[25] Zum anderen und damit zusammenhängend behielten die Spartaner selbst die Kenntnisse über ihre politischen Angelegenheiten eher für sich (Thuk. 5,68,2) und förderten stattdessen die oft genug halbwahren und legendenhaften Vorstellungen, die auswärtige Autoren seit der klassischen Zeit von diesem für sie geheimnisvollen Gemeinwesen vermittelten. Spätere, bis in die römische Zeit reichende Idealisierungen verzerrten das Spartabild zusätzlich[26] und verstärkten die Neigung, alle wirklichen und alle vermeintlichen Einrichtungen Spartas in dessen Frühzeit zurückzuverlegen.

Archäologie

Angesichts dieser häufig aussichtslosen Situation sind die archäologischen Funde für die Frühgeschichte Spartas besonders wichtig. Die Freilegung zahlreicher Grabstätten, aber gerade auch der lakonischen Kultstätten, hat wichtige historische Erkenntnisse ermöglicht. Es handelt sich dabei außerhalb von Sparta um das Apollonheiligtum in Amyklai (*Amyklaíon*), die Kultstätte für Menelaos und Helena (*Menelaíon*) und das Demeterheiligtum (*Eleusínion*), in Sparta selbst um den Athenatempel auf der Akropolis und das Heiligtum der Artemis Orthia (auch: *Limnaíon*).[27]

2.1. *Die Frühzeit: die dorische Einwanderung*

Lakonien

Die Spartaner hießen in der Antike Lakedaimonier und besiedelten die Landschaft Lakedaimon, die heute, nach dem von den Römern eingeführten Terminus *Laconia*, auch Lakonien genannt wird.[28] Dieser Teil der südlichen Peloponnes wird zu Lande von drei Gebirgszügen begrenzt: nach Osten vom Parnon, dessen andere Seite zum Meer hin abfällt; nach Norden von der Skiritis, die das spartanische Gebiet von der Stadt Tegea und der Landschaft Arkadien trennte; im Westen und zum Teil im Süden vom schroffen Taygetos, hinter dem sich Messenien erstreckt. Das lakonische Siedlungsgebiet umfaßte daher im wesentlichen die zum Teil von Hügeln durchsetzte, fruchtbare Ebene des Flusses Eurotas sowie die unteren Hänge der genannten Gebirge nebst einigen zum Meer hin gelegenen Buchten. Der Eurotas mündet in den Lakonischen Golf, der Lakedaimon nach Süden hin abgrenzt, aber auch seinen Anschluß an die Seeverbindungen gewährleistet.

Besiedlung

Die Besiedlung Lakoniens läßt sich archäologisch bis ins sechste Jahrtausend v. Chr. zurückverfolgen. Auf etwa 2000–1900 wird die Einwanderung von griechischsprachigen Indogermanen aus dem Norden ins griechische Festland angesetzt, von der auch die Peloponnes nicht ausgenommen gewesen sein dürfte. In der letzten Phase der Bronzezeit (ab ca. 1600) existierten mehrere, auf Hügeln angelegte Siedlungen. Da die lakonischen Fundorte dieser Zeit aber von geringerer Bedeutung sind und keine Linear B (eine frühgriechische Silbenschrift) – Täfelchen enthielten, kann angenommen werden, sofern nicht noch ein großer Palast gefunden wird, daß das Gebiet nicht zu den Zentren der mykenischen Palastkultur gehörte.

Herakliden-sage

Im griechischen Mythos wurde die Peloponnes ursprünglich von den Herakliden, Nachkommen des Herakles, beherrscht. Die Herakliden wurden von der Halbinsel vertrieben, kehrten jedoch später wieder zurück. Dieser Kern der Sage wird schon von Tyrtaios in der zweiten Hälfte des 7. Jahrhunderts festgehalten: «Denn Zeus selbst ... gab diese Polis den Herakliden, mit denen wir aus dem windigen Erineos aufbrachen und auf die große Insel des Pelops kamen» (Frg. 2 Diehl). Ab dem Ende des 6. Jahrhunderts wurde die Rückkehr der Herakliden mit der Dorisierung der Peloponnes in Verbindung gebracht.[29] Spätere Versionen des Mythos, die vom 4. Jahrhundert v. Chr. bis in die römische Kaiserzeit reichen, zeigen, daß die anderen Griechen die spartanische Rekonstruktion übernommen haben, obwohl diese bezüglich der Landnahme und des spartanischen Königsamtes schon immer eine apologetische Funktion gehabt hatte: Die gewaltsame Eroberung des Landes durch die Dorier wurde zur «rechtmäßigen» Wiederinbesitznahme umgedeutet, und die vornehmen spartanischen Geschlechter, allen voran die beiden Königshäuser, rühmten sich einer göttlichen Abstammung. Die Heraklidensage kann nach heutigen quellenkritischen Maßstäben nicht mehr, wie für frühere Generationen, als ausreichender Beleg für die Einwanderung der Dorier gelten.

Dorier

Es ist daher schon früh, am entschiedendsten von K.-J. Beloch, bezweifelt worden, daß die Dorier überhaupt eingewandert seien. In jüngerer Zeit ist Belochs These, die sich seinerzeit nicht durchgesetzt hatte, mit neuen Argumenten wieder aufgegriffen worden.[30] Aus linguistischen Anhaltspunkten in den Linear B-Tafeln hat der Entzifferer dieser Schrift, J. Chadwick, auf die Präsenz von Doriern in der mykenischen Gesellschaft geschlossen. Diese hätten dann gegen die mykenische Herrenschicht rebelliert und ihre eigenen Strukturen etabliert. Denselben historischen Schluß zog J. T. Hooker aus dem archäologischen Befund: Da es aus dem 12. und 11. Jahrhundert keine Überreste gibt, die eindeutig als dorisch identifiziert werden können, seien die Dorier schon vorher in der Peloponnes gewesen. Aus religionsgeschichtlicher Perspektive schließlich bezweifelt B. C. Dietrich die traditionelle Meinung, nach der die einwandernden Dorier den mitgebrachten Apollon-Kult mit dem besonders in Amyklai vorgefundenen Hyakinthos-Kult verschmolzen hätten. Nach Dietrich war auch auch Hyakinthos schon in der späten mykenischen oder Bronzezeit eine dorische Kultfigur und belegt somit eine dorische Präsenz in Lakonien vor 1200.

Ende der mykenischen Kultur

Trotz dieser und weiterer bedenkenswerter Argumente hält die Mehrheit der Forscher an der Einwanderungsthese fest. Da keine sichere Rekonstruktion möglich ist, kann es sich dabei nur um eine Hypothese handeln, die allerdings die disparaten Gegebenheiten am besten zu erklären vermag. Der Zusammenbruch der mykenischen Kultur ist demnach im wesentlichen auf feindliche Einwirkungen zurückzuführen.[31] Diese mögen in Lakonien, das nicht zu den Zentren der mykenischen Kultur gehört hat, weniger tiefgreifend gewesen sein als in anderen Gebieten. In den folgenden anderthalb bis zwei Jahrhunderten ist aber auch in Lakonien die Bevölkerung stark zurückgegangen, und die wenigen Siedlungen hatten ein niedriges kulturelles Niveau. Der scharfe kulturelle Bruch, der nach 1050 archäologisch zu konstatieren ist, ist dann das wichtigste Argument für die Annahme einer dorischen Einwanderung aus den illyrisch-epeirotischen Gebieten Nordwestgriechenlands.[32]

Gründung Spartas

Nach moderner Vorstellung handelte es sich dabei nicht um einen einmaligen Zug, sondern um ein allmähliches Einsickern in die neuen Siedlungsgebiete. Als Zentrum der Besiedlung des oberen Eurotas-Tals kristallisierte sich bald Sparta heraus, dessen Gründung aufgrund der Keramikfunde auf 950 bis 900 datiert werden muß. Ob die Siedlung von Anfang an alle die vier Hügel bzw. Dörfer (*Kómai*) Limnai, Kynosura, Mesoa und Pitane umfaßte, ist unsicher; sie sind aber jedenfalls schon früh zu einer Einheit zusammengewachsen und hatten, wie andere griechische Poleis, eine gemeinsame Agora, eine gemeinsame Akropolis und gemeinsame Kulte.[33]

2.2. *Das archaische Sparta: eine «normale» griechische Polis?*

2.2.1. *Die Expansion des Territoriums: vom Dorf zum Flächenstaat*

Helotisierung

Die Neuankömmlinge schufen eine Einrichtung, die für die spartanische Sozialstruktur der kommenden Jahrhunderte prägend bleiben sollte. Sie teilten zwar das fruchtbare Land, das sie sich angeeignet hatten, in einzelne Landlose (*Klároi*) unter sich auf, bearbeiteten es aber nicht selbst mit Hilfe von privaten Sklaven oder Lohnarbeitern, sondern ließen es von einem Teil der ansässigen Bevölkerung, den sogenannten Heloten, bebauen, denen sie einen Teil des Bodenertrags abverlangten.[34] Wenn das Helotensysten im 7. Jahrhundert auf Messenien ausgedehnt werden konnte, dann muß es in Lakonien bereits in der Frühzeit Spartas eingerichtet worden sein. Welcher Teil der Bevölkerung allerdings zu Heloten herabgedrückt wurde, war schon den antiken Autoren nicht mehr zuverlässig bekannt und ist auch in der heutigen Geschichtsschreibung umstritten. Am meisten spricht für die Ansicht, daß die Spartaner die vordorische, also nachmykenische oder achäische Bevölkerung der fruchtbaren Eurotas-Ebene helotisiert haben.

Eingliederung Amyklais

Die dorische Invasion war offenbar vor Amyklai zum Stehen gekommen, sei es, weil die nördliche Eurotas-Ebene den Eindringlingen als Siedlungsgebiet ausreichte, sei es, daß von Amyklai aus, das ein paar Kilometer südlich von Sparta liegt, Widerstand organisiert wurde. Die insbesondere bei Pausanias bewahrte Überlieferung einer langen militärischen Konfrontation dürfte allerdings mehr auf das in historischer Zeit entwickelte Bedürfnis der spartanischen Adelsgeschlechter nach militärischen Ruhmestaten als auf die historische Realität zurückzuführen sein. Dementsprechend hat man sich die Eingliederung Amyklais nicht als einmalige Eroberung des sagenhaften Königs Teleklos, sondern als einen im wesentlichen friedlichen Zusammenschluß vorzustellen, der durch eine allmähliche Dorisierung vorbereitet worden war. Amyklai wurde nach einer Inschrift aus römischer Zeit die fünfte Obe Spartas, eine jener nicht sicher zu erklärenden Einheiten, in die Sparta eingeteilt war (S. 39). Der Zusammenschluß, der vermutlich ins 8. Jh. zu setzen ist, spiegelt sich im bereits erwähnten Amyklaion, das nun dem wichtigsten dorischen Gott Apollon geweiht wurde, in dem aber weiterhin auch der lokale Heros Hyakinthos verehrt wurde. Trotz dieser Rekonstruktion brauchen wir nicht anzunehmen, daß dieser Zusammenschluß ohne Druck oder Drohungen Spartas vor sich gegangen wäre.

Expansion in Lakonien

Wahrscheinlich aufgrund des Bevölkerungswachstums, das in ganz Griechenland im 8. Jahrhundert zu beobachten ist, gab es auch in Lakonien Expansionsbestrebungen. Nach der Eingliederung Amyklais eigneten sich die Spartaner das gesamte Land der südlichen Eurotas-Ebene an. Die Helotisierung auch der dortigen Bevölkerung wird man sich kaum als gewaltlosen Vorgang vorstellen können. Da im Gebiet von Helos wegen seiner Fruchtbarkeit eine große Zahl von Heloten lebte, wurde deren Bezeichnung in der Antike auf diesen Ort zurückgeführt. Die moderne Etymologie hält diese Theorie jedoch für falsch und erklärt den Begriff aus dem griechischen Wort für ‹gefangennehmen›.

Koloniegründung

Möglicherweise noch im Zusammenhang mit der Eingliederung Amyklais und der vielleicht erstmaligen Festlegung, wer als Bürger gelten konnte, stand die Gründung der Kolonie Taras, des späteren Tarent, in Süditalien um 700 v. Chr. Die Gründer sollen Sparta wegen interner Streitigkeiten verlassen haben.

Eroberung Messeniens

Auf weiteres Bevölkerungswachstum muß auch die nächste Stufe der spartanischen Expansion, die Eroberung von Messenien, zurückgeführt werden. Nur gravierende soziale Probleme, die sich innerhalb der Grenzen Lakoniens nicht lösen ließen, ohne das grundlegende Parzellierungs- und Helotensystem aufzugeben, konnten ein so großangelegtes Unternehmen wie das Ausgreifen nach einem neuen großen Siedlungsgebiet jenseits des Taygetos hervorbringen. Während andere griechische Staaten ab der zweiten Hälfte des 8. Jh. überseeische Kolonien zur Ansiedlung ihrer überzähligen Bevölkerung gründeten, beschlossen die Spartaner, ihr Staatsgebiet durch die gewaltsame Angliederung einer benachbarten Region zu erweitern.

Tyrtaios als Quelle

Unsere wichtigste Quelle für die Messenischen Kriege ist der spartanische Dichter Tyrtaios. Mit folgendem Gedicht besingt er die zu seiner Zeit schon zurückliegende Eroberung Messeniens (Frg. 4 Diehl):

> «Für unseren König, den gottgeliebten Theopompos,
> durch den wir das weite Land Messene erobert haben
> ...
> Messene, das so gut zu pflügen ist, das sich so gut bebauen läßt
> ...
> um es kämpften neunzehn Jahre lang,
> ununterbrochen mit ausdauerndem Mut
> die kriegerischen Väter unserer Väter.
> Im zwanzigsten Jahr verließen sie (sc. die Messenier) die reichen Felder
> und flohen von den hohen Bergen Ithomes.»

Erster Messenischer Krieg

Aus diesen und anderen Versen des Tyrtaios hat die Forschung abgeleitet, daß es zwei Messenische Kriege gegeben habe. Das zitierte Gedicht wird als Beleg für einen Ersten Messenischen Krieg verstanden, in welchem die Spartaner das vom Ithome-Gebirge beherrschte obere Pamisostal, die Ebene von Stenyklaros, erobert hätten. Die Bezeichnung ‹Messenien› (‹das mittlere Land›) war ursprünglich auf dieses Gebiet beschränkt. Die von Tyrtaios angegebene Dauer des Krieges von zwanzig Jahren ist nicht als historisch exakte, sondern als literarische Angabe zu verstehen, die sich an die homerische Ilias anlehnt und die dort konstruierte zehnjährige Dauer des trojanischen Krieges verdoppelt. Ebensowenig kann die zeitliche Aussage von Tyrtaios als genaue Zählung zweier Generationen, also von 60 oder 80 Jahren, angesehen werden.

Zweiter Messenischer Krieg

Als Zweiter Messenischer Krieg werden die Kämpfe in der Zeit von Tyrtaios bezeichnet, der seine Landsleute mit markigen Versen zu großem Einsatz anfeuert. Ein Anhaltspunkt für die Datierung der Kämpfe ist daher die Wirkungszeit des Tyrtaios, dessen Lebensdaten uns zwar nicht genau bekannt sind, der aber in der zweiten Hälfte des 7. Jahrhundert v. Chr., eher in der Zeit nach 640, schrieb. Während die ins 8. Jahrhundert hinaufreichenden Daten von Pausanias für die Messenischen Kriege auch für sich genommen unglaubwürdig sind, wird der genannte Zeitraum bestätigt von Plutarch (*mor.* 194 B), der das Selbstlob des Thebaners Epameinondas aus dem Jahr 369 v. Chr. referiert, er habe Messenien 230 Jahre nach dessen Eroberung befreit (S. 160).[35] Die Angliederung Messeniens war also um 600 v. Chr. abgeschlossen.

Helotisierung Messeniens

Spätestens zur Zeit des Tyrtaios war das messenische Gebiet unter den Spartiaten (S. 39) aufgeteilt und die Messenier, sofern sie nicht geflüchtet waren, zu abgabenpflichtigen Heloten geworden. Obwohl der Siegermacht angehörig, beschreibt Tyrtaios (Frg. 5 Diehl)[36] ihr Schicksal nicht ohne Anteilnahme:

> «Wie Esel, von schweren Lasten niedergedrückt,
> bringen sie ihren Herren aus trauriger Not
> die gesamte Hälfte der Frucht, die ihre Felder tragen ...»

«Nationalgefühl» der Messenier

Die Messenier, die zur Zeit der dorischen Einwanderung in einem uns unbekannten Ausmaß «dorisiert» worden waren, bewahrten in den Jahrhunderten der Fremdherrschaft ein starkes Zusammengehörigkeitsgefühl und versuchten mindestens einmal, nämlich in den 60er Jahren des 5. Jahrhunderts (S. 89), ihre Unabhängigkeit wiederzugewinnen.

Territorium Spartas

Die Spartaner aber konnten die Herrschaft über Messenien auch in kritischen Phasen aufrechterhalten. Sie sicherten das Territorium nach außen vor allem durch die Anlage von Periökenstädten (S. 40) ab und trafen auch innerhalb ihres Staatswesens Vorkehrungen zur dauerhaften Niederhaltung der messenischen Heloten (S. 93). Mit der Eingliederung Messeniens hat Sparta sein Territorium von etwa 5000 qkm (wovon aber nur etwa 500 qkm fruchtbares Spartiatenland waren) um etwa ein Drittel vergrößert.

Weitere Expansionsbestrebungen

Obwohl Messenien das Hauptziel Spartas war, blieb dessen Expansionsdrang im 7. Jahrhundert nicht auf den Westen beschränkt. Argos, der großen Nachbarpolis im Nordosten, machte Sparta die Landschaft Kynuria (auch: Thyreatis) streitig, die insbesondere für den Anbau von Olivenbäumen geeignet war. Die Auseinandersetzung, die schon vor den Messenischen Kriegen begonnen haben mochte, wurde für längere Zeit mit einer spartanischen Niederlage bei Hysiai beendet, deren überliefertes Datum 669 v. Chr. allerdings nur als ungefährer Anhaltspunkt gelten kann. Das gleiche trifft für das Jahr 659 zu, in das Pausanias die Eroberung der südarkadischen Stadt Phigaleia setzt. Ein Zusammenhang beider Ereignisse mit den Messenischen Kriegen ist in der Literatur vermutet worden, bleibt aber spekulativ.

2.2.2. *Die gesellschaftlichen Strukturen*

Phylenordnung

In der ursprünglichen Verfassung, die in der sogenannten Großen Rhetra (S. 42 ff.) greifbar ist, waren die Spartaner in Phylen und

Oben eingeteilt. Diese Einheiten wurden wahrscheinlich nicht neu geschaffen, sondern existierten bereits vor der Rhetra. Unterschiedliche Vorstellungen bestehen über die Herkunft der Phylenordnung. Gegenüber der traditionellen Ansicht, die drei in Sparta bezeugten Phylen der Hylleis, Dymanes, Pamphyloi gingen auf eine ursprüngliche, gemeindorische Stammesstruktur aus der Zeit vor der dorischen Wanderung zurück, sind gute Argumente dafür vorgebracht worden, daß die Phylen sich erst nach der Seßhaftwerdung der Dorier als personale Einheiten organisch entwickelt hatten und zur Zeit der Rhetra als Grundeinheiten der neuen, nunmehr staatlichen Polisordnung institutionalisiert wurden.[37] Zur Zeit des Tyrtaios (Frg. 1 Diehl) bildeten die Hylleer, Dymanen und Pamphyler auch die militärische Gliederungseinheit. Noch weniger läßt sich über die Oben sagen, nicht einmal, wie sie zu der Phyleneinteilung stehen. Daß sie territoriale Einheiten waren, die mit den Komen (Dörfern) gleichzusetzen sind, erscheint zumindest für die Frühzeit fraglich. Andernfalls könnte es sich um ebenfalls personal gegliederte Untereinheiten der Phylen gehandelt haben.

Soziale Ungleichheit der Spartiaten

Die Einteilung in Phylen und Oben galt nur für die in Sparta selbst wohnenden Vollbürger, die Spartiaten. Ihnen waren die politischen Rechte vorbehalten, die in der Versammlung der Spartiaten, der Ekklesía, ausgeübt wurden.[38] Obwohl die Spartiaten später *Hómoioi* (Gleiche) genannt wurden, waren sie weder zu diesem Zeitpunkt (S. 114) noch in der Frühzeit jemals wirklich untereinander gleich. Ihr unterschiedliches politisches Gewicht und ihr unterschiedliches soziales Ansehen beruhten wesentlich auf ihrem unterschiedlich großen Besitz. Diese ökonomische Differenzierung der Spartiaten, aus denen sich eine Oberschicht von vornehmen und führenden Familien heraushob, hat die neuere Forschung aus literarischen und archäologischen Zeugnissen erschlossen.[39] Ihr Ursprung kann nur vermutet werden. Die Landparzellen, in die ein Teil Lakoniens bei der Landnahme aufgeteilt worden war, waren zwar ursprünglich vielleicht wirklich gleich groß und durften auch später nicht verkauft werden. Dennoch konnten einzelne Spartiaten durch Schenkung oder Erbschaft vielleicht mehrere dieser Klaroi an sich bringen; größere Unterschiede im Landbesitz aber entstanden durch Aneignung des nicht parzellierten lakonischen Landes sowie insbesondere durch die Annexion des messenischen Territoriums. Durch unterschiedlich effektive Bewirtschaftung mögen sich die Vermögensunterschiede noch vertieft haben.

Periöken

Schon gleich nach der Landnahme scheinen die ersten Periökensiedlungen angelegt worden zu sein. ‹Periöken› heißt ‹Herumwohnende›, und diese Bezeichnung drückt aus, daß ihre Siedlungen rings um das spartiatische Kernland lagen bzw. angelegt wurden, im Landesinnern und an den Küsten, zunächst in Lakonien, dann auch in Messenien. Wie der Periökenstatus entstand, kann nur vermutet werden. Einige Siedlungen mögen unterworfene vordorische Orte, andere spartanische Gründungen gewesen sein. Ein starkes dorisches Element in den Periökensiedlungen spricht dafür, daß sich ein Teil der dorischen Einwanderer, der nicht zu den bevorzugten Familien gehörte, die das fruchtbarste Land unter sich aufteilten, dort ansiedelte und mit der einheimischen Bevölkerung verschmolz. Ab dem 4. Jahrhundert v. Chr. werden in den Quellen etwa 100 Periökenstädte vorausgesetzt.[40] Manche von ihnen wie die Hafenstadt Spartas, Gytheion, Thyrea zur Argolis hin, Zarax an der Westküste Lakoniens oder die Insel Kythera waren von größerer Bedeutung.[41] Ökonomische Grundlagen der Periökenstädte waren überwiegend Landwirtschaft und Fischfang, während Handel und Handwerk nicht so dominierend waren, wie die frühere Forschung angenommen hat.[42] Die Periökengebiete gehörten zum spartanischen Territorium, und die Periöken zählten zumindest in der klassischen Zeit als Lakedaimonier, also Spartaner, allerdings ohne politische Rechte.[43] Trotz ihrer militärischen Pflichten und des grundsätzlichen Untertanenverhältnisses scheinen die Periöken ihren Status prinzipiell akzeptiert zu haben; zumindest gab es keine nennenswerten Abfallbewegungen, und selbst in den für Sparta kritischen Situationen blieben die allermeisten Periöken loyal.

Abgaben der Heloten

Die Heloten hingegen waren keine Lakedaimonier und rechtlich unfrei. Sie waren zwar einzelnen Spartiaten zugewiesen, deren Gut sie bewirtschafteten und denen sie ihre Abgaben leisteten, waren jedoch nicht ihr persönliches Eigentum. Ideeller Eigentümer war vielmehr die Gemeinschaft der Spartiaten, also der spartanische Staat, der die Unterdrückung der Heloten in ihrer Gesamtheit sicherte. Nach Tyrtaios (S. 38) mußten zumindest die messenischen Heloten die Hälfte ihres Ernteertrags abgeben. Das bedeutet aber auf der anderen Seite, daß sie grundsätzlich selbständig wirtschaften und die andere Hälfte des Ertrags für sich behalten konnten. Möglicherweise waren die Abgaben der lakonischen Heloten anders geregelt.[44] Überhaupt muß man deutlicher, als es die antiken Autoren getan haben, die sich vom grundsätzlich einheitlichen Helotenstatus blenden ließen, zwischen den lakonischen und den messenischen Heloten unterscheiden. So scheinen sich die besonders harten Unterdrückungsmaßnahmen der Spartaner nur gegen die Messenier gerichtet zu haben, was in Wechselwirkung mit dem tatsächlichen oder befürchteten Aufstandsbestreben dieser Bevölkerungsgruppe stand. Die lakonischen Heloten hingegen haben im allgemeinen loyal zu Sparta gestanden.

Kaufsklaverei

Aufgrund der Helotie dürfte die im übrigen Griechenland verbreitete Sklaverei für die Spartiaten nur eine untergeordnete Rolle gespielt haben; sie ist auch kaum bezeugt.

2.2.3. *Die ersten politischen Institutionen*

Lykurg

Die ursprüngliche Verfassung Spartas hat man dort, wie in anderen Poleis auch, einem ursprünglichen Gesetzgeber zugeschrieben, in der früheren Zeit den ersten spartanischen Königen Eurysthenes und Prokles, seit den Perserkriegen zunehmend einem Mann namens Lykurgos. Ob Lykurg überhaupt eine historische Person war, erschien schon Plutarch so unsicher wie die Nachrichten über sein Wirken: «Über Lykurg den Gesetzgeber gibt es überhaupt keine unumstrittenen Nachrichten» (Plut. *Lyk.* 1). Die von Plutarch verfaßte Vita der legendären Gestalt enthält dementsprechend, mit Ausnahme der Großen Rhetra (dazu sogleich) nichts, was uns wirklich Aufschluß über die frühe Geschichte Spartas verschaffen könnte, sondern nur Rückspiegelungen aus späterer Zeit. Ähnliches gilt für Xenophons Schrift über die *Verfassung der Spartaner.* Da die Spartaner der klassischen Zeit ihre zeitgenössische Verfassung von vornherein und in vollem Umfang für eine uralte Einrichtung hielten, sind auch die zeitlichen Angaben für Lykurg bzw. für die Verfassung selbst, die ins 9. Jahrhundert und weiter zurückreichen, reine Konstruktionen. Wir müssen uns daher auf die frühen Quellen beschränken.

Die Verfassung bei Tyrtaios

Unser Ausgangspunkt ist wieder ein Gedicht des Tyrtaios (Frg. 3a, Z. 5 ff. Diehl)[45]:

> «Denn solches ließ der weithin treffende Gott mit dem silbernen Bogen,
> der goldgelockte Apoll, aus dem reichen Vorraum verlauten:

‹Regieren sollen durch ihren Rat die gottgeliebten Könige,
denen am Herzen liegt Sparta, die liebliche Polis;
regieren sollen die Ältesten, die Geronten, dann auch die Männer des Volkes,
jeweils gehorchend geraden Gesetzen.
Reden sollen sie Gutes und vollbringen alles Gerechte,
und nichts Krummes raten dieser Polis;
der Menge des Volkes sollen daraus Sieg und Stärke erwachsen.›
Phoibos hat also der Polis darüber solchermaßen Aufschluß gegeben.»

Politische Institutionen

Tyrtaios läßt erkennen, daß an der Leitung des Gemeinwesens an erster Stelle die Könige beteiligt sein sollen, sie tragen besondere Verantwortung für die Polis. An zweiter Stelle sind die Mitglieder des Ältestenrats, der *Gerusia*, genannt, und an dritter Stelle schließlich – diese Abstufung tritt deutlich hervor – die Bürger insgesamt. Institutionen, Strukturen und Funktionen sind nicht genauer beschrieben, weil es dem Dichter auf die Aussage ankommt, daß Erfolge für das Gemeinwesen (nicht zuletzt im aktuellen Krieg gegen Messenien) nur durch ein homogenes Zusammenwirken aller Beteiligten erreicht werden können.[46] Inhaltlich wirbt der Dichter für die Eunomia, die gute Ordnung der Polis, die dann Solon den Athenern so sehr ans Herz legen sollte.[47] Mehrfach betont Tyrtaios, daß seine Worte ein delphisches Orakel wiedergäben.

Große Rhetra

Auf ebendiesen Orakelspruch geht auch ein zweiter Text zurück, dessen früher Ursprung im allgemeinen anerkannt wird.[48] Es ist die heute so genannte Große Rhetra (Orakel, Gesetz) aus Plutarchs Lykurg-Vita, Kap. 6, die das delphische Orakel dem Lykurg verkündet haben soll:

«Nachdem man ein Heiligtum des Zeus Syllanios und der Athena Syllania errichtet hat, Phylen und Oben eingeteilt hat und dreißig (Männer) einschließlich der Anführer (Archagétai, d. h. der Könige) als Rat der Alten (Gerusía) eingesetzt hat, soll man von Zeit zu Zeit Versammlungen zwischen Babyka und Knakion abhalten und so Anträge stellen und (die Versammlung wieder) auflösen; [dem Volk (Dámos) soll so] ... und Stärke [erwachsen].»[49]

Zusatz zur Rhetra

Nachdem Plutarch einige Termini, darunter die Ortsangaben Babyka (als Brücke) und Knakion (als Fluß), vielleicht unzutreffend erläutert hat, zitiert er einen angeblich späteren Zusatz zur Rhetra, der aber eher in den ursprünglichen Text gehört, weil die von Plutarch unterstellte Einschränkung der Entscheidungskompetenz der Volksversammlung nach dem hier vorgelegten Verständnis obsolet ist: «Wenn aber das Volk krumme Willensäußerungen tut, sollen die Alten und die Anführer es abtreten lassen.»

Zusammenwirken der Institutionen

Die Rhetra benennt deutlicher als Tyrtaios die einzelnen Institutionen und ihr Zusammenwirken. Die (beiden) Könige sollten zusammen mit (den 28) Geronten den Rat bilden, in dem, wie später im römischen Senat, die Fäden der Politik zusammenliefen und in den zweifelsohne nur Angehörige der vornehmsten Familien gelangen konnten. Dementsprechend war es auch der Rat, der dann von Zeit zu Zeit die Volksversammlung einberufen sollte.[50] Diese wurde, wie wir annehmen dürfen, über Angelegenheiten des Gemeinwesens informiert und gegebenenfalls um Zustimmung zu grundsätzlichen Fragen wie Krieg und Frieden ersucht.

Übergang zur Staatlichkeit

Diese «primitiven» politischen Strukturen, die die Rhetra und Tyrtaios beschreiben, stimmen, was ihre Funktionen betrifft, recht genau mit der in ganz Griechenland verbreiteten vorstaatlichen Gliederung überein, wie sie in den homerischen Epen deutlich wird und oben (S. 16f.) für Athen vorausgesetzt wurde: Ein Oberbasileus ist als der angesehenste Mann Führer des Heeres und Repräsentant des Gemeinwesens. Er handelt im Einklang mit den geltenden Normen und in enger Absprache mit den übrigen Basileis, deren Haltung für das Gemeinwesen ausschlaggebend ist. Die Rhetra insbesondere geht aber einen Schritt weiter, indem dieser Text exakt den Übergang der bis dahin informellen, nur aufgrund des Herkommens anerkannten Verhältnisse in eine institutionalisierte und damit staatliche Form widerspiegelt.[51] Der Basileus (d. h. in Sparta jeder der beiden Basileis, dazu sogleich) wird nun unter Beibehaltung seiner Bezeichnung vom *big man* zum Amtsträger, allerdings nicht wie in Athen und anderen Poleis mit einer einjährigen, sondern mit einer grundsätzlich lebenslangen Amtszeit. Von «Königen» zu sprechen, ist daher im Grunde unangemessen und, mit den gebotenen Einschränkungen, nur tolerabel, weil sich diese Standardübersetzung schon so fest eingebürgert hat.[52] Der Rat der Vornehmen wird auf die Mitgliederzahl von 30 Männern festgelegt, wodurch irgendein Ergänzungsverfahren erforderlich wurde, über das uns jedoch für die Frühzeit nichts bekannt ist.[53] Die Versammlung der waffenfähigen Männer wird zur Ekklesía, die zu bestimmten Anträgen, sicher in akklamatorischer Form, nicht in geregelter Abstimmung, Stellung beziehen konnte, wodurch allerdings das wirkliche Entscheidungsorgan, die Gerusia, nicht gebunden war. Die Volksversammlung ist bezeichnenderweise am wenigsten formalisiert; auch darin zeigt sich deutlich, daß die Reform, d. h. die Einrichtung staatlicher Institutionen, von der Oberschicht betrieben wurde. Sie bediente sich dabei der Hilfe des delphischen Orakels, dessen Spruch dann in die vorliegende Form der Rhetra gebracht wurde.

Datierung der Staatswerdung

Setzen wir den Aufstieg des delphischen Orakels zu überregionaler Bedeutung als *terminus post* und die Wirkungszeit des Tyrtaios als *terminus ante quem*, so gehört die Große Rhetra und damit die spartanische Staatswerdung in die Zeit zwischen 750 und 650 v. Chr. Wenn die Transformation durch die Eroberung von Amyklai und die Unterwerfung Südlakoniens initiiert oder entscheidend verstärkt wurde, so muß sie noch ins 8. Jahrhundert gesetzt werden.

Doppelkönigtum

Von den drei in den frühen Quellen genannten Institutionen läßt sich nur noch zu den Königen etwas mehr sagen. Das sogenannte Doppelkönigtum gilt allgemein als eine spartanische Besonderheit. Diese Auffassung beruht allerdings auf der hier nicht geteilten Annahme, daß es sich bei den spartanischen Basileis wirklich um eine Art von Königen im staatsrechtlichen Sinne handelte. Der Begriff ‹Monarch› (Einzelherrscher) schließt ja eigentlich eine Machtteilung von vornherein aus. Wenn wir allerdings in den Basileis von Anfang an nichts anderes als mit bestimmten Aufgaben betraute Amtsträger sehen, die nur *primi inter pares* im Adelsrat waren, dann reduziert sich der Unterschied zu den meist mehrzähligen Ämtern anderer Poleis erheblich. Nicht daß es zwei – statt wie in Athen vielleicht drei – höchste Amtsträger gab, ist dann die spartanische Besonderheit, sondern daß sie beide Heerführer waren, lebenslang amtierten, innerhalb von zwei Familien erblich waren und größere Ehrungen beanspruchen durften als die Amtsträger anderer Poleis. Die beiden «Königsfamilien», die Agiaden und Eurypontiden, müssen also bei der Einrichtung dieser Ämter ein etwa gleich großes, die anderen Familien überragendes Ansehen genossen haben, aufgrund dessen sie sich dieses dauerhafte Privileg sichern konnten. Daß schon in der Frühzeit Spartas zwei Heerführer benötigt wurden, könnte in den zahlreichen und bedeutenden militärischen Unternehmungen dieser Polis begründet sein.[54]

2.2.4. *Die archaische Kulturblüte*

Sparta als «normale» Polis

In der klassischen Zeit haben sich die Spartaner und die übrigen Griechen vorgestellt, daß der «typisch» spartanische Staat mit all seinen Ausprägungen schon von Lykurg in der Anfangsphase der Polis eingerichtet worden sei und seitdem unverändert bestanden habe.[55] Die moderne Forschung hat diese apologetische Vorstellung mehr und mehr widerlegt und herausgearbeitet, daß Sparta in der archaischen Zeit eine ganz «normale», aristokratisch geprägte Polis war. Auf materiellem, geistigem und allgemein kulturellem Gebiet standen die Spartaner den anderen Griechen nicht nach.[56]

Sprachliche Entwicklung

Der lakonische dorische Dialekt hatte wahrscheinlich schon im 8. Jahrhundert seine historische Form angenommen. Aber erst aus der Zeit um 650 v. Chr. stammt das früheste schriftliche Zeugnis, das uns erhalten ist: ein kleines Bronzegefäß, das im Heiligtum des Menelaos gefunden wurde und eine Weihinschrift trägt. Die Errichtung des Menelaions um 700 zeigt, daß die homerischen Epen, in denen Menelaos als Fürst von Sparta vorgestellt wird, Sparta spätestens dann erreicht hatten. Noch die Sprache des Dichters Tyrtaios ist stark von Homer beeinflußt.

Dichtung

Während von Tyrtaios Verse politisch-militärischen Inhalts überliefert sind, führt uns Alkman, der um 600 in Sparta wirkte, in den zivilen Bereich der kultischen und geselligen Feste. Seine lyrischen Gedichte für Männer- und Mädchenchöre besingen in spielerisch-heiterem Ton Gottheiten, weibliche Anmut, die Liebe, den Wein oder die Schönheit der Natur. Außer Alkman, der wahrscheinlich aus Sardes in Kleinasien stammte, kamen im 7. und 6. Jahrhundert weitere auswärtige Dichter nach Sparta, von deren Werken so gut wie nichts erhalten ist. Der berümteste von ihnen war Terpandros von der Insel Lesbos.

Architektur

Auswärtige Architekten wie Bathykles aus Magnesia (für das Apollon-Heiligtum in Amyklai) oder Theodoros aus Samos (für die Skias, eine große, schattenspendenden Versammlungshalle) erhielten ebenso öffentliche Aufträge wie der einheimische Architekt und Bronzebildner Gitiades, der den Tempel der Athena Chalkioikos auf der Akropolis errichtete. So entstanden im 6. Jahrhundert mehrere große und bekannte Bauten in Sparta, die im Stadtbild durchaus Akzente gesetzt haben müssen. Die bekannte Äußerung des Thukydides (1,10), Sparta besäße keine kostbaren Tempel und Bauten, lebt vom Vergleich mit den pompösen Bauwerken, die seine Heimatstadt Athen in perikleischer Zeit errichtet hat (S. 116f.) und gegenüber denen sich das spartanische Stadtbild sicher bescheiden ausnahm.

Bronzetechnik

Besonders berühmt war Sparta für seine Bronzearbeiten. Spartanische Weihefigürchen sind in Olympia aus der Zeit ab ca. 775 gefunden worden, und die Bearbeitungstechniken entwickelten sich in der Folgezeit soweit, daß im 6. Jahrhundert große Bronzegefäße mit Reliefschmuck hergestellt wurden. Der große Athenatempel hieß deswegen «Chalkioikos» («Bronzehaus»), weil er mit bronzenen Reliefplatten des schon genannten Künstlers Gitiades geschmückt war.

Eine weltoffene Polis

Die Ausgrabungen der jüngeren Zeit haben vielfach bestätigt, was so gar nicht ins Spartabild früherer Zeiten paßte: Sparta war im 7. und 6. Jahrhundert eine weltoffene Polis, Fremde waren willkommen, zahlreiche Produkte wurden ein- und ausgeführt. Die spartanische Lebensweise unterschied sich kaum von der anderer griechischer Poleis der archaischen Zeit. Die aristokratische Oberschicht stellte ihren Luxus, der uns noch heute in den Versen Alkmans oder auf Vasenbildern entgegentritt, durchaus zur Schau; ihr Reichtum beruhte auf den von Heloten bebauten fruchtbaren Äckern Lakoniens und Messeniens.

2.3. *Der Beginn des spartanischen Sonderwegs*

Wendepunkt der Spartanischen Geschichte

Nachdem einmal erkannt war, daß das frühe Sparta sich grundsätzlich von dem späteren, durchorganisierten Staatswesen unterschied, mußte die Forschung die Entstehung der «lykurgischen» Ordnung, des sogenannten spartanischen Kosmos,[57] später ansetzen. Als Anhaltspunkte für die Entstehungszeit dieser Ordnung wurden nun zum einen Veränderungen im künstlerisch-produktiven Bereich und zum anderen neue außenpolitische Unternehmungen Spartas angesehen. Beide Kriterien, die im folgenden näher behandelt werden, wiesen lange Zeit unumstritten auf die Zeit um 550 v. Chr. als dem wichtigsten Wendepunkt in der spartanischen Geschichte hin.[58]

2.3.1. *Kunst und Verfassung*

Kunstproduktion

Während man bis vor einiger Zeit nicht nur der Dichtung, sondern auch der Kunstproduktion einen endgültigen Niedergang um die Mitte des 6. Jahrhunderts bescheinigte, kann dieser Zeitpunkt heute nicht mehr als allein bestimmender Einschnitt gelten. Neue archäologische Forschungen haben gezeigt, daß weder die Keramikproduktion, auf die man sich vor allem berufen hatte, noch z. B. die Produktion von Bleifigürchen und schon gar nicht die Bronzegießerei, die in manchen Gattungen sogar erst in der zweiten Jahrhunderthälfte ihren Höhepunkt erlebte, um 550 zum Erliegen kamen.[59] Außerdem deuten viele Themen der Vasenbilder darauf hin, daß auch in der zweiten Hälfte des 6. Jahrhunderts in Sparta eine entspannte und den Annehmlichkeiten des Lebens zugeneigte Atmosphäre geherrscht hat.[60]

Aussagekraft der archäologischen Befunde

Darüber hinaus stellen methodische Einwände den vorausgesetzten Zusammenhang zwischen einer Veränderung in der Kunstproduktion und gesellschaftlichen Umschwüngen grundsätzlich in Frage.[61] Vor allem der unterschiedliche Erhaltungszustand der Fundschichten, die geringe Zahl von Werkstätten sowie der geringe Anteil der Spartiaten an der Produktion schränken demgemäß die Aussagekraft der Produktionsverminderung erheblich ein.

Rückgang der Kunstproduktion

Unter Berücksichtigung solcher Einwände läßt sich immerhin konstatieren, daß um 550 v. Chr. ein Rückgang der Kunstproduktion einsetzte, der nicht abrupt und allgemein, sondern ungleichmäßig stattfand. Letztlich aber verlief er so nachhaltig, daß er alle Kunstgattungen erfaßte und bis ins 5. Jahrhundert hinein andauerte. Es ist kaum vorstellbar, daß dieser Prozeß nicht auch mit einem Rückgang der Nachfrage nach diesen Produkten von Seiten der reichen Spartaner, also gerade der Vollbürger, in Zusammenhang stand. Und diesen Rückgang der Nachfrage wird man letztlich doch damit in Verbindung bringen müssen, daß sich die Spartiaten allmählich der «lykurgischen», auf die Kriegführung ausgerichteten Lebensweise zuwandten. Die Kunstentwicklung vermag also nicht mehr und nicht weniger, als einen wenngleich indirekten Anhaltspunkt für die Datierung des Umbruchprozesses zu geben. Um die Ursachen dieser Entwicklung zu erkennen, muß man allerdings in eine andere Richtung blicken.

2.3.2. *Die äußere Neuorientierung: der Peloponnesische Bund*

Militärische Ausrichtung

Die militärische Ausrichtung der spartiatischen Lebensweise kann nicht in erster Linie – zumindest nicht ursprünglich – der Niederhaltung der lakonischen und messenischen Heloten gegolten haben, sonst hätte eine entsprechende Entwicklung spätestens nach dem Zweiten Messenischen Krieg und nicht erst ab der Mitte des 6. Jahrhunderts einsetzen müssen. Auf der anderen Seite mußten die Spartiaten trotz ihres aristokratisch-luxuriösen Lebensstils schon seit ihrer Einwanderung kampfstarke Krieger gewesen sein, sonst hätten sie die messenischen Kriege nicht gewinnen und ihre Herrschaft nicht dauerhaft etablieren können.

Internationale Anerkennung

Auch nach außen hin muß Sparta nach der Eroberung Messeniens als eine der stärksten griechischen Poleis gegolten haben. Seine anerkannte Stellung in der griechischen Staatenwelt läßt sich auch daraus ersehen, daß ihm in der ersten Hälfte des 6. Jahrhunderts v. Chr. nach einer kriegerischen Auseinandersetzung zwischen Athen und Megara um die Insel Salamis die Schiedsrichterrolle übertragen wurde – wenn man den Bericht, nach dem fünf Männer aus Sparta entschieden, daß Salamis zu Athen gehören solle, nicht als eine spätere athenische Rechtfertigung einstufen muß –[62], sowie daran, daß sogar der ferne Lyderkönig Kroisos um 550 Spartas militärische Hilfe gegen die Perser erbat.

Vorherrschaft auf der Peloponnes

Durch die Eingliederung des messenischen Territoriums war der Landbedarf der Spartaner langfristig befriedigt. Die Außenpolitik Spartas im 6. Jahrhundert richtete sich daher bald, auch wenn möglicherweise zunächst noch Landgewinne angestrebt wurden, nicht mehr auf die Angliederung neuer Gebiete, sondern war darauf ausgerichtet, andere Staaten in Abhängigkeit zu bringen; im Lauf jenes Jahrhunderts errang Sparta die Vorherrschaft über fast die gesamte Peloponnes.[63]

Propaganda

Während Sparta mit Elis, das an der Nordgrenze Messeniens lag, bereits um 570 in ein möglicherweise auch schon formalisiertes Freundschaftsverhältnis trat,[64] ging es gegen Arkadien in dieser Zeit zunächst mit Gewalt vor. Gegen den Hauptgegner Tegea erlitten die Spartaner allerdings einige Niederlagen, so daß sie die Strategie der militärischen Expansion aufgaben. Einem delphischen Orakel folgend überführten sie nun die Gebeine des mythischen Helden Orestes aus Tegea nach Sparta. Mit dieser propagandistischen «Heimholung» betonten sie – unter Zurückstellung ihres dorischen Ursprungs – ihre Gemeinsamkeit mit der nichtdorischen, achäischen Bevölkerung der Peloponnes und stilisierten sich als die Erben nicht nur des kultisch verehrten Menelaos, sondern auch seines Bruders Agamemnon. Da Agamemnon der Sage nach an der Spitze des gesamtgriechischen Heeres nach Troja gezogen war, unterstrichen die Spartaner einerseits ihren Anspruch auf eine Führungsrolle in der griechischen Staatenwelt, signalisierten aber andererseits ihren nördlichen Nachbarn die Bereitschaft zu friedlichen und kooperativen Beziehungen, sofern die spartanische Führungsstellung anerkannt würde.

Vertrag mit Tegea

Gestalt nahm diese Politik in dem Vertrag an, der um 550 die Auseinandersetzung mit Tegea beendete.[65] Der militärische Beistandspakt (*Symmachía*) wurde ergänzt um die Verpflichtung Tegeas, geflüchtete Messenier nicht einzubürgern, sondern auszuweisen.[66] Das Bündnis diente also nicht zuletzt der dauerhaften Absicherung der spartanischen Herrschaft über Messenien.

Weitere Bündnisse

In den folgenden Jahrzehnten schloß Sparta Bündnisse mit weiteren Staaten der Peloponnes ab. In vielen Fällen lassen sich die Vertragsschlüsse nicht näher datieren, da sie nicht direkt überliefert sind, sondern sich daraus ergeben, daß die betreffenden Poleis in den Perserkriegen an der Seite Spartas gekämpft haben. Als erste nach Tegea dürften sich andere arkadische Städte wie Mantineia und Orchomenos an Sparta gebunden haben, sodann Sikyon und, noch vor 525, Korinth. Zusammen mit Korinth führte Sparta nämlich 525/4 einen Feldzug gegen den Tyrannen Polykrates von Samos durch. Weiterhin wurden Megara, Phleius und Städte der argivischen Halbinsel für ein Bündnis gewonnen. Mit diesen Symmachien griff Sparta deutlich über das Ziel der Absicherung Messeniens hinaus. Zum einen wollte man sich Rückenfreiheit und Hilfe gegen Argos verschaffen, von dem dann tatsächlich, um 545, die lange umkämpfte Landschaft Thyreatis (oder Kynuria) dauerhaft für Sparta gewonnen werden konnte (S. 38) und mit dem die Beziehungen weiterhin feindlich blieben.[67] Zum anderen muß die Initiative Spartas als Versuch gelten, sich eine Hegemonialstellung auf der Peloponnes zu verschaffen.

Peloponnesischer Bund

Dafür spricht auch, daß Sparta zu einem nicht genau bestimmbaren Zeitpunkt die genannten Einzelbündnisse in ein regelrechtes Bündnissystem überführte, das heute als Peloponnesischer Bund bezeichnet wird, während in den Quellen nur von: «Die Lakedaimonier und ihre Verbündeten» die Rede ist. Möglicherweise begann Sparta erst am Ende des 6. Jahrhunderts, nach dem Dissens mit den Bündnern über das Eingreifen in Athen (S. 68) damit, die Summe der Einzelverbündeten als Gesamtbund zu betrachten und zu behandeln. In diesem Zusammenhang wird nämlich erstmals eine Bundesversammlung erwähnt, die ca. 504 tagte (Hdt.

5,91 ff.). Obwohl der Peloponnesische Bund erst in den Perserkriegen und im Peloponnesischen Krieg stärker in den Vordergrund trat, soll hier kurz auf seine Struktur verwiesen werden, da man davon ausgehen darf, daß sie von Beginn an im wesentlichen unverändert geblieben ist. Wir dürfen uns in diesem Fall auf Quellen stützen, die sich eigentlich auf spätere Verhältnisse beziehen.[68]

Struktur des Bundes

Grundsätzlich war Sparta, das dieses Bündnissystem initiiert und verwirklicht hatte, die überlegene Macht sowohl gegenüber den meisten einzelnen Bündnern als auch gegenüber den Verbündeten insgesamt: Sparta war die unumstritten stärkste Militärmacht. Nur Sparta hatte Verträge mit allen Bündnern, diese waren allenfalls vereinzelt miteinander verbündet und verschiedentlich sogar untereinander verfeindet. Sie durften aus dem Bündnis, das auf ewig geschlossen war, nicht austreten. In den Verträgen war zwar die Hilfeleistung bei feindlichen Angriffen bzw. gegen einen Helotenaufstand eine gegenseitige Verpflichtung, aber die Formel, daß der Vertragspartner «dieselben Freunde und Feinde haben» solle wie Sparta, bedeutete eine einseitige Pflicht zur Heeresfolge auch bei einem spartanischen Angriffskrieg. Auf der anderen Seite behielten die Bündner ihre innere Autonomie. Erst ab Ende des 6. Jahrhunderts ließ Sparta, sofern es das für opportun hielt,[69] die Verbündeten förmlich über Kriegszüge mitentscheiden (S. 69 f.). Der Oberbefehl über die Bundesstreitkräfte sowie die Entscheidungen über die konkrete Durchführung des Krieges blieben jedoch allein bei der Vormacht.

Politik in Übersee

Auch wenn die Hegemonie über die Peloponnes das zentrale Anliegen seiner Außenpolitik war, reichten die Interessen Spartas insbesondere in dem Zeitraum ungefähr zwischen 550 und 520 weit darüber hinaus. Die Stadt am Eurotas unterhielt Verbindungen zum lydischen König Kroisos und zum ägyptischen Herrscher Amasis, intervenierte auf den Ägäisinseln Samos und Naxos. Ein Ausgangspunkt für die überseeischen Kontakte war sicherlich der florierende Export von Kunstgegenständen (S. 46). Die militärischen Unternehmungen jedoch hatten damit nichts zu tun. Sie dienten einerseits der Beutegewinnung, andererseits der Steigerung spartanischen Einflusses. Voraussetzung dafür war die Existenz einer gewissen Zahl von Kriegsschiffen.

Konzentration auf das Landheer

Die maritime Politik Spartas fortzuführen war wahrscheinlich das Anliegen des dem Agiadenhaus entstammenden Dorieus. Als nicht er, sondern sein Halbbruder Kleomenes zum König gewählt wurde, sammelte er weitere Unzufriedene und versuchte um 510 zunächst in Nordafrika, dann in Sizilien eine Kolonie zu gründen, womit er aber in beiden Fällen scheiterte. Kleomenes jedoch, der sein Amt gegen 520 antrat, wurde zum Repräsentanten einer anderen spartanischen Außenpolitik, die nicht weniger aktiv geführt wurde, sich aber im wesentlichen auf die Durchsetzung spartanischer Interessen auf der Peloponnes und in wenigen weiteren Kerngebieten Griechenlands beschränkte. Der damit verbundene Verzicht auf einen weiteren Flottenaufbau und die Konzentration auf das Landheer legte einen Grundstein für den späteren Gegensatz zwischen der Landmacht Sparta und der Seemacht Athen. In die Ägide des Kleomenes, eines der markantesten Könige, die Sparta je gehabt hat,[70] fällt auch die erste intensive Intervention in die athenische Politik, wovon noch ausführlicher die Rede sein wird (S. 60ff.).

2.3.3. *Die innere Neuorientierung: die sogenannte lykurgische Verfassung*

Sparta als Führungsmacht

Die skizzierte außenpolitische Entwicklung gab die wesentlichen Anstöße für innere Veränderungen. Insbesondere die Verpflichtungen aus den neu abgeschlossenen Bündnissen bedeuteten auch vermehrte politische und administrative Anforderungen an die spartanische Führungsmacht.[71]

Gefestigtes Staatsbewußtsein

In der zweiten Hälfte des 6. Jahrhunderts finden sich daher zum einen deutliche Manifestationen eines gefestigten Staatsbewußtseins in Sparta: Erstmals ist jetzt die offizielle Selbstbezeichnung des spartanischen Staates, «Die Lakedaimonier», inschriftlich belegt. Auch neue öffentliche Bauten, die sogenannte Skias (S. 45) und der Neubau des Tempels der Athena Chalkioikos auf der Akropolis, sind Belege dafür.[72]

Neue Amtsträger

Zum anderen läßt sich die allmähliche Verfestigung der staatlichen Strukturen an der Weiterentwicklung der politischen Institutionen ablesen. Als neue Amtsträger, die als Gesandte fungieren, begegnen uns bei Herodot (1,67) im Zusammenhang mit den Kämpfen gegen Tegea fünf Agathoérgen, die aus der militärischen Einheit der Hippeis hervorgingen und für ein Jahr amtierten.

Ephoren

Die später sehr mächtigen Ephoren waren fünf Jahresbeamte, die ihre Entscheidungen nach dem Mehrheitsprinzip fällten. Wann ihr Amt eingerichtet wurde, läßt sich nicht sicher feststellen, greifbar sind sie erst in der zweiten Hälfte des 6. Jahrhunderts; in dieser Zeit muß ihr Aufstieg begonnnen haben.[73] Der Name *Éphoros* (Aufseher) stimmt zwar mit einigen späteren Funktionen (S. 105) überein, läßt sich aber nicht in dieser Weise auf die archaische Zeit beziehen. Für diese Periode können folgende konkrete Aufgaben der Ephoren erschlossen werden: Sie führten den Vorsitz in der Volksversammlung und höchstwahrscheinlich in den Versammlungen des Peloponnesischen Bundes, vermittelten zwischen den traditionellen Institutionen der Könige, der Geronten und der Ekklesia und exekutierten Aufträge dieser Institutionen. Unter anderem gegen die machtbewußte Amtsführung des Königs Kleomenes wurden den Ephoren weitere Rechte übertragen: Aufgrund des Gesetzes über das königliche Kommando (dazu sogleich) schlugen sie der Volksversammlung vor, welcher König zum Leiter eines Feldzuges ernannt werden sollte. Dem Gericht, vor dem sich 494 Kleomenes und dann weitere Könige rechtfertigen mußten, gehörten sie an und beriefen es wohl auch ein. Am Ausgang der archaischen Zeit waren die Ephoren also wichtige Amtsträger der Polis geworden, ohne ihre spätere Machtstellung innerhalb des Institutionengefüges schon errungen zu haben.

Aufstieg des Ephorats

Der Aufstieg des Ephorats vollzog sich allmählich, gemäß den neuen Anforderungen und den gegebenen Umständen. Keineswegs handelte es sich, wie die frühere Forschung vermutet hat, um die verfassungstheoretisch motivierte, vom Damos gegen das Königtum geforderte einmalige Einrichtung einer Institution mit allen späteren Machtbefugnissen. Daß man diese Maßnahme dem sagenhaften Weisen Chilon, der in manchen Quellen auch als erster Ephor bezeichnet wird, zugeschrieben hat, kann keinerlei Glaubwürdigkeit beanspruchen.[74]

Ephorenliste

Mit den Ephoren führten auch die Spartaner, offenbar später als andere Poleis, Jahresbeamte ein, die aus der gesamten Vollbürgerschaft gewählt werden konnten. Wie in Athen der Archon eponymos, so war auch einer der Ephoren eponym, gab also dem Jahr seinen Namen. Später hat man, analog zu den athenischen Archontenlisten, Ephorenlisten bis zurück ins Jahr 754 konstruiert.

Kompetenzen der Könige

Von den Institutionen der Frühzeit hat das Doppelkönigtum grundsätzlich seine Bedeutung als höchstes, insbesondere militärisches Staatsamt behalten. Die Könige hatten Priesterämter inne und gehörten der Gerusia an. Sie waren die Heerführer, wobei sie eine Leibgarde von 100 Mann erhielten, und sollen nach Herodot

(6,56) das Recht gehabt haben, gegen jedes beliebige Land Krieg zu führen, was aber selbst für die Frühzeit nicht glaubhaft erscheint.[75] Als Basileis hatten sie, wie der Archon Basileus in Athen, einige familienrechtliche Kompetenzen und genossen bei offiziellen Anlässen sowie nach ihrem Tod außerordentliche Ehrungen und Bevorzugungen (Hdt.6,57 f.), die die Hochschätzung des Amtes eindrucksvoll bezeugen.

Einbindung der Könige

Nachdem der Feldzug gegen Athen im Jahr 506 (S. 68) an der Uneinigkeit der beiden Könige Kleomenes und Demaratos gescheitert war, beschlossen die Spartaner, zweifellos in der Volksversammlung, ein Gesetz, nach dem nur noch einer der beiden Könige in den Krieg ziehen durfte. So wurde einerseits Kompetenzstreit im Feld ausgeschlossen, andererseits aber auch gewährleistet, daß immer ein König in Sparta weilte und an den politischen Entscheidungen mitwirkte. Das Gesetz sollte also ebenso wie die bald hinzutretenden, oben erwähnten Gerichtsverfahren die eigenmächtig agierenden Könige stärker in die Gesamtpolis einbinden.[76]

Kompetenzen der Gerusia

Der Rat hat gegenüber der Frühzeit vielleicht die wenigsten Neuerungen erlebt. Die Wahl seiner Mitglieder auf Lebenszeit aus den über sechzigjährigen Bürgern war möglicherweise schon Praxis zur Zeit der Rhetra, muß aber für das Ende des 6. Jahrhunderts auf jeden Fall vorausgesetzt werden. Allerdings hat die Gerusia bis dahin insofern einen Kompetenzverlust erlitten, als manche Entscheidungen nunmehr von der Volksversammlung getroffen wurden. Dennoch behielt die Gerusia auch in diesen Angelegenheiten großen Einfluß, weil alle Entscheidungen der Ekklesia von ihr vorberaten wurden: Die Gerusie hatte eine probuleutische Funktion. Außer in der Zivilgerichtsbarkeit, für die die Könige und vor allem die Ephoren zuständig waren, fungierte die Gerusia als Gericht. Mehrere Prozesse gegen Könige wurden vor diesem Gremium geführt.

Kompetenzen der Ekklesia

Die Volksversammlung mußte angesichts der zahlreicheren Aufgaben und Amtsträger an Bedeutung zunehmen. Stimmberechtigt waren alle über dreißigjährigen Spartiaten.[77] Die Ekklesia stimmte über die Königsnachfolge ab und wählte die Geronten sowie die Ephoren. Sie und nicht allein die Könige dürfte schon früher und nicht erst seit dem Kommandogesetz über Krieg und Frieden entschieden haben. Auch Gesetze sowie Abschlüsse von Bündnisverträgen bedurften sicherlich der Zustimmung dieses

Gremiums. Daß die Volksversammlung jetzt im Unterschied zur Zeit des Tyrtaios – und wahrscheinlich zu Lasten der Gerusia – als Entscheidungsgremium fungierte,[78] bedeutet eine neue Stufe der Institutionalisierung politischer Macht und der Identifizierung der Gesamtbürgerschaft mit ihrem Staat. Mit Demokratie jedoch kann diese weiterhin überwiegend akklamatorische Funktion nicht in Verbindung gebracht werden (S. 43).

Abstimmungsverfahren

Die Abstimmung erfolgte in der spartanischen Volksversammlung nicht wie in Athen und anderswo durch Handaufheben, vielmehr galt der Antrag oder Wahlvorschlag, dem am lautesten akklamiert wurde, als angenommen.[79] Während dieses Verfahren von Aristoteles als kindisch und von vielen modernen Interpreten als primitiv beurteilt wurde, konnte jüngst gezeigt werden, daß es den sozialen Verhältnissen und den tatsächlichen Autoritätsverhältnissen Rechnung trug, indem sich der Großteil der Anwesenden nach den Willensäußerungen der ranghöchsten Spartiaten richtete.[80] Waren sich die Amtsträger über die Lautstärke uneinig, konnten sie die Abstimmenden in verschiedene Richtungen auseinandertreten lassen.[81]

Militarisierung des Gemeinwesens

Die später dominierende Ausrichtung des spartanischen Gemeinwesens auf die Kriegsführung ist auch am Ende des 6. Jahrhunderts noch nicht als geschlossenes System erkennbar. Allerdings weisen einige Anzeichen darauf hin, daß seit der Jahrhundertmitte erste Schritte in diese Richtung getan wurden.

Heerwesen und Männergemeinschaften

Über das spartanische Heer wissen wir aus dieser Zeit sehr wenig. Die geschlossene Hoplitenphalanx war schon zur Zeit des Tyrtaios entwickelt und blieb auch in der klassischen Periode die dominierende Kampfformation. Innerhalb der Heeresorganisation werden als kleinste Gliederungseinheiten die Syskenien, die Zeltgemeinschaften, schon in alter Zeit entstanden sein. Im zivilen Leben trafen sich die Spartaner der archaischen Zeit, wie aus Vasendarstellungen hervorgeht, zu gemeinsamen Mahlzeiten, die andernorts Symposien hießen, vom spartanischen Dichter Alkman aber mit dem auch in Kreta üblichen Begriff *Andreía* («Männermahle») bezeichnet wurden.[82] Beide Traditionen flossen dann in jenen Mahl- bzw. sogar Lebensgemeinschaften zusammen, in denen die Spartiaten nun zusammen aßen, sich beschäftigten und nächtigten, und zwar im Krieg und im Frieden. Sie werden in den Quellen Syssitien, Phiditien oder Philitien, von Xenophon auch noch Syskenien genannt.[83] Es ist durchaus denkbar, daß diese Verschmelzung ein allmählicher Prozeß war und schon im 6. Jahrhundert begann; die aus späterer Zeit bekannten vielfältigen Normierungen des Zusammenlebens dürften jedoch erst im Lauf des 5. Jahrhunderts dazugekommen sein und werden deshalb im nächsten Kapitel berücksichtigt (S. 113 f.).

Erziehungssystem

Ähnliches gilt für das spartanische Erziehungssystem, die *Agogé*. Es ist inzwischen erkannt worden, daß Plutarch (*Lyk.* 16 ff.; *mor.* 238E) im wesentlichen das nach Jahrgängen gegliederte Erziehungswesen der römischen Zeit beschreibt, wie es erst in den Reformen des 3. Jahrhunderts v. Chr. begründet wurde.[84] Xenophons Angabe (*Lak. pol.* 3,3) über die staatliche Erziehung als Voraussetzung des Bürgerstatus zeigt auf, daß die von ihm geschilderte dreistufige Erziehung und Ausbildung (*Lak. pol.* 2 f.) zu Beginn des 4. Jahrhunderts in die spartanische Gesellschaftsordnung integriert war. Daß der Staat bereits im 6. Jahrhundert die Form der Erziehung vorgeschrieben und dafür Amtsträger bestellt hat, ist nicht zu belegen und aus allgemeinen Gründen wenig wahrscheinlich.[85]

Achtung des Handwerks

Den Spartiaten war es nach späteren Quellen verboten, eine berufliche Tätigkeit auszuüben, um sich ganz dem Kriegsdienst widmen zu können. Wenn es ein solches formelles Verbot je gab, wurde es nicht, wie meist angenommen, im 6., sondern frühestens Anfang des 4. Jahrhunderts erlassen.[86] Wahrscheinlicher ist jedoch, daß sich die Spartiaten von den handwerklichen Tätigkeiten, insbesondere im produzierenden Gewerbe, allmählich zurückzogen, bis diese schließlich völlig geächtet waren. Diese Entwicklung könnte wiederum im 6. Jahrhundert begonnen haben, hat sich aber erst zur Zeit Herodots (vgl. 2,167) weitgehend durchgesetzt.[87]

Einstufung der Veränderungen

Zusammenfassend läßt sich sagen, daß auf allen vorstehend berührten Gebieten keine einmalige und umfassende Verfassungsreform erkennbar ist, wie sie traditionell den sagenhaften Gestalten Lykurg oder Chilon zugeschrieben wird. Anzunehmen ist vielmehr eine stärkere Konzentration der spartanischen Führungsschicht auf politische und militärische Aufgaben. Da diese Schicht kollektiv an der politischen Macht teilhaben wollte, mußte sie auf eine gewisse Beschränkung bei der politischen, aber auch ökonomischen Selbstentfaltung und Selbstdarstellung ihrer hervorragenden Mitglieder Wert legen. Desungeachtet behielt die Aristokratie das Heft des Handelns auf allen gesellschaftlichen Gebieten fest in der Hand. Die neuere Forschung tendiert schon seit längerem dahin, die Entwicklung Spartas zu dem «lykurgischen», abgeschlossenen und kriegerischen Staat relativ spät, ab der Mitte des 6. Jahrhunderts, zu datieren, und versucht zu Recht, sie aus der äußeren Politik Spartas zu erklären. Da aber auch für die zweite Hälfte des 6. Jahrhunderts allenfalls Ansätze zu Veränderungen zu beobachten sind, ist es konsequent, daß der Abschluß dieses Prozesses und damit der wirkliche Wandel des spartanischen Staates ins 5. Jahrhundert gesetzt und mit den Perserkriegen, dem großen Helotenaufstand und dem Beginn der Auseinandersetzung mit Athen in Zusammenhang gebracht wird.[88]

3. Athen und Sparta im Vergleich

Bevölkerung und Territorium

– Athen war in der Frühzeit relativ kontinuierlich besiedelt, einschneidende Einwanderungswellen sind nicht erkennbar. Als in ganz Griechenland seit etwa dem 9. Jahrhundert die Bevölkerung zunahm, genügte das weiträumige Territorium Attikas als Siedlungsraum; eine auswärtige Expansion fand nicht statt. Lakonien hingegen wurde ab der zweiten Hälfte des 10. Jahrhunderts von einwandernden Doriern besiedelt, die einen Teil der ansässigen Bevölkerung zu unfreien Heloten machten und aus der entstehenden Polis Sparta ausschlossen. Nach der Aufteilung Lakoniens eroberten die Spartaner Messenien und verfuhren dort ähnlich. Im Unterschied zu Athen war Sparta anfänglich eine aggressive, expansive Polis. Es legte jedoch so gut wie keine überseeischen Kolonien an. Sparta war flächenmäßig die größte, Athen die zweitgrößte griechische Polis.

Staatsentstehung

– Die Staatsentstehung erfolgte in Athen und Sparta in vieler Hinsicht parallel. In Athen sind am Anfang des 7. Jahrhunderts erste Herrschaft ausübende Institutionen und damit staatliche Strukturen erkennbar. Hinter den Amtsträgern, den Archonten, muß ein Adelsrat, wohl der spätere Areopag, gestanden haben. In Sparta erfolgte diese Entwicklung möglicherweise etwas früher. Der Zusammenschluß mit Amyklai bzw. die Ausdehnung des Helotensystems auf ganz Südlakonien könnte der Anlaß dafür gewesen sein, in der zweiten Hälfte des 8. Jahrhunderts staatliche Strukturen zu errichten, indem mit der Großen Rhetra der Adelsrat, das Doppelkönigtum sowie die Volksversammlung endgültig institutionalisiert wurden. In beiden Poleis ging die Initiative zur Staatsgründung von der durch die Größe ihres Besitzes bestimmten Oberschicht aus, die in einem Rat die Macht ausübte und sie auf Amtsträger verteilte.

- In beiden Poleis herrschte die Vorstellung von sagenhaften Staatsgründern: in Athen Theseus, in Sparta die Herakliden. In Sparta blieben auch die frühen Gesetzgeber (die ersten Könige bzw. dann Lykurg) sagenhafte Gestalten, während die athenischen Gesetzgeber Drakon und Solon historische Personen waren. *Staatsgründer*
- Selten bedacht wird die Gemeinsamkeit, daß sich beide Poleis die gleiche Schutzgöttin, und zwar Athene, erkoren hatten. In Athen verehrte man die Athena Polias, in Sparta zusammen mit Zeus die Athena Syllania, später die Athena Chalkioikos. *Staatsgottheit*
- Die Spartaner grenzten sich früher als die Athener scharf von allen Nichtbürgern ab. Die Aufnahme eines Ausländers in die Bürgerschaft blieb in beiden Poleis die Ausnahme. *Bürgerstatus*
- Alle Athener waren im Prinzip gleiche Staatsbürger mit gleichen Rechten und Pflichten. Nur die Berechtigung zur Ausübung politischer Macht war nach ihrem Vermögen abgestuft. Die spartanische Gesellschaft hingegen war rechtlich viel stärker differenziert. Unterhalb der Spartiaten, deren jeweilige politische Bedeutung zumindest informell ebenfalls von ihrem Vermögen abhing, existierten mehrere Schichten oder Gruppen von Freien, die sozial und politisch Bürger zweiter Klasse waren. *Abstufung der Bürgerrechte*
- Wirtschaftlich herrschte in Athen im Prinzip eine «freie Marktwirtschaft», die nur in wenigen Bereichen wie dem Erbrecht vom Staat eingeschränkt wurde. In Sparta war die freie Verfügbarkeit über das Eigentum zwar größer als weithin angenommen, aber zumindest der Verkauf der Klaroi war verboten oder geächtet und die Heloten waren an die Landgüter gebunden. Wegen der Helotie spielte die Kaufsklaverei eine geringere Rolle als in Athen. *Wirtschaftsordnung*
- Kunst und Kultur standen im 7. und 6. Jahrhundert in beiden Poleis in Blüte. *Kunst und Kultur*
- Von der politischen Struktur her war beiden Staaten gemeinsam, daß die Oberschicht die Herrschaft in der Hand hatte, daß die Ämter nur aus ihr heraus besetzt wurden, daß die Mit- *Politische Strukturen*

glieder des Adelsrates auf Lebenszeit amtierten und daß die Volksversammlung nur eine passive Funktion ausübte. Unterschiedlich war, daß die spartanische Gerusia auf 30 Mitglieder begrenzt war und diese über 60 Jahre alt sein mußten. Die Könige waren Amtsträger auf Lebenszeit und kamen ausschließlich aus zwei Familien, während in Athen alle Ämter jährlich wechselten und von allen dazu Berechtigten besetzt werden konnten. Das spätestens in der zweiten Hälfte des 6. Jahrhunderts als eponymes Jahresamt eingeführte spartanische Ephorat übernahm diese athenischen Prinzipien.

Umbrüche und Kontinuität

– Athen erlebte durch die Krise des ausgehenden 7. Jahrhunderts und die darauf reagierenden solonischen Reformen sowie durch die Tyrannis und deren Sturz mehrere tiefgreifende soziale und politische Umbrüche. Auch diese trugen zur Thematisierung von Politik und zur intensiveren Selbstvergewisserung der Bürgerschaft bei. Spartas soziale und politische Ordnung blieb seit den Messenischen Kriegen im wesentlichen unverändert. Obwohl es selbst nie unter die Herrschaft eines Tyrannen geriet, muß die prinzipielle spartanische Tyrannenfeindschaft als Mythos gelten. Erst ab der zweiten Hälfte des 6. Jahrhunderts entwickelte sich Sparta allmählich zu dem Kriegerstaat, als dessen Inbegriff es gilt. Dieser Prozeß war am Ende der archaischen Zeit noch nicht abgeschlossen.

Außenpolitik und innere Ordnung

– Die innere Umwälzung in Sparta war im wesentlichen eine Reaktion auf außenpolitische Anforderungen und Ziele. Ihr Beginn hängt eng mit der Gründung und Ausdehnung des Peloponnesischen Bundes zusammen, mit dem Sparta die Hegemonie über weite Teile der Peloponnes gewann. In Athen hatte die Außenpolitik erheblich geringere Bedeutung und keine durchschlagenden Rückwirkungen auf die innere Ordnung.

II. Zwischen Gegnerschaft und Bündnis: das fünfte Jahrhundert (511–404 v. Chr.)

Quellenhinweise:

Von Herodot bis Diodor

Herodots *Historien* (S. 13) sind unsere Hauptquelle für die Perserkriege. Die Geschichte des Peloponnesischen Krieges, einschließlich einer kurzgefaßten Vorgeschichte seit den Perserkriegen, hat Thukydides (S. 13) bis ins Jahr 411 geschildert. Xenophon, ebenfalls ein Athener, setzt im ersten Teil seiner *Helleniká* (*Griechische Geschichte*) die Darstellung bis zum Ende des Krieges fort (bis 2,3,10). Eine andere *Griechische Geschichte* aus dem 4. Jahrhundert v. Chr., deren Verfasser nicht mit Gewißheit identifiziert werden kann, ist bruchstückhaft durch Papyrusfunde aus dem ägyptischen Ort Oxyrhynchos bekannt. Der Text wird daher als *Helleniká von Oxyrhynchos* bezeichnet und schließt, wie Xenophon, an das Werk von Thukydides an. Der Autor läßt eine prospartanisch-antidemokratische Grundhaltung erkennen. Auf den Autor dieser Hellenika gehen, vermittelt durch den im 4. Jahrhundert v. Chr. tätigen Historiker Ephoros, die entsprechenden Passagen bei Diodor aus Agyrion (Sizilien) zurück (1. Jahrhundert v. Chr.).[89] Von Diodors Universalgeschichte (*Bibliothéke*) betreffen die aus Buch 10 erhaltenen Fragmente den Anfang der Perserkriege; die Bücher 11–13 gelten der Zeit von Xerxes bis zum Jahr 405. Nur sehr selten jedoch führt Diodor über die zeitgenössischen Historiker hinaus.

Schriften über die Verfassungen

Für die Entwicklung der athenischen Verfassung bleibt Aristoteles, *Der Staat der Athener* (*Athenaion politeia*, S. 13), die Grundlage; die *Politik* (*Politiká*) desselben Autors informiert über Aspekte der spartanischen Staatsordnung. Ausführlicher ist hier Xenophons *Verfassung der Spartaner.* Der fälschlich dem Xenophon zugeschriebene, mit der aristotelischen Schrift gleichnamige *Staat der Athener (Athenaion politeia)* ist der Text eines unbekannten Autors (Pseudo-Xenophon) wohl vom Anfang des Peloponnesischen Krieges, in der die Demokratie scharf kritisiert wird.[90]

Biographien

Plutarch (S. 31) ist uns vor allem durch seine Biographien berühmter Männer bekannt, von denen er jeweils einen Griechen und einen Römer zu einem Paar zusammenstellte. Die *Vitae* zum 5. Jahrhundert gelten überwiegend Athenern, nämlich Themistokles, Aristeides, Kimon, Perikles, Nikias und Alkibiades; Sparta ist lediglich durch Lysander vertreten. Auch von Cornelius Nepos, einem römischen Schriftsteller des 1. Jahrhunderts v. Chr., liegen Biographien über bedeutende Männer des 5. Jahrhunderts vor.

Tragödie, Komödie, Reden

Die in dieser Zeit in Athen neu entstehenden Literaturgattungen enthalten einige historische Informationen, so die Tragödie des Aischylos *Die Perser*[91] sowie die Komödien des Aristophanes. Die Redner Andokides und Lysias beginnen ihre Tätigkeit noch im 5. Jahrhundert.

Inschriften und archäologische Zeugnisse

Inschriften sind jetzt zahlreicher (vgl. besonders HGIÜ I), und die archäologischen Zeugnisse lassen sich sicherer einordnen. Beide Quellengattungen sind für Athen ungleich ergiebiger als für Sparta.

1. Sparta und der Verfassungsumsturz in Athen

1.1. Sparta und die Tyrannis: die Peisistratiden

Sparta zunächst tyrannenfreundlich

Gegen Ende des 6. Jahrhunderts v. Chr. verschränkten sich die athenische und die spartanische Geschichte erstmals. Wesentliche Voraussetzung dafür war die gestiegene Macht Spartas, das durch die Hegemonie im Peloponnesischen Bund eine über dieses Bündnis hinausreichende Stellung errungen hatte und zur stärksten Macht Griechenlands geworden war. Mit den in Athen herrschenden Peisistratiden unterhielt Sparta traditionell freundschaftliche Beziehungen.

Alkmeoniden als Feinde der Peisistratiden

Ein Umschwung in diesem Verhältnis ist nach Herodot (5,62 ff.) auf folgende Weise eingetreten. Treibende Kraft für den Sturz der athenischen Tyrannis war die Familie der Alkmeoniden, die sich nach 525 mit den Peisistratiden verfeindet hatten und ins Exil gegangen waren (S. 29 f.). Von dort aus rückten sie mit anderen Verbannten zusammen gewaltsam gegen die Peisistratiden vor, wurden jedoch geschlagen und mußten sich wieder zurückziehen (Hdt. 5,62; Aristot. *Ath. pol.* 19,3). Offenbar fanden sie zu diesem Zeitpunkt unter den Athenern noch keine nennenswerte Unterstützung gegen die Tyrannen. Die Alkmeoniden versuchten daher, Sparta für ihr Vorhaben zu gewinnen. Da ihnen der Wiederaufbau des bereits 548/47 abgebrannten Apollon-Tempels in Delphi übertragen wurde, verfügten sie über einen gewissen Einfluß auf das delphische Orakel und über reichliche Geldmittel. Das delphische Orakel mahnte die Spartaner nun bei jeder Gelegenheit, Athen von den Tyrannen zu befreien, bis diese schließlich einen entsprechenden Beschluß faßten.

Athenische Macht als Konkurrenz für Sparta

Nach der Ermordung seines Bruders Hipparchos (514/13) wurde die Herrschaft des Hippias in Athen zwar härter, blieb aber von innen nach wie vor ungefährdet. Im Ausland hatte Hippias zahlreiche Freunde und gute Beziehungen,[92] die er durch die Verheiratung seiner Tochter mit einem Vasallen des Großkönigs (Thuk. 6,59,2 f.) sogar auf das Perserreich auszudehnen begann. Das peisistratidische Athen war mithin die einzige griechische Polis, die nicht nur ein Gegengewicht zu der wachsenden spartanischen Macht bilden, sondern sie gegebenenfalls sogar einschränken konnte. Es mußte den Spartanern daher vorteilhaft erscheinen, in Athen eine Regierung aus überwiegend spartafreundlichen Adligen, deren gegenseitige Konkurrenz keine zielstrebige Machtpolitik erlauben würde, zu etablieren.

Kleomenes I.

Die spartanische Außenpolitik wurde in diesem Zeitraum am entschiedensten von König Kleomenes I. aus dem Haus der Agiaden betrieben, der gegen 520 in sein Amt gelangte und bis 488 regierte. Er lehnte zwar Unternehmungen in weit entfernte Gebiete der Ägäis und Kleinasiens ab, brachte spartanische Interessen aber umso konsequenter in der Peloponnes und in Zentralgriechenland zur Geltung. Wegen seines Machtwillens und seiner Skrupellosigkeit war und blieb er eine umstrittene Gestalt, die gerade von Herodot, der Kleomenes sogar für wahnsinnig erklärt, mit besonderer Abneigung geschildert wird.

Beseitigung der athenischen Tyrannis

Gegen die Peisistratiden also wurde, wahrscheinlich im Jahr 511, zunächst eine Streitmacht unter dem Spartiaten Anchimolios nach Athen geschickt. Von dem Angriff informiert, hatte Hippias 1000 Reiter aus Thessalien geholt, mit deren Hilfe er die Spartaner zurückschlug. Im Frühsommer 510 fiel Kleomenes selbst mit einem größeren Heer in Attika ein. Diesmal aber wurden die wieder herbeigeeilten thessalischen Reiter von der spartanischen Phalanx geschlagen und kehrten in ihre Heimat zurück. Hippias verschanzte sich auf der Akropolis, wo er von Kleomenes und den Athenern, «die frei sein wollten» (Hdt. 5,64,2), belagert wurde.

Nach Herodot hätten die Spartaner, die dafür nicht ausgerüstet waren, die von Hippias vorsorglich gut ausgebaute Akropolis nicht einnehmen können, sondern hätten unverrichteter Dinge abziehen müssen. Aber den Belagerern gelang es, die Kinder der Peisistratiden gefangenzunehmen, die Hippias außer Landes in Sicherheit bringen wollte. Vielleicht fielen sie sogar den beteiligten Athenern, nicht den Spartanern, in die Hände, denn nach Herodot stellten *die Athener* die Bedingung, daß die Tyrannenfamilie innerhalb von fünf Tagen Athen verlassen mußte, um ihre Kinder zurückzuerhalten. Hippias ging darauf ein und wanderte nach Sigeion in Kleinasien aus. Damit endete in Athen die Tyrannis, die nach Herodot 36 Jahre lang gedauert hat.[93]

Verdienst der Spartaner

Es war kein Volksaufstand, der die Tyrannis der Peisistratiden stürzte. Erst nach dem Sieg der Spartaner in der Feldschlacht, nachdem also die Verwundbarkeit der Tyrannen erkennbar geworden war, hat sich eine ungewisse Zahl von Athenern – zu denen auch Isagoras gehörte (Hdt. 5,70,1), von dem noch die Rede sein wird – an der Belagerung der Akropolis und den Verhandlungen mit Hippias beteiligt. Daher kommt trotz der Bemühungen der Alkmeoniden letztlich Sparta der Hauptanteil an der Vertreibung der Peisistratiden zu[94] – ob die Mehrzahl der Athener das zu diesem Zeitpunkt schon als Befreiung und damit als Verdienst ansah, wissen wir allerdings nicht. Immerhin scheinen sie den Sturz der Tyrannis schon sehr bald als Befreiung empfunden zu haben, schrieben sie aber den – athenischen – Mördern des Hipparchos, Harmodios und Aristogeiton, zu, deren Standbild wohl schon im letzten Jahrzehnt des sechsten Jahrhunderts auf der Agora aufgestellt wurde.[95] Darin mögen die Spartaner sogar eine gewisse Provokation erblickt haben.

Mythos der spartanischen Tyrannenfeindschaft

Später hat man die sicher nicht uneigennützige spartanische Unternehmung mit einer grundsätzlichen spartanischen Tyrannenfeindschaft in Verbindung gebracht. Daß die moderne Forschung diese Behauptung vieler Quellen zu Recht als Mythos bezeichnet, läßt sich allein schon an den athenischen Ereignissen ersehen.[96] Denn zum einen waren Peisistratos und seine Söhne lange Zeit offizielle Gastfreunde der Polis Sparta. Und zum anderen haben, wie wir bald genauer sehen werden, die Spartaner einige Zeit später, aber immer noch mit Kleomenes an ihrer Spitze, die Vertreibung der Peisistratiden als Fehler angesehen und sich für die Wiedereinsetzung des Hippias als Tyrannen engagiert.

1.2. Sparta und die Oligarchie: Isagoras

Spartafreunde in Athen

Zunächst aber war Sparta mit den neuen Gegebenheiten in Athen, die der alten oligarchisch-timokratischen Ordnung Solons entsprachen, offenbar zufrieden, denn die Quellen setzen stillschweigend voraus, daß Kleomenes mit seinen Truppen wieder aus Athen abzog. Kleomenes konnte auf die Spartafreundschaft der führenden Athener vertrauen. Der Mann, auf den er wohl von Anfang an am meisten setzte, war sein Gastfreund Isagoras. Aber auch die Alkmeoniden mit Kleisthenes an der Spitze dürften gute Beziehungen zu den Spartanern gehabt haben, die sie ja zugunsten einer Intervention in Athen beeinflußt hatten; jedenfalls boten sie keinen Anlaß zu spartanischem Mißtrauen.[97]

Kleistenes und der Demos

Das wurde erst geweckt, als die Rivalität zwischen Kleisthenes und Isagoras sich zuspitzte. Kleisthenes war in diesen Auseinandersetzungen den gegnerischen Gruppierungen zunächst unterlegen, wie die Quellen sehr allgemein mitteilen. Daß Isagoras die stärkere Position hatte, läßt sich auch daran erkennen, daß er für das Jahr 508/7 zum Archonten gewählt wurde.[98] Um das Kräfteverhältnis zu seinen Gunsten zu verändern, entwickelte Kleisthenes in dieser Zeit eine Strategie, die es bis dahin noch nicht gegeben hatte und die weitreichende Folgen haben sollte. Herodot (5,66,2) bemerkt lapidar: «Der unterlegene Kleisthenes nahm das niedere Volk (diese Bedeutung hat hier der Begriff *Demos*) in seine Gefolgschaft auf.» Kleisthenes bezog also nunmehr soziale Schichten in die Politik ein, die sich bislang nicht daran beteiligt hatten, weil sie nicht an einen der reichen und angesehenen Männer gebunden waren; zu denken ist dabei keineswegs an die ärmste, landbesitzlose Bevölkerung, sondern an unabhängige Bauern der Hoplitenschicht. Er band diese Leute in einer neuen Weise, nämlich durch ihre Beteiligung an der Lenkung des Staates, in die Polisgemeinschaft ein. Auch die *Athenaion politeia* (20,1), stellt diesen Zusammenhang her: «Als Kleisthenes den politischen Bünden (*Hetaireíai*) unterlag, brachte er das Volk (*Demos*) auf seine Seite, *indem er die Herrschaft im Staat auf die Menge übertrug.*» Obwohl Aristoteles damit den längerfristigen Prozeß der Demokratisierung Athens schon vorwegnimmt, ist aus den folgenden Reformen des Kleisthenes doch eine entsprechende Tendenz klar erkennbar.

Isonomia

Konkrete Veränderungen der politischen Struktur muß Kleisthenes den Athenern bereits im Machtkampf mit Isagoras in Aussicht gestellt haben. Andernfalls hätte er nicht den Erfolg gehabt, den Herodot (5,69,2) so zusammenfaßt: «Durch seine Hinwendung zum Demos hatte er die gegnerische Gruppierung weit überflügelt.» Es ist gut möglich, daß dabei – und nicht unbedingt nur von Kleisthenes und seinen Anhängern – als propagandistischer Terminus bereits der Begriff der *Isonomia* in Anspruch genommen wurde; so wurde in der Folgezeit die politische Gleichheit aller Athener bezeichnet, die sie durch die Beseitigung der Tyrannis errungen hatten.[99]

Kleomenes und Athens Oligarchie

Nun war auf einmal Isagoras der Unterlegene und reagierte darauf, indem er seinen spartanischen Gastfreund Kleomenes zu Hilfe rief. Als Repräsentanten Spartas war für Kleomenes sicherlich nicht nur die persönliche Beziehung zu Isagoras ausschlaggebend für ein neuerliches Eingreifen in Athen. Vielmehr war es die grundsätzliche Infragestellung der aristokratisch-oligarchischen Strukturen durch Kleisthenes, die Sparta mißtrauisch machte. Man sah wohl voraus, daß die neuen Schichten des Volkes, die Kleisthenes an der Politik beteiligen wollte, weniger leicht zu beeinflussen und zu kontrollieren sein würden, und ahnte die Gefahr, daß Athen – mindestens in demselben Maß wie unter den nicht zuletzt deshalb beseitigten Peisistratiden – einen eigenständigen, leicht in Konkurrenz, wenn nicht in Gegensatz zu spartanischen Interessen geratenden Weg einschlagen könnte.

Eingreifen Spartas

Kleomenes stellte zunächst von Sparta aus die Forderung, Kleisthenes und einige andere aus Athen zu vertreiben. Kleisthenes versuchte, einerseits den Druck des Spartanerkönigs abzuschwächen, indem er Athen verließ, hoffte aber andererseits, daß sein politisches Vorhaben weitergeführt werden könne. Kleomenes jedoch ließ sich nicht irritieren, kam, wahrscheinlich noch im Laufe des Jahres 508, mit einem kleineren Heer nach Athen und vertrieb siebenhundert Familien, die ihm Isagoras bezeichnete. Darauf versuchte er, den Rat aufzulösen, unter dem wir wahrscheinlich den Areopag zu verstehen haben,[100] und die Macht an dreihundert Parteigänger des Isagoras zu übergeben. Hier zeigt sich deutlich, daß die Errichtung einer spartafreundlichen Oligarchie in Athen das Ziel des Kleomenes war. Der spartanische König hat diese – und nur diese eine – militärische Unternehmung, wie es aussieht, in eigener Regie, ohne staatlichen Auftrag, durchgeführt, wobei er durchaus nicht gegen spartanische Interessen handelte.

Athenischer Widerstand

Der Rat jedoch fand sich mit seiner Auflösung nicht ab und leistete Widerstand. Kleomenes, Isagoras und dessen Anhänger besetzten daraufhin die Akropolis, zweifellos, um von diesem Stützpunkt aus die Stadt zu beherrschen, wie es seinerzeit Peisistratos gelungen war. Im Gegensatz zu damals wurde aber jetzt der Spieß umgedreht, indem eine größere Zahl von Athenern in das Geschehen eingriff und die Putschisten, wenn wir sie so nennen dürfen, auf der Akropolis einschloß.[101] Sie wehrten sich gegen eine Führung, die von Sparta abhängig und damit auch spartanischen Interessen verpflichtet gewesen wäre. Kleomenes war nun unversehens in die Lage des Hippias geraten, die er selbst kaum zwei Jahre zuvor herbeigeführt hatte (S. 61 f.). Am dritten Tag der Belagerung kam eine Übereinkunft zustande, nach der die Spartaner freien Anzug aus dem athenischen Territorium erhielten. Obwohl die Athener, denen nichts an einer Provokation Spartas liegen konnte, den Besatzern nichts zuleide taten, mußte sich Kleomenes zumindest gedemütigt fühlen. Er mußte mit seinen Leuten unverrichteter Dinge abziehen und konnte auch Isagoras mit sich führen.

Erster unmittelbarer Gegensatz

Damit sind Athen und Sparta erstmals in direkten Gegensatz zueinander geraten, und zwar in einen Gegensatz, der einerseits durch die Andersartigkeit der inneren Ordnung und andererseits durch machtpolitische Konkurrenz bestimmt ist. In diesem Gegensatz zeigen sich also bereits wesentliche Elemente der Gegnerschaft, welche die Beziehungen der beiden Staaten über weite Strecken des kommenden Jahrhunderts prägen sollte.

1.3. Sparta und die Demokratie: die kleisthenische Ordnung

Rückkehr des Kleisthenes

Nach der Rückkehr des Kleisthenes und der 700 vertriebenen Familien konnten die bereits in Gang gesetzten Reformen zielstrebig verwirklicht werden. Unsere Quellen datieren die gesamte Reform noch in das Jahr 508/7, das Archontenjahr des Isagoras. Wir brauchen nicht daran zu zweifeln, daß in diesem Jahr wesentliche Entscheidungen getroffen wurden, aber die meisten modernen Forscher glauben, daß zu ihrer Umsetzung noch einige weitere Jahre erforderlich waren.[102]

Phylenreform

Die kleisthenischen Reformen können in diesem Zusammenhang nicht im einzelnen beschrieben werden. Da sie aber die Grundlagen der politischen Struktur Athens im 5. Jahrhundert geschaffen haben, müssen sie mit einigen knappen Bemerkungen charakterisiert werden.[103] Das Kernstück der Maßnahmen war die sogenannte Phylenreform, womit jedoch eine Neustrukturierung mehrerer Personenverbände gemeint ist. Um mit dem kleinsten dieser Personenverbände zu beginnen, so wurden die Demen (griechisch: ein *Démos*, mehrere *Démoi*) von rein lokalen Wohneinheiten (Dörfern), die sie traditionell waren, ohne größere Grenzänderungen zu den administrativen Grundeinheiten des Staates, unseren Gemeinden vergleichbar, umgestaltet.[104] Sie wurden von einem *Démarchos* geleitet und hatten jetzt Bürgerlisten zu führen. Durch die Einschreibung aller über achtzehnjährigen männlichen Demoten war erstmals eine sichere Unterscheidung zwischen Athenern und Ausländern möglich. Die Einschreibung und die nun vorgesehene Hinzufügung des Demennamens (*Demotikón*) zum Eigennamen brachte die prinzipielle formale Gleichheit aller Athener zum Ausdruck. Die Zahl der kleisthenischen Demen ist nicht sicher feststellbar; sie dürfte etwas geringer gewesen sein als die später bekannten 139 Demen.

Trittyen

Alle Demen wurden gemäß ihrer geographischen Lage drei Zonen zugewiesen, der Stadt (*Ásty*), dem Binnenland (*Mesógeia*) oder dem Küstenland (*Paralía*). Die drei Zonen wurde in je zehn Einheiten eingeteilt, auf welche die unterschiedlich großen Demen so verteilt wurden, daß die Bürgerzahl der Einheiten annähernd angeglichen wurde. Diese insgesamt 30 Einheiten hatten ein geringeres Eigenleben als die übrigen Personenverbände. Sie hießen ‹Drittel› (eine *Trittýs*, mehrere *Trittýes*), weil jeweils drei von ihnen, und zwar eine aus jeder Zone, zu einer Phýle (*Phylé*) zusammengefaßt wurden.[105]

Funktion der Phylen

Die neu entstandenen zehn Phylen ersetzten die vier alten attischen Phylen weitgehend. Sie erhielten je einen fiktiven Stammvater, den Phylenhéros, dessen Kult die gemeinsame Identität der Phylenmitglieder bestärkte. Die neuen Phylen wurden auch die Gliederungseinheiten für das attische Heer; sie hatten ferner die Kandidaten für die Ämterbesetzungen der Gesamtpolis zu nominieren. Für die 50 Ratsmitglieder (Buleuten), die jede Phyle in den neuen Rat der Fünfhundert zu entsenden hatte, nominierten allerdings die einzelnen Demen, nach deren Bürgerzahl sich auch die Zahl der Ratssitze bestimmte, die Kandidaten, aus denen dann in einem zentralen Verfahren die Buleuten ausgelost wurden.

Die neuen Personenverbände überlagerten durch ihr striktes

Territorialprinzip traditionelle soziale Bindungen an adlige Familien und schwächten somit deren Gefolgschaften, die Hetairien. Die neue Gliederung bewirkte eine geographische Mischung der Bevölkerung, verhinderte dadurch das Übergewicht regionaler Interessen und stärkte die Einheit zwischen Stadt und Land. Jeder Athener war über seine örtliche Bürgergemeinschaft gleichzeitig auch in den Gesamtverband eingebunden und stand als politische Person in einer unmittelbaren Beziehung zu seiner *Politeía*, seiner Staatsordnung; insofern waren alle Athener, gerade bei Abstimmungen, gleich. Den Mitgliedern der oberen Klassen blieben zwar nach wie vor die Ämter vorbehalten, sie mußten sich aber sowohl mit ihrer Person als auch mit ihren Vorstellungen der Bürgerschaft öffentlich präsentieren und in gegenseitiger Konkurrenz nach Mehrheiten streben.[106]

Beginn der Demokratie

Das Ergebnis der kleisthenischen Reformen wird von Herodot einmal als *Demokratía* (6,131,1), einmal als *Isonomía* (gleiche Verteilung [der politischen Rechte]), meist jedoch als *Isegoría* (gleiches Rederecht) bezeichnet.[107] Bis heute ist umstritten, ob Kleisthenes bewußt oder unbewußt die erste Demokratie Europas eingeführt hat. Die jüngere Forschung lehnt eine solche Fixierung überwiegend ab. Sie bevorzugt die Ansicht, daß Kleisthenes zwar wichtige Grundlagen der Demokratie geschaffen habe, daß sich die neue Staatsform aber erst in den folgenden Jahrzehnten aufgrund militärischer und sozialer Veränderungen etabliert habe. Nach staatsrechtlichen Begriffen hingegen wurden durch die Maßnahmen des Kleisthenes, soweit wir sie beurteilen können, alle wesentlichen Elemente der Demokratie geschaffen. Immerhin stammt der erste inschriftlich erhaltene Beschluß des athenischen Volkes, ein Dekret über Salamis, noch aus dem späten 6. Jahrhundert.[108] Er beweist, daß die Volksversammlung nunmehr das zentrale Beschlußorgan Athens war.

Heeresreform

Ähnlich umstritten ist in der Forschung, wie stark die kleisthenischen Maßnahmen militärischen Zielvorstellungen untergeordnet waren. Auch wenn man in der neuen, auf den zehn Phylen aufgebauten Heeresordnung nicht den alleinigen Zweck der Reform sehen darf, so bleibt sie doch ein wichtiger Teil der Gesamtgliederung.[109] Seit der Reform wurden die Phylenregimenter vom jeweiligen Phylarchen kommandiert, ab 501/0 wurde aus jeder Phyle in der Volksversammlung ein Stratege gewählt, der auch das Kommando über mehrere Phylenregimenter führen konnte. An der

Spitze des athenischen Gesamtaufgebots stand jedoch zunächst weiterhin der Polemarchos. Erst jetzt war nach Meinung vieler Forscher das Reformwerk des Kleisthenes abgeschlossen.

Verfassungsbewußtsein

Auch ohne Kleisthenes hätten die Athener vor der Aufgaben gestanden, ihr Bürgerkontingent neu aufzubauen, nachdem für ein Bürgerheer unter der Tyrannis kein Platz gewesen war. Die Phylenordnung des Kleisthenes schuf zwar einen effektiven formalen Rahmen für das Heer, aber die kommenden militärischen Erfolge verdankten sich doch überwiegend der Einbindung der Heeresstruktur in die politische Neuordnung. Erst durch den Anteil, den jetzt jeder am Staat hatte, erst dadurch, daß ihm die Verfassung verteidigungswert, zu *seiner* Verfassung wurde, entwickelte insbesondere der athenische Hoplit die Motivation, die die Athener bald so notwendig brauchen sollten.

Athen und Persien

Der Gegensatz zu Sparta, in den Athen durch das Eingreifen des Kleomenes geraten war, veranlaßte die Athener bald nach dem Abzug des Spartanerkönigs dazu, ein Bündnis mit Persien anzustreben, das offenbar als einzige Macht galt, die fähig und willens war, Sparta Paroli zu bieten. Daß der persische Satrap die Unterwerfung Athens verlangte, verweist zwar auf das ungleiche Kräfteverhältnis; daß die Athener die Forderung aber zurückwiesen, ist ein Zeichen ihres aufkommenden staatlichen Selbstbewußtseins.

Überfall des Peloponnesischen Bundes

Kleomenes wollte seinen schmählichen Abzug nicht auf sich sitzen lassen und fiel im Frühjahr 506 mit dem Gesamtheer des Peloponnesischen Bundes bei Eleusis in Attika ein, nach Herodot (5,74,1), um Isagoras dort als Tyrannen einzusetzen. Gleichzeitig griffen Böoter und Chalkider an der anderen Landesgrenze an. Die Athener wandten sich zuerst gegen die Peloponnesier, die sie zu Recht für die größere Gefahr hielten. Doch bevor es zur Schlacht kam, verließen die Korinther aus kaum mehr auszumachenden Gründen – sie sollen wie die anderen Bundesgenossen erst jetzt von dem eigentlichen Ziel des Kleomenes erfahren haben – das Heer,[110] und ihrem Beispiel folgte Demaratos, der zweite spartanische König und Mitfeldherr des Kleomenes, mit dem er in ständiger Konkurrenz lag. Die übrigen Peloponnesier und Kleomenes selbst rückten daraufhin ebenfalls ab. Die Spartaner zogen daraus für sich – wie bereits erwähnt – die Konsequenz, ihr Heer in Zukunft nur noch von einem König führen zu lassen. Da die Ernennung des Heerführers in der Volksversammlung erfolgte, erfuhren die Ekklesia und die sie leitenden Ephoren eine deutliche Bedeutungssteigerung innerhalb des spartanischen Staatswesens.[111]

Rachefeldzug Athens gegen Chalkis

Nachdem sich die Bedrohung von Seiten der Peloponnesier erledigt hatte, ergriffen die Athener ihrerseits sofort die Initiative und unternahmen noch in der ersten Jahreshälfte (506) einen Rachefeldzug gegen die Chalkider. Sie schlugen zunächst die zu Hilfe eilenden Böoter, setzten noch am selben Tag nach Euböa über und brachten auch den Chalkidern eine vernichtende Niederlage bei. Das Land der großen chalkidischen Grundbesitzer wurde an athenische Siedler verteilt, die im athenischen Staatsverband blieben.[112] Ein Teil des chalkidischen Territoriums wurde also die erste athenische Außenbesitzung der klassischen Zeit. An die Schilderung dieser Vorgänge schließt Herodot ein grundlegendes Lob über die Wirkungen der politischen Gleichheit an (5,78). Wir dürfen in der Tat annehmen, daß die politischen und militärischen Reformen des Kleisthenes die beeindruckenden militärischen Erfolge Athens erst ermöglicht haben. Erst dadurch war Athen zu einer Macht geworden, die zwar noch lange nicht zu Sparta, aber doch zu den anderen großen griechischen Poleis aufschließen konnte.[113]

Athenische Bündnisse

Die zu Chalkis in Konkurrenz stehende euböische Polis Eretria schloß möglicherweise schon im Zuge des athenischen Unternehmens gegen Chalkis ein Bündnis mit Athen.[114] Wenn das zutrifft, dann hätte auch Athen schon am Ende des 6. Jahrhunderts eine, wenngleich rudimentäre, Symmachie aufgebaut, in der zumindest Eretria, und spätestens seit 506 auch Plataiai,[115] unter denselben Bedingungen an die regionale Vormacht Athen gebunden waren wie die Mitglieder des Peloponnesischen Bundes an dessen Vormacht Sparta. Auch wenn noch nicht von einer zielgerichteten Expansionspolitik Athens gesprochen werden kann, so zeichnet sich doch im Hinblick auf den Aufbau einer außenpolitischen Machtstellung in der nachkleisthenischen Zeit zum ersten Mal eine gewisse Konkurrenz Athens zu Sparta ab.

Letzter Interventionsversuch Spartas

Sparta jedoch war noch keineswegs bereit, die aufkeimende Konkurrenz Athens widerstandslos zu akzeptieren. Aus dem letzten Interventionsversuch, den die Verbündeten hatten scheitern lassen, zog es die Konsequenz, sich der Zustimmung der Bundesgenossen im voraus zu vergewissern und berief (ca. 504) die wahrscheinlich erste Versammlung des Peloponnesischen Bundes ein.

In einer Rede vor den Bundesgenossen erklärt die Hegemonialmacht nach dem Bericht Herodots (5,91) die Vertreibung des Hippias zu einem Fehler, zu dem sie durch verfälschte Orakelsprüche verleitet worden sei. Sie drückt ihr Unbehagen über das bereits übermütig gewordene athenische Volk aus und stellte dessen militärische Erfolge als eine Gefahr für die übrigen Griechen dar. Die Rede mündet in dem Vorschlag, das peloponnesische Heer solle den früheren Tyrannen Hippias, den Sparta vorsorglich schon aus Kleinasien hatte kommen lassen, in seine Herrschaft wiedereinsetzen. Gegen seine Erwartungen fand Sparta dafür keine Zustimmung bei seinen Bundesgenossen. Wir dürfen annehmen, daß es im Interesse der Verbündeten lag, daß sich Athen als ein gewisses Gegengewicht zur spartanischen Dominanz etablierte. Aus Rücksicht auf seine Stellung im Peloponnesischen Bund verzichtete Sparta daraufhin, und zwar endgültig, auf eine Intervention in Athen.

Sicherung der athenischen Demokratie

Erst jetzt war die ungestörte innere Entwicklung der athenischen Verfassung wirklich gesichert. Die Geburt der athenischen Demokratie hing also in doppelter Weise von Sparta ab. Paradoxerweise war es zuerst die spartanische Intervention, die mit der Tyrannenvertreibung die Voraussetzung für die neue Staatsordnung schuf; und kurz darauf war es die spartanische Nicht-Intervention zur Wiedereinsetzung ebendieses Tyrannen, wodurch die gerade entstandene Verfassung am Leben blieb.

2. Die Kämpfe mit Persien

2.1. *Der Ionische Aufstand*

Feindschaft Athen-Persien

Nachdem der spartanische Plan zu seiner Wiedereinsetzung in Athen gescheitert war, gewann Hippias den persischen Satrapen Artaphernes für seine Ziele. Die Athener versuchten, solchen Plänen durch eine Gesandtschaft nach Sardes entgegenzuwirken. Als Artaphernes ihnen aber mit Gewalt drohte, verweigerten sie die Aufnahme des Hippias und standen von nun an den Persern feindlich gegenüber.[116] Auch wenn man sagen könnte, daß sich Athen jetzt, nachdem die Bedrohung von Seiten der Peloponnesier nicht mehr gegeben war, die antipersische Haltung leicht habe leisten können, so bleibt doch festzuhalten, daß die Athener in der Sache konsequent blieben und ihre neue Verfassung jetzt ebenso fest gegen eine persische wie zuvor gegen eine spartanische Bedrohung verteidigten.

Hilfeersuchen der Ionier

Als sich im Jahr 499 die ionischen Griechenstädte Kleinasiens gegen die persische Herrschaft erhoben, suchte der Milesier Aristagoras, der Führer der Ionier, Unterstützung im griechischen Mutterland. Zuerst verhandelte er in Sparta mit König Kleomenes; nach Herodot (5,48) führte er ihm die Knechtschaft der blutsverwandten Ionier vor Augen; dann verwies er auf die militärische Unterlegenheit der Perser; vor allem aber malte er die großen Reichtümer aus, die bei einem Feldzug zu gewinnen wären. Kleomenes aber ließ sich weder durch diese Vorstellungen noch durch persönliche Bestechungsversuche überreden. Unter Verweis auf die Größe des Perserreiches schickte er Aristagoras unverrichterer Dinge weg, anscheinend sogar ohne die übrigen spartanischen Gremien mit der Sache befaßt zu haben.

Athenische Hilfe für Ionien

In Athen, der nach Sparta mächtigsten Polis (Hdt. 5,97,1), hatte Aristagoras mehr Erfolg, als er der Volksversammlung dieselben Argumente vortrug. Die Athener beschlossen, die Ionier mit 20 Schiffen zu unterstützen. Das war zwar keine sehr große Hilfe für die Aufständischen, aber für die Athener eine beachtliche Anstrengung. Eretria schloß sich als einzige weitere griechische Stadt mit fünf Schiffen an. Daß sich die Athener nach den ersten Kämpfen noch im Jahr 498 wieder aus Kleinasien zurückzogen und weiteren Hilfsgesuchen nicht mehr stattgaben, zeigt, daß es ihnen weniger um ideologisch fundierte Hilfeleistung, sondern mehr um kurzfristige Beutegewinnung ging. Vielleicht wollte man den Großkönig auch nicht weiter reizen. Athen war also leichter bereit als Sparta, sich auf die antipersische Unternehmung einzulassen, zog sich aber bald auf eine ähnlich neutrale Position zurück wie die stärkste griechische Macht. Persien konnte den Ionischen Aufstand 494 mit der Einnahme Milets endgültig niederschlagen. Die Griechenstädte Kleinasiens blieben vorläufig unter persischer Oberherrschaft.

2.2. *Der erste persische Angriff – Marathon*

Forderungen Persiens

Nach der Beendigung des Ionischen Aufstandes versuchte der persische Großkönig Dareios ab 493, seine Herrschaft in Kleinasien weiträumiger abzusichern. Zunächst unterwarf er die Inseln und thrakischen Küstenstädte der Nordägäis mit militärischer Gewalt.

In die übrigen, weiter entfernten griechischen Poleis schickte er 491 Gesandte, die als Zeichen der Unterwerfung die Übergabe von Erde und Wasser verlangten. Nach Herodot (6,48 f.) gingen viele Städte auf die Forderung ein.[117] Sie taten das nicht zuletzt aus Furcht vor militärischen Unternehmungen, die der Perserkönig gleichzeitig vorbereiten ließ. Als vorrangige Ziele einer persischen Expedition galten Athen und Eretria, die wegen ihrer Hilfe für die aufständischen Ionier bestraft werden sollten. Sparta und Athen lehnten beide die persischen Forderungen ab, wobei sie zur Demonstration ihrer Entschlossenheit und der Unumkehrbarkeit ihrer Haltung gleichermaßen das Sakrileg begingen, die persischen Gesandten zu töten (Hdt. 7,133).

Athens Konflikt mit Ägina

Den nun in erster Linie bedrohten Athenern war ein besonderer Dorn im Auge, daß sich ihre Nachbarn, die Ägineten, dem Perserkönig unterworfen hatten; sie befürchteten, daß die Insel Ägina, die über eine beachtliche Flotte verfügte, zur Basis für Angriffe auf Attika werden könne. Daher «klagten sie die Ägineten in Sparta des Verrates an Hellas an». Aus der juristischen Terminologie, die Herodot (6,49,2) hier verwendet, dürfen wir kein förmliches Gerichtsverfahren ableiten. Trotzdem muß wohl vorausgesetzt werden, daß sich Athen und Sparta, vermutlich noch weitere Poleis, darauf geeinigt hatten, sich gegen die persische Bedrohung zusammenzuschließen und solche Poleis, die sich mit den Persern arrangieren wollten, als Verräter zu betrachten, gegen die man gegebenenfalls vorgehen würde. Ob bereits jetzt ein förmliches Bündnis abgeschlossen wurde, muß offen bleiben. In der Sache jedoch betrachteten sich Athen und Sparta als Verbündete; auch wenn es nicht festgeschrieben war, wurde Sparta dabei als die Hegemonialmacht angesehen, und zwar, wie sich aus dem folgenden ergibt, auch von Athen. Denn die Athener zogen nicht selbst gegen Ägina, sondern trugen diese Mission den Spartanern an, deren König Kleomenes denn auch bereitwillig zur Ausführung schritt, nicht zuletzt um zu verhindern, daß Athen zum persischen Vorposten in Zentralgriechenland würde. Nach langwierigen inneren Auseinandersetzungen und erst nach der Absetzung seines Mitkönigs Demaratos gelang es schließlich Kleomenes, die verantwortlichen Ägineten als Geiseln zu erhalten.[118] Daß in dieser Zeit das Verhältnis zwischen Sparta und Athen über das einer reinen Notgemeinschaft hinausging, ergibt sich daraus, daß Kleomenes die äginetischen Geiseln noch im Herbst 491 an Athen übergab.

Im folgenden Jahr schiffte sich eine persische Streitmacht unter Datis und Artaphernes in der Ägäis ein und gewann zunächst mehrere Kykladeninseln, bevor sie Eretria auf Euböa, ihr erstes Hauptziel, eroberte. Von dort aus landeten die Perser in der Ebene von Marathon, um Athen zu gewinnen und den etwa neunzigjährigen Hippias wieder als Tyrannen einzusetzen, diesmal als persischen Vasallen. Die athenischen Strategen schickten den Läufer Philippides nach Sparta, der folgende Botschaft ausrichtete: «Lakedaimonier! Die Athener bitten Euch, ihnen zu Hilfe zu kommen und die älteste Stadt der Griechen nicht in die Knechtschaft der Barbaren geraten zu lassen. Denn schon ist Eretria versklavt und Hellas um eine berühmte Stadt ärmer» (Hdt. 6,106,2). Die Spartiaten beschlossen, Athen zu helfen, konnten jedoch nicht gleich ausrücken, weil eines der höchsten Feste, das Karneenfest, gefeiert wurde, das nicht durch einen Kriegszug unterbrochen werden durfte.

Hilfeersuchen Athens an Sparta

Währenddessen trat das athenische Aufgebot, verstärkt um die verbündeten Plataier (S. 69), den Persern bei Marathon entgegen. Als es zur Schlacht kam, errangen die Athener unter dem Strategen Miltiades wohl im August 490 einen großen Sieg und konnten durch schnellen Rückzug auch noch ihre Stadt gegen einen Angriff der Feinde verteidigen, die sich auf die Schiffe geflüchtet hatten.[119] Daraufhin kehrte die persische Flotte nach Kleinasien zurück. Der Sieg bei Marathon wurde in architektonischen Monumenten, auf öffentlichen Bildern und Reliefs verherrlicht, und literarische Lobpreisungen rühmten die «nationalen Helden».[120] Das Schlagwort *Marathon* wurde sehr bald zu einer Inkunabel des anwachsenden athenischen Polisbewußtseins, zu einem alles rechtfertigenden Argument für die athenische Vormachtstellung in Griechenland und damit auch zu einer Waffe in der Auseinandersetzung mit Sparta. Denn in Marathon hatten die Athener, abgesehen von den Plataiern, allein, jedenfalls ohne die Spartaner, die Perser geschlagen.

Marathon

Das spartanische Aufgebot von 2000 Mann kam in der Tat erst zwei Tage nach der Schlacht in Marathon an und konnte nichts mehr tun, als den umfassenden Sieg der Athener anzuerkennen. Mit der Angabe Herodots, die Spartaner hätten aus kultischen Gründen nicht vor dem Vollmond aufbrechen können, wollten sich antike und moderne Kommentatoren jedoch nicht immer zufriedengeben. So hat die Erklärung Platons, die Spartaner seien

Gründe für das Zögern Spartas

durch einen Aufstand messenischer Heloten aufgehalten worden, zwar in Antike und Neuzeit einigen Glauben gefunden, kann aber letztlich nicht überzeugen.[121] Es dürfte sich dabei um eine Übertragung des Helotenaufstandes der 60er Jahre (S. 89) handeln, der später als eine Art Universalschlüssel für spartanische Zurückhaltung diente. Einen solchen Aufstand, von dem Herodot nichts weiß, hätten die Spartiaten kaum in wenigen Tagen niederschlagen können. Vor allem ist auch kein Motiv auszumachen, aus dem heraus Sparta den Athenern Hilfeleistung nur vortäuschen, in Wirklichkeit aber hätte verweigern sollen. Denn die Rettung Athens vor den Persern lag im Interesse beider, und Sparta hat sich sowohl vor als auch nach Marathon aktiv an der Bekämpfung der Angreifer beteiligt. Wir sollten es daher dabei belassen, daß die notorisch religiösen Spartaner hier wie auch später ihrer kultischen Tradition höchste Priorität einräumten[122] und außerdem vielleicht damit rechneten, daß die Schlacht erst nach ihrer Ankunft stattfinden würde.

Athenische Expansionsversuche

In Ausnutzung ihres Sieges bei Marathon unternahmen die Athener 489 eine Seexpedition mit 70 Schiffen, die von Miltiades beantragt und kommandiert wurde. Um einem neuerlichen persischen Angriff besser begegnen zu können, wollte Miltiades zumindest einen Teil der Kykladeninseln von persischem Einfluß befreien und unter athenische Kontrolle bringen. Er hat wahrscheinlich gegen einige der westlichen Inseln Erfolge erzielt, scheiterte aber am Widerstand von Paros.[123] Auch der wahrscheinlich 488/7 zu datierende Versuch, in Ägina eine athenfreundliche Herrschaft zu etablieren, gelang nicht (Hdt. 6,49,2–93). In diesen Unternehmungen mußten die Athener erkennen, daß ihre militärische Stärke, gerade zur See, doch sehr begrenzt war. Deshalb vermochten sie noch keine Hegemonie über weite Teile der ägäischen Inselwelt zu errichten, haben aber immerhin Versuche zu einer Machtausdehnung unternommen, wie sie Sparta in größerem Stil schon erreicht hatte.

2.3. *Der zweite persische Angriff – Die Thermopylen, Salamis und Plataiai*

Flottenbaupolitik des Themistokles

Ein erneuter persischer Angriff ließ fast zehn Jahre auf sich warten. Ab 485 jedoch bereitete das Perserreich unter seinem neuen Großkönig Xerxes eine kombinierte Land- und Seeoperation gegen Griechenland vor. Athen, das schon 490 das bevorzugte Ziel der Perser gewesen war, mußte sich besonders bedroht fühlen, nachdem es den Persern die Niederlage bei Marathon beigebracht hatte. Es scheint, daß dort Themistokles schon seit seinem Archontat im Jahr 493/2 den Aufbau einer Flotte betrieb. Ob Themistokles tatsächlich so weitsichtig war, daß er als Zweck des Schiffsbaus die Bekämpfung der Perser vor Augen hatte, kann man unterschiedlich beurteilen; in den 80er Jahren stand zumindest offiziell die Auseinandersetzung mit Ägina im Vordergrund. Von der Notwendigkeit, eine Flotte aufzubauen, waren nun keineswegs alle Athener überzeugt, und die Namen der bekannten Athener Xanthippos und Aristeides stehen in der Überlieferung für eine Politik, die mehr auf eine Kriegsführung zu Lande setzte und deren Ziel vielleicht sogar eine Verständigung mit Persien war. Nicht zuletzt durch die Ostrakisierung (S. 182 A. 106) dieser Rivalen errang Themistokles in den 80er Jahren die führende Stellung in Athen und verfolgte, gestützt auf die Mehrheit der athenischen Volksversammlung, eine Politik, die letztlich auch strikt antipersisch, zunächst aber, solange von den Persern keine unmittelbare Gefahr drohte, vor allem gegen Ägina gerichtet war. Als den Athenern durch die Erschließung neuer Silberminen in Attika für das Jahr 483/2 ein großer Geldbetrag zur Verfügung stand, überzeugten Themistokles und andere Redner daher das Volk, davon hundert (so Aristot. *Ath. pol.*) oder zweihundert (so Herodot) moderne Kriegsschiffe, Triëren, bauen zu lassen. Die Quellen berichten übereinstimmend, das Flottenbauprogramm habe sich gegen Ägina gerichtet, es ist jedoch kaum vorstellbar, daß die jetzt klar erkennbare Gefahr der persischen Invasion nicht eine mindestens genauso wichtige Rolle in der Argumentation seiner Befürworter gespielt hat.

Flottenstärke

Die von Herodot für die Folgezeit angegebenen Zahlen bestätigen, daß Athen Ende der 80er Jahre mehr als 200 Trieren und damit die größte Flotte im griechischen Mutterland besaß. Nur die inzwischen erreichte hohe Bevölkerungszahl ermöglichte es den Athenern, diese Zahl von Schiffen überhaupt bemannen zu können.[124] Trotz dieser gewaltigen Rüstungsanstrengung, zu der natürlich auch das intensive Training der Rudermannschaften gehörte, erreichte Athen, in dieser Hinsicht auf sich allein gestellt, noch lange nicht die militärische Stärke Spartas, das sich auf seine peloponnesischen Verbündeten stützen konnte und seinerseits die militärische Ausbildung, auch von Teilen seiner Heloten, intensiviert haben wird. Es hatte sich nämlich die Überzeugung durchgesetzt, daß das Ziel des Perserzuges diesmal die Unterwerfung ganz Griechenlands sei, auch wenn die erklärte Absicht des Xerxes darin bestanden hat, nur Athen und Sparta für die seinerzeitige Mißhandlung der persischen Boten und für Marathon zu bestrafen.[125]

Hellenenbund

Die entsprechenden Konsequenzen wurden allerdings erst spät, erst als sich das persische Heer in Sardes sammelte, in die Wege geleitet. Im Herbst 481 fanden, wahrscheinlich auf Einladung Spartas und in Sparta, Verhandlungen der griechischen Staaten statt, in denen sich Sparta, seine Verbündeten, Athen und einige weitere griechische Staaten zu einem Bündnis zusammenschlossen, das wir heute den ‹Hellenenbund› bzw. den ‹Hellenischen Bund› nennen.[126] Die repräsentierten Staaten beschlossen, alle Feindseligkeiten untereinander einzustellen, was vor allem für den Konflikt zwischen Athen und Ägina Bedeutung hatte. Bemühungen, die militärisch bedeutenden Mächte Argos, Syrakus, Kerkyra und Kreta zum Eintritt in das Bündnis zu bewegen, blieben zwar weitgehend erfolglos, zeigen aber, wie ernst man jetzt die Lage einschätzte.

Was den Griechen drohte

Im wesentlichen bildeten Sparta mit seinen Verbündeten, Athen mit Plataiai und Thespiai sowie einige Inseln und mittelgriechische Staaten, insgesamt etwa 30 Poleis, den ursprünglichen Bund, dessen Zusammensetzung allerdings im Lauf der kommenden beiden Jahre nicht unverändert blieb. Während andere Poleis eine gegebenenfalls zu ertragende persische Oberherrschaft nicht als Katastrophe ansahen, hatten Sparta und Athen besonders viel zu verlieren. Sparta mußte den Verlust seiner Vormachtstellung im Peloponnesischen Bund und wohl auch eine Veränderung seiner gesamten inneren Ordnung befürchten. Die Athener wären durch die Einsetzung eines persischen Vasallen wieder unter eine Tyrannenherrschaft gekommen und hätten ihre neu errungene Bürgerverfassung verloren. Zudem drohten ihnen Racheakte wegen der Unterstützung des Ionischen Aufstands und ihres Sieges bei Marathon.

Oberbefehl

Dem grundsätzlichen gemeinsamen Interesse, sich gegen die Perser zu verteidigen, standen allerdings gegensätzliche Interessen hinsichtlich der militärischen Befehlsgewalt und mit der Zeit auch solche der Verteidigungsstrategie gegenüber. Bei den Griechen war es üblich, in militärischen Bündnissen jeweils der stärksten und angesehensten Macht den Oberbefehl über die gemeinsamen Truppen zu übertragen. Im Hellenenbund stand außer Frage, daß Sparta das Kommando über die Landstreitkräfte zufallen mußte. Auf die Führung der Flotte erhob jedoch auch Athen Anspruch, da es das bei weitem größte Kontingent stellte. Spartas Haltung zu diesem Anspruch ist nicht überliefert, aber die Bundesgenossen weigerten sich, einem athenischen Befehlshaber zu gehorchen. Da sie ohne einen spartanischen Kommandanten nicht kämpfen wollten, gab Athen nach und erhält dafür von Herodot das große Lob, die eigenen Ambitionen zugunsten der Rettung ganz Griechenlands zurückgestellt zu haben (Hdt. 8,2,2–3,2).

Athen und Sparta Seite an Seite (Erste Militäraktion der Griechen)

Im Frühjahr 480, als das persische Heer bereits den Hellespont überquerte, erreichte den Bund ein Hilfegesuch der thessalischen antipersischen Opposition. Um die Pässe von Makedonien her abzusperren, schickte der Hellenenbund ein Heer von 10000 Hopliten unter dem Spartiaten Euainetos, dem auch ein athenisches Kontingent unter Themistokles unterstellt war. Dies war die erste Unternehmung in der Geschichte der beiden Poleis, in der Athener und Spartaner vereint ins Feld zogen. Zu Kriegshandlungen kam es jedoch nicht, denn aus der zunächst besetzten Stellung im Tempetal zog sich das griechische Heer nach wenigen Tagen wieder an den Isthmos zurück.

Thermopylenschlacht

Da die Griechen Thessalien als nicht verteidigungsfähig aufgaben, verlegten sie sich auf die Sperrung der Thermopylen, dem Einfallstor nach Mittelgriechenland; dort wurden 7000 Hopliten unter dem spartanischen König Leonidas stationiert. Ebenso wie das persische Landheer beständig Kontakt zur begleitenden Flotte hielt, benötigten auch die Griechen die logistische Unterstützung von der Seeseite her; ihre Flotte, 334 Trieren unter dem Spartiaten Eurybiades, ging daher an der Nordostspitze Euböas, am Kap Artemision, vor Anker. Zum Glück für die Griechen wurde ein Teil der persischen Flotte durch einen Sturm zerstört.[127] Zu Wasser und zu Lande kam es nach Herodot (8,15,1) an den genannten Stellungen zu dreitägigen Kämpfen. Während die Seeschlacht unentschieden blieb, gelang es Xerxes, das Haupttor der Thermopylen auf einem Schleichweg zu umgehen, die dort stationierten Phoker zu verjagen und Leonidas in den Rücken zu fallen. Mit 300 Spartiaten,[128] 700 Thespiaiern und 400 Thebanern hielt Leonidas den Paß, bis seine Truppe von der persischen Übermacht völlig aufgerieben war.

Mythosbildung

Es muß letztlich unklar bleiben, aus welchen Gründen es zu dem aussichtslosen Gefecht kam, nachdem der Hauptteil der griechischen Verteidiger sich hatte in Sicherheit bringen können und auch die Flotte den Rückzug von Artemision schon begonnen hatte.[129] Erst nach dem wirklich entscheidenden Sieg bei Plataiai im folgenden Jahr wurde die Schlacht an den Thermopylen zu einem Höhepunkt im heldenhaften Widerstand der Griechen stilisiert und im Lauf der Geschichte umso mehr verklärt, je öfter sie als Vorbild von Freiheitskämpfen in Anspruch genommen wurde. Der von den Spartanern selbst nach Kräften geförderte und von der Realität kaum beeindruckbare Mythos, daß ein Spartiate nur siegreich oder tot aus dem Feld zurückkehrt und der damit zusammenhängende Nimbus von der Unbesiegbarkeit der Spartaner wurden auf diese Schlacht gebaut.[130]

Evakuierung Athens

Nach dem Verlust der Thermopylen war Mittelgriechenland nicht mehr zu halten. Die Verteidigung Attikas wurde anscheinend nicht ernsthaft ins Auge gefaßt, nachdem die Athener sich zu einem nicht genau bestimmbaren Zeitpunkt dazu durchgerungen hatten, ihre Stadt nicht zu verteidigen. Über die weitere Strategie gab es unterschiedliche Vorstellungen. Die Peloponnesier, von denen viele von Anfang an am liebsten nur die Peloponnes verteidigt hätten,[131] konzentrierten sich sofort auf die Befestigung des Isthmos (vgl. Diod. 11,16,3) – der Landverbindung zwischen der Peloponnes und dem Festland – und wollten auch die Flotte am liebsten dahin zurückziehen. Die Athener, aber auch die Ägineten und Megarer, überzeugten die Verbündeten jedoch davon, daß die Insel Salamis die beste Verteidigungsstellung sei. Die Flotte zog sich also von Artemision nach Salamis zurück, um die wohl schon seit einiger Zeit im Gang befindliche Evakuierung Attikas zum Abschluß zu bringen. Die athenische Bevölkerung wurde nach Troizen, Ägina und Salamis übergesetzt.[132]

Zerstörung Athens und Schlacht bei Salamis

Nachdem die Perser Attika erobert und Athen zerstört hatten, verschärften sich die Auseinandersetzungen noch. Während insbesondere die Korinther vehement für einen Rückzug an den Isthmos votierten, bot Themistokles all seine Überzeugungskraft auf, um die Verbündeten mit strategischen Argumenten zur Verteidigung von Salamis zu gewinnen. Bei allen Differenzen im hellenischen Kriegsrat war letztlich entscheidend, daß die Kampfgemeinschaft der Griechen unter einem einheitlichen Oberbefehl zusammenhielt und die Seeschlacht mit einer sinnvollen Strategie annahm. Die Griechen gewannen die Schlacht, die nach modernen Berechnungen Ende September 480 stattfand, nicht zuletzt deshalb, weil sie im engen Sund von Salamis ihre Beweglichkeit ausspielen konnten und trotzdem ihre Linien geordnet hielten.[133] Zum Seesieg bei Salamis, dem ersten der kriegsentscheidenden Ereignisse, trugen unumstritten die Athener am meisten bei. Denn obwohl Sparta formal den Oberbefehl über die Flotte hatte, galt der athenische Kommandant Themistokles als derjenige, der Strategie und Taktik nicht nur ersonnen und betrieben, sondern auch im Kampf tatkräftig umgesetzt hatte.[134] Außerdem stellten die Athener mit fast zwei Dritteln von insgesamt etwa 380 Schiffen den Hauptteil an Material und Soldaten. Die Seeschlacht bei Salamis schuf einerseits die Voraussetzung für die zukünftige Machtentfaltung Athens; andererseits wurde sie zum dauerhaften ideologischen Bezugspunkt, mit dem die Athener ihre Ansprüche auf die Hegemonie über Griechenland zu begründen suchten. Der Sieg wurde noch lange Zeit als vorbildliche Leistung, die Räumung Athens und die Hinnahme seiner Zerstörung als märtyrerhaftes Opfer für die selbstlose Verteidigung ganz Griechenlands gefeiert.

Rückzug des Xerxes

In Wirklichkeit war trotz des griechischen Sieges bei Salamis noch nicht einmal die persische Flotte entscheidend geschlagen, geschweige denn die gesamte persische Streitmacht besiegt. Xerxes entschloß sich zwar, die Flotte zurückzuziehen, um mit einem Teil des Heeres nach Kleinasien überzusetzen; an dem Ziel, Griechenland zu unterwerfen, hielt der Großkönig jedoch fest. Er übertrug diese Aufgabe seinem Verwandten Mardonios, der mit dem übrigen Heer in Europa verblieb und zunächst Winterquartiere in Thessalien und Makedonien bezog.

Strategie des Mardonios

Da Mardonios auf die persische Flotte zumindest zunächst nicht mehr zählen konnte, versuchte er auf diplomatischem Weg, Athen auf seine Seite zu ziehen und dadurch die Überlegenheit zur See zu gewinnen. Er bot Athen großzügige Bedingungen für die Anerkennung der persischen Oberhoheit an. Ob die Athener wirklich ernsthaft über die Annahme des Angebots nachdachten, oder ob Herodot das nur behauptet, um die Situation zu dramatisieren und das Verdienst der Athener zu erhöhen, sei dahingestellt. In Anwesenheit einer spartanischen Gesandtschaft wiesen die Athener es jedenfalls eindrucksvoll von sich, aus der griechischen Koalition auszuscheren und sich mit Mardonios zu arrangieren. Auf der anderen Seite benutzten sie das persische Angebot aber auch dazu, Sparta zur Entsendung eines Heeres zu drängen, das Attika verteidigen sollte. Das spartanische Angebot, für die Dauer des Krieges den Unterhalt der athenischen Familien zu übernehmen, wurde von den Athenern gewürdigt, aber nicht angenommen (Hdt. 8,144,3).

Haltung Spartas

Als im Sommer 479 das persische Heer nach Zentralgriechenland einrückte und die Spartaner noch kein Heer schickten, evakuierten die Athener ihre Stadt erneut nach Salamis. Mardonios besetzte Attika und wiederholte sein früheres Verhandlungsangebot. Wiederum lehnten die Athener ab, drängten aber Sparta noch energischer dazu, endlich zu Hilfe zu kommen. Nach Herodot, der zweifellos wieder ganz das spätere athenische Geschichtsbild wiedergibt, hatten die Peloponnesier, denen es nach wie vor vorrangig um ihre eigene Verteidigung ging, in der Zwischenzeit die Befestigung des Isthmos durch eine Mauer vollendet und die Hilfe für Athen lange hinausgezögert. Endlich habe Sparta aus Furcht vor einem athenischen Abfall zu den Persern ein Heer aus Spartiaten und Periöken, dem auch zahlreiche Heloten eingegliedert waren, unter dem Regenten Pausanias nach Böotien in Marsch gesetzt. Mardonios zerstörte in Athen, was im vorigen Jahr noch nicht zerstört worden war, und zog den Peloponnesiern nach Böotien entgegen. Das griechische Heer, zu dem inzwischen auch Athener, Korinther und andere Verbündete gestoßen waren, stellte sich, etwa Anfang August 479, bei der böotischen Stadt Plataiai auf.

Schlacht bei Plataiai

Im Hauptgefecht besiegten die Spartaner zusammen mit den Tegeaten die persischen Kerntruppen, wobei auch Mardonios fiel; in einem Nebengefecht schlugen die Athener, die als zweitstärkste Macht den linken Flügel des Heeres übernehmen durften, die auf persischer Seite kämpfenden Thebaner. Die Erstürmung des persischen Lagers gelang den Spartanern erst, nachdem ihnen die Athener zu Hilfe gekommen waren.

Siegerpropaganda

War der Seesieg bei Salamis hauptsächlich das Verdienst der Athener, so war der Sieg in der Landschlacht bei Plataiai im wesentlichen von Sparta herausgefochten worden. Dementsprechend wurde in der ideologischen Auseinandersetzung der nächsten Jahrzehnte *Plataiai* das Pendant der Spartaner zum *Salamis* der Athener, nämlich die entscheidende Heldentat zur Rettung von ganz Griechenland. In dem Streit zwischen Athen und Sparta, wem das Hauptverdienst am Sieg über Xerxes zukomme, stand Herodot, obwohl er den Sieg bei Plataiai als «schönsten Sieg, von dem wir Kunde haben» (9,64,1) bezeichnet, mit seinem historischen Urteil ganz auf Seiten Athens, wobei er sich bewußt war, daß diese «Wahrheit» für die meisten griechischen Poleis unangenehm sein mußte. Für kriegsentscheidend hält er den Seekrieg, denn ohne Flotte hätten sich die Griechen nicht halten können, und auch die Peloponnes wäre gegen einen das Meer beherrschenden Gegner nicht zu verteidigen gewesen (7,139,5).[135] Solche expliziten propagandistischen Auseinandersetzungen zwischen den griechischen Mächten, wie Herodot sie voraussetzt, gehören zwar erst dem kommenden Zeitabschnitt an, zeichneten sich aber in zahlreichen Weihegeschenken und Epigrammen schon unmittelbar nach den griechischen Siegen ab,[136] als der Zusammenhalt des Hellenenbundes noch gefestigt war.

Sieg bei Mykale

Gemeinsam konzentrierten sich die griechischen Kontingente nach der Schlacht bei Plataiai ganz auf die Bestrafung von Theben, das nach der Niederlage bei den Thermopylen zu den Persern abgefallen war. Das Perserheer konnte deshalb weitgehend unbehelligt nach Kleinasien zurückkehren. Zur See hingegen wandte sich der Hellenenbund entschiedener gegen die Perser. Die griechische Flotte wurde von Samiern, die ihre Heimatstadt von persischer Herrschaft befreien wollten und einen allgemeinen Abfall der Ionier in Aussicht stellten, in die östliche Ägäis gerufen. Von Samos aus bot sich den Griechen die Möglichkeit, einen entscheidenden Schlag gegen die auf der Halbinsel Mykale stationierte persische Streitmacht zu führen. Die Perser wagten jedoch keine Seeschlacht, sondern zogen ihre Schiffe aufs Land und verbarrikadierten sie. Daraufhin verließen auch die Griechen ihre Schiffe und errangen im August 479 einen vollständigen Sieg, wobei sich nach Herodot (9,105) vor allem die Athener auszeichneten. Schließlich gelang es ihnen sogar, die gegnerischen Schiffe zu verbrennen und somit die persische Flotte, deren phönikische Einheiten allerdings schon vor der Schlacht entlassen worden waren, dauerhaft außer Gefecht zu setzen.

Schutz der Ionier

Über den Schutz der Ionier, die zu den Griechen übergetreten waren, hatten Sparta und Athen unterschiedliche Auffassungen. Den Peloponnesiern schreibt Herodot (9,106) den wohl kaum realitätstauglichen Plan zu, die Kleinasiaten in die griechischen Städte umzusiedeln, die zu den Persern abgefallen waren. Die Athener hingegen setzten sich für die Aufnahme der Ionier in den Bund ein und brachten Sparta schließlich dazu, zumindest Samos, Chios, Lesbos und anderen Inselstaaten den Beitritt zu gestatten.[137] Gemeinsam unternahm die griechische Flotte dann einen Vorstoß zum Hellespont, dessen ursprüngliche Zielrichtung nicht ganz klar ist.[138] An dieser Stelle allerdings trennten sich die Wege von Athen und Sparta. Die Peloponnesier beschlossen nämlich, den Kampf gegen die Perser aufzugeben und nach Hause zurückzufahren, während die Athener unter dem Kommando des Xanthippos die persische Hochburg Sestos auf der Chersones angriffen und belagerten. Schon aus diesen Ereignissen nach der Schlacht bei Mykale wird deutlich, daß Athen den Krieg gegen Persien mit Engagement weiterführen wollte und auch bereit war, den Ioniern Schutz vor persischen Rachemaßnahmen zu gewähren, während Sparta die Verteidigung Griechenlands zunächst für abgeschlossen hielt.

Ende der persischen Bedrohung

Mit der Eroberung von Sestos durch die Athener Ende 479 oder Anfang 478 endet das Werk Herodots. Das Jahr 479 und insbesondere die Schlacht bei Mykale waren insofern ein Einschnitt in der griechischen Geschichte, als spätestens jetzt der griechische Verteidigungskrieg gegen Persien zu Ende war.[139] Die Perser haben danach zumindest militärisch nicht mehr nach Griechenland ausgegriffen, solange ihr Reich existierte.

2.4. *Rückwirkungen der Perserkriege auf Athen und Sparta*

Gegenseitige Ergänzung

Die Perserkriege haben die Beziehungen zwischen Athen und Sparta paradoxerweise in zwei eigentlich gegenläufige Richtungen beeinflußt. Auf der einen Seite hat die Bedrohung durch Persien dazu geführt, daß beide Staaten näher zusammengerückt sind: Sie haben sich in einer Eidgenossenschaft eng zusammengeschlossen und Seite an Seite mehrere Schlachten zu Wasser und zu Lande gewonnen. Trotz mancher unterschiedlicher Vorstellungen über die Kriegführung hielt die Symmachie zusammen, weil die äußere Bedrohung beiden vor Augen führte, daß sie aufeinander angewiesen waren. Deshalb unterstellte sich Athen dauerhaft dem spartanischen Oberkommando, und deshalb verteidigte Sparta die essentiellen Interessen seines Verbündeten, den es als zweitstärkste Macht des Bündnisses respektierte. Die athenische Aufrüstung zur See wurde zur idealen Ergänzung der peloponnesischen Landstreitmacht.

Auf der anderen Seite entwickelte sich die athenische Flotte durch die Siege bei Salamis und bei Mykale von einer die Peloponnesier ergänzenden Waffe zu einer Waffe, die das Selbstbewußtsein und die Eigenständigkeit Athens förderte und größere Ambitionen aufkommen ließ. Im Schatten Spartas entwickelte sich Athen zu einer Macht, die sich gerade durch die gemeinsamen Erfolge von dem «großem Bruder» emanzipierte und verselbständigte. In einem Wort: Die Kampfgemeinschaft wurde zur Grundlage des kommenden Dualismus.

Beginn des Dualismus

Die athenische Flottenpolitik bewirkte innenpolitisch, daß nun auch die Angehörigen der untersten Vermögensklasse, die Theten, einen erheblichen Anteil an den militärischen Erfolgen hatten, weil sie den Großteil der Rudermannschaften stellten. Innerhalb der timokratischen Ordnung stieg ihre Bedeutung für die Existenz des Gemeinwesens und damit ihr Selbstbewußtsein. Darin wird zu Recht und allgemein ein wichtiger, wenn auch nicht der einzige Faktor für eine Stärkung der demokratischen Elemente erblickt. Dabei wird allerdings leicht übersehen, daß die Erfolge der Flotte nicht der Ausgangspunkt, sondern bereits die Durchgangsstufe einer inneren Entwicklung waren, die mit den Reformen des Kleisthenes eingesetzt hatte. Die dadurch herbeigeführte Gleichheit (Isonomie) der athenischen Bürger bildete die Voraussetzung für die Bereitschaft auch der Theten, engagiert Militärdienst zu leisten, als ihnen über zwanzig Jahre nach den Reformen die Möglichkeit dazu geboten wurde.

Stärkung der athenischen Demokratie

Wenn durch die Perserkriege nicht nur die Theten, sondern die Volksversammlung insgesamt, in der die wesentlichen Entscheidungen getroffen wurden, an Bedeutung zugenommen haben, so dürfen wir für diese Zeit von einer Stärkung der demokratischen Institutionen ausgehen. Es ist daher sehr schwer zu glauben, daß ausgerechnet in den Jahren nach den Perserkriegen die Institution, deren politische Bedeutung schon sehr abgenommen hatte, der Areopag nämlich, die Regierung Athens wieder an sich gezogen haben soll, wie es die aristotelische *Athenaion politeia* behauptet.[140]

Demokratie und Areopag

Die Auswirkungen auf die innere Ordnung Spartas liegen zwar weniger auf der Hand, sind aber dennoch von großer Bedeutung.[141] Auch die spartanische Volksversammlung ist nämlich durch die vermehrt notwendigen Beschlußfassungen stärker politisiert und damit aufgewertet worden, ohne daß jedoch damit eine

Veränderungen in der spartanischen Staatsordnung

Demokratisierung der prinzipiell festgefügten Strukturen einhergegangen wäre. Für die militärischen Unternehmungen des Hellenenbundes mußte Sparta neben den Königen nun weitere Spartiaten zur Leitung und Koordinierung heranziehen. Das Amt des Polemarchen ist in diesem Zusammenhang erstmals bezeugt[142] und mußte eine zusätzliche Konkurrenz für die Könige bedeuten, die ihrerseits als die ersten Nauarchen (Flottenkommandeure) der hellenischen Flotte amtierten.[143] Die Integration aller Führungskräfte und zentrale Koordinierung der Unternehmungen wurde vom Kollegialorgan der Ephoren wahrgenommen, das dadurch weiter gestärkt wurde.

Geschlossenheit der Bürgerschaft

Die Abwehr der persischen Angriffe, die eine grundlegende Gefahr für die Autonomie der Polis dargestellt hatten, war durch eine spürbare Zahl von Gefallenen erkauft worden. Die Bürgerschaft reagierte darauf, indem sie ideologisch enger zusammenrückte, wozu die Rekonstruktion der eigenen Vergangenheit ein wichtiges Mittel war – die Lykurg-Legende etwa bildete sich jetzt aus. Die Kontrollmechanismen für Führungspersönlichkeiten wurden ausgebaut, und der Gehorsamsgedanke – für den besonders die Thermopylenschlacht als Vorbild diente – wurde verstärkt propagiert. Damit entwickelten sich weitere wesentliche Voraussetzungen für die umfassende Regelung des Gemeinwesens und für die Abschottungstendenz der Polis nach außen in der Folgezeit.

3. Von der Freundschaft zur Feindschaft: die Pentekontaëtie

Ausprägung des Dualismus

Die knapp 50 Jahre, von 478 bis 431, zwischen den Perserkriegen und dem Peloponnesischen Krieg, werden in Anlehnung an Thukydides (1,118,2) – aufgerundet – häufig als Pentekontaëtie, «Zeit von fünfzig Jahren», bezeichnet.[144] In diesem Zeitabschnitt stieg Athen vom Juniorpartner Spartas zur gleichrangigen Macht auf, so daß von einem Dualismus der beiden griechischen Großmächte gesprochen werden kann. Die machtpolitischen und inneren Gegensätze beider Staaten vergrößerten sich zunehmend.

3.1. *Vom Hellenischen Bund Spartas zum Seebund Athens*

Wiederaufbau Athens

Nach dem Abzug der Perser aus Griechenland wollten die Athener ihre zerstörte Stadt so schnell wie möglich wieder aufbauen. Nach Thukydides (1,89 ff.) trat schon dabei eine gewisse Verstimmung zwischen Athen und Sparta auf, die aber schwer einzuordnen ist. Denn einerseits behauptet Thukydides, daß die Spartaner, und noch mehr ihre peloponnesischen Verbündeten, versuchten, aus Furcht vor dessen Stärke Athen vom Wiederaufbau seiner Verteidigungsmauern abzuhalten. Andererseits aber sei, nachdem die Absicht fehlgeschlagen war, nur eine heimliche Unzufriedenheit geblieben, offiziell habe weiterhin gutes Einvernehmen bestanden. Thukydides breitet die Geschichte, zu der eine in manchem widersprüchliche, hinhaltende Mission des Themistokles nach Sparta gehört, wohl deshalb so aus, weil er die Befestigung Athens und insbesondere des jetzt fertiggestellten Hafens Piräus rückblickend für eine wesentliche Voraussetzung der athenischen Machtentfaltung hält.

Zukunft des Hellenenbundes

Die antipersische Kampfgemeinschaft blieb jedenfalls von diesen Vorgängen unberührt. Nicht zuletzt die Aufnahme neuer Mitglieder nach der Schlacht bei Mykale zeigt, daß der Hellenenbund, zumindest zu diesem Zeitpunkt, nicht mehr nur die Abwehr der Perser in Griechenland, sondern ihre längerfristige Bekämpfung beabsichtigte. Es sollte sich jedoch sehr schnell herausstellen, daß Sparta und Athen zunehmend unterschiedliche Vorstellungen über die nunmehr mögliche aktive Bekämpfung der Perser und ihre eigene Mitwirkung daran entwickelten.

Führungswechsel

Nachdem sich Leotychidas 479 vom Hellespont zurückgezogen hatte, übernahm im folgenden Jahr der spartanische Regent Pausanias, der in dieser Hinsicht größere Ambitionen hegte, die Führung der griechischen Streitkräfte. Zypern und Byzantion am Hellespont wurden von persischer Herrschaft befreit. Im Anschluß daran ging der Oberbefehl im Hellenenbund von Sparta auf Athen über. Der äußere Anlaß für diese folgenschwere Entwicklung war nach Thukydides das persönliche Verhalten des Pausanias, der sich zunehmend wie ein persischer Tyrann gebärdete. Die nichtpeloponnesischen Verbündeten wollten sich daher unter das Kommando der Athener stellen. Pausanias wurde nach Sparta zurückgerufen und wegen verschiedener Vergehen verurteilt. Den mit einem kleinen Kontingent an seine Stelle getretenen Dorkis akzeptierten die Verbündeten als Feldherrn nicht, so daß dieser nach Sparta zurückkehrte und die Führung der Streitkräfte den Athenern überlassen blieb. Der wirkliche Grund für das Interesse gerade «der Ionier und der jüngst vom Großkönig Befreiten» (Thuk. 1,95,1) an einem Führungswechsel dürfte aber darin zu suchen sein, daß sie sich von der neuen Seemacht Athen, mit der sie im Jahr zuvor schon Sestos erobert hatten (1,89,2), einen engagierteren und wirksameren Schutz gegen Persien versprachen als von der Landmacht Sparta, die ihre im Vergleich mit Athen sowieso schwächeren Kontingente bereits vor der Aktion gegen Sestos zurückgezogen hatte. Im übrigen dürfen wir die thukydideische Version, nach der den Athenern das Kommando angetragen wurde, durchaus um die realistischeren Interpretationen Herodots (8,3,2), die Athener hätten den Spartanern «die Hegemonie weggenommen», und der *Athenaion politeia* (23,4), nach der die Athener in Gestalt des Strategen Aristeides den Führungswechsel aktiv betrieben, ergänzen. Athen war offenkundig um die Ausdehnung seines Einflusses und um die Schaffung eines neuen militärischen Machtmittels bemüht.

Athen als Konkurrent

Sparta hatte sich damit endgültig von der aktiven Kriegsführung gegen Persien zurückgezogen. Die traditionelle Politik, sich auf die Vorherrschaft über die Peloponnes und Mittelgriechenland zu konzentrieren, wurde also beibehalten. Daß Athen zusammen mit den Ioniern den Kampf weiterführte und die Perser dadurch in Asien hielt, lag durchaus im Interesse der Spartaner, die nach Thukydides nicht mehr am Krieg teilnahmen «weil sie den Perserkrieg loswerden wollten und weil sie die Athener als Führer für stark genug hielten, mit denen sie ja im Augenblick gut standen» (1,95,7). Die Gefahr, daß ihnen in Athen ein starker *Konkurrent* heranwachsen könnte, mögen die Spartaner vielleicht geahnt haben; daß es zum starken *Gegner* werden könnte, war wohl kaum absehbar.

Delisch-Attischer Seebund

Während die Darstellung des Thukydides (1,96) den Eindruck erweckt, Athen habe einfach nur *de facto* Sparta als Hegemonialmacht des Hellenenbundes abgelöst, war es in Wirklichkeit so, daß Athen auch formal ein ganz neues Bündnissystem gegründet hat.[145] Das war schon deshalb notwendig, weil die Mitglieder des hellenischen Bundes ihre Eide Sparta geleistet und Sparta darin als Führungsmacht anerkannt hatten. Nach dem Rückzug Spartas wollte daher Athen die ionischen Verbündeten direkt an sich binden und sie auf die athenische Hegemonie vereidigen. Die *Athenaion politeia* (23,4) und Plutarch (*Arist.* 25,1) berichten daher genauer, daß im Archontat des Timosthenes (478/77) der athenische Stratege Aristeides mit den Ioniern Eide über ein militärisches Bündnis ausgetauscht habe. Um die Dauerhaftigkeit des Bündnisses zu betonen, versenkte man Eisenklumpen im Meer. Während die größeren Bündnerstaaten, namentlich die Inseln Chios, Lesbos und Samos, Schiffe und Mannschaften zur gemeinsamen Kriegsführung stellten, leisteten die übrigen Mitglieder Geldzahlungen, mit denen Athen die Ausrüstung weiterer Schiffe finanzierte. Im ersten Jahr soll Aristeides die Abgabe (*Phóros*) der Verbündeten zur Zufriedenheit der Bündner auf insgesamt 460 Talente festgesetzt haben.[146] Die Kasse des Bündnisses wurde von athenischen *Hellenotamíai* (Schatzmeistern der Griechen) im Apollon-Heiligtum auf Delos verwaltet, wo auch die Bundesversammlungen stattfanden. Das neue Bündnis, das in den Urkunden der Folgezeit nur als «die Athener und ihre Verbündeten» erscheint, heißt in der modernen Forschung der «Delisch-Attische Seebund», der «Erste Athenische (Attische) Seebund» oder ähnlich. Gründungsmitglieder waren eine unbekannte Anzahl von griechischen Poleis auf den Inseln, im ionischen Kleinasien und am Hellespont.

Wirkung auf die Peloponnes

Der Athenische Seebund entsprang keinem Konflikt zwischen Athen und Sparta und löste auch keinen Konflikt aus. Die Mitgliedschaft einiger ihrer Tochterstädte im Seebund belegt, daß die Peloponnesier in ihrer Mehrheit den athenischen Bund nicht als feindliche oder auch nur unerwünschte Symmachie ansahen.[147]

3.2. *Der Aufstieg Athens zur Großmacht*

Ziele des Seebundes

Zumindest das offizielle Ziel der Athener war es nach Thukydides, mit ihrem neuen Bündnis «Rache zu nehmen für das Erlittene, indem sie das Land des Großkönigs verwüsteten» (1,96,1; vgl. 3,10,2). Wir dürfen als umfassenderen Beweggrund noch den Schutz der Ionier vor der persischen Macht hinzufügen. ‹Sich selbst schadlos halten und dem Perserreich schaden› wäre zweifellos auch das Motiv, unter das sich die erste Unternehmung der Bündner gegen Eion am Strymon (wohl im Herbst 476), subsumieren ließe. Hier und mehr noch bei den beiden folgenden Expeditionen gegen die Insel Skyros (wohl 475) und gegen Karystos auf Euböa, das zum Eintritt in den Seebund gezwungen wurde, trat aber auch schon das zunehmende athenische Interesse an einer Sicherung der Seeroute zum Hellespont hervor.[148] Die genannten Aktionen standen unter dem Kommando Kimons, des Sohnes von Miltiades, der Themistokles in der Rolle des mächtigsten Politikers abgelöst hatte. Der weitaus bedeutendste Erfolg Kimons in dieser Zeit aber war, daß er gegen eine persische Streitmacht die Land- und Seeschlacht am Eurymedon in Kleinasien gewann und die phönikischen Schiffe vernichtete, die sich seinerzeit bei Mykale schon zurückgezogen hatten (S. 81). Diese Schlacht, die nicht sicher datiert werden kann (469 oder 466), war gleichsam ein Nachspiel zum Perserkrieg und bewirkte, daß Persien endgültig davon abließ, die kleinasiatischen Städte unter seine Herrschaft zurückzubringen. Diese schlossen sich ihrerseits spätestens zu diesem Zeitpunkt dem athenischen Seebund an.

Ausbau des Seebundes

Nachdem Athen in dieser Hinsicht «die Hände frei» hatte, konzentrierte es sich auf den Ausbau des Seebundes zu einem hegemonialen Machtinstrument. Bis etwa 463 dürfte er seine volle Stärke erreicht haben. Er umfaßte fast alle Inseln der Ägäis außer Melos und Thera, viele Städte an der thrakischen Küste, auf der Chalkidike und auf beiden Seiten des Hellesponts sowie die meisten Städte an der West- und Südküste Kleinasiens. Kreta, Zypern und die griechischen Städte am Schwarzen Meer gehörten dem Bund nicht an. Schon frühzeitig stellte Athen klar, daß die Mitglieder den Seebund aus freien Stücken nicht wieder verlassen durften. Denn als zuerst Naxos (schon um 470) und einige Zeit später (wahrscheinlich 466/5) Thasos aus dem Bund ausscheiden wollten, wurden sie jeweils mit militärischer Gewalt zum weiteren Verbleib gezwungen. Die in solchen Aktionen erkennbare Veränderung innerhalb des Bundes hat Thukydides (1,97 ff.) präzise auf den Begriff gebracht und analysiert: Der Bund entwickelte sich von einer Kampfgemeinschaft gleichberechtigter Partnerstaaten zu einer Herrschaft (*Arché*) Athens über untertänige Poleis.[149] Blieb ein Mitglied mit Beiträgen oder Schiffen im Rückstand oder verweigerte die Heeresfolge, so setzte Athen seine Ansprüche konsequent und mit Gewalt durch. Daß die Vormacht darin so erfolgreich war, war nach Thukydides nicht zuletzt die eigene Schuld der Verbündeten. Denn die meisten von ihnen hatten ihre Verpflichtung zur Stellung von Schiffen und Mannschaften durch Geldzahlungen an Athen abgelöst und waren deshalb nicht in der Lage, sich effektiv zur Wehr zur setzen.

3.3. *Der Helotenaufstand und die Entzweiung Athens und Spartas*

Spartanisches Hilfeversprechen an Thasos

Nachdem die Thasier vom Seebund abgefallen waren, wurden sie von Athen in einer Seeschlacht besiegt. Während der sich anschließenden dreijährigen Belagerung sollen sie, wie Thukydides (1,101) sagt, eine Hilfezusage von Sparta erhalten haben, die nur wegen des schweren Erdbebens in Lakonien nicht eingelöst worden sei. Angesichts des bisher kaum belasteten Verhältnisses zwischen Athen und Sparta muß schon Thukydides erklärend hinzufügen, daß das spartanische Hilfeversprechen vor den Athenern geheimgehalten worden sei. Abgesehen von generellen Zweifeln an der Durchführbarkeit einer solchen Geheimhaltung muß darüber hinaus im Hinblick auf die kommenden Ereignisse die Historizität dieses Entschlusses überhaupt bestritten werden.[150] Der angebliche Plan, zur Entlastung der Thasier in Attika einzufallen, ist als Rückprojektion der erst im Peloponnesischen Krieg angewandten spartanischen Strategie zu werten.

Helotenaufstand

Das schließt nicht aus, daß man in Sparta die athenische Machtausdehnung allmählich als eine Bedrohung der eigenen Position wahrzunehmen begann.[151] Es war daher weniger die im wesentlichen überwundene Notlage, als vielmehr die Absicht, einen Test auf die Akzeptanz der eigenen Führungsrolle durchzuführen, die Sparta auf das formal noch bestehende Bündnis gegen die Perser zurückgreifen ließ: Es forderte die Mitglieder des Hellenenbundes, unter ihnen ausdrücklich auch die Athener, wohl im Jahr 462 zu militärischer Hilfeleistung auf, nachdem ein starkes Erdbeben große Verwüstungen verursacht hatte und die messenischen Heloten die daraus resultierende Verwirrung zu einem Aufstand genutzt hatten.[152] Obwohl wir nicht zuletzt aus dieser Erhebung rückschließen dürfen, daß sich die Messenier seit ihrer Unterwerfung durch Sparta (S. 36ff.) nicht mit ihrem Schicksal abgefunden hatten, ist dies der erste sicher belegte Aufstandsversuch. Er brachte die Spartaner zwar nicht wirklich in die Gefahr, Messenien zu verlieren, aber doch in harte Bedrängnis, wie die langwierigen Kämpfe und bis zu einem gewissen Grad auch das Hilfeersuchen an die Verbündeten zeigen. Von den Athenern, die Erfahrung in der Belagerung befestigter Orte hatten, erwartete sich Sparta Unterstützung bei der Eroberung der Bergfestung Ithome, in der sich die Messenier schließlich verschanzt hatten.

Zurückweisung athenischer Hilfe

In Athen setzte Kimon die Entsendung eines 4000-köpfigen Hoplitenkontingents nach Messenien gegen die Stimmen derjenigen durch, die Sparta sich selbst überlassen wollten – unter ihnen auch Ephialtes – und übernahm selbst das Kommando. «Bei diesem Feldzug wurde nun erstmals ein Gegensatz zwischen Sparta und Athen sichtbar», bemerkt Thukydides (1,102,3). Angeblich aus der plötzlichen Furcht heraus, die Athener könnten mit den Belagerten gemeinsame Sache machen, schickten die Spartaner das athenische Kontingent als einziges der Verbündeten wieder zurück, und zwar unter dem Vorwand, es nicht mehr zu benötigen – obwohl Ithome noch nicht erobert war. Die wirklichen Beweggründe Spartas können nur vermutet werden. Für eine bewußte Provokation Athens gibt es eigentlich keinen Anhaltspunkt. Es bleibt daher der Bezug auf die Reformen, die in Athen gerade in der Zeit durchgesetzt wurden, in der das Heer unter Kimon in Messenien stand. Wahrscheinlich waren die demokratischen, gegen den alten Adelsrat, den Areopag, gerichteten Maßnahmen den Spartanern ein Dorn im Auge. Sie könnten daher den Abzug Kimons, der die Reformen ja rückgängig machen wollte (S. 91), unterstützt, möglicherweise sogar eine entsprechende Absprache mit ihm getroffen haben.[153] Sollte es sich so zugetragen haben, wäre dies nach langer Zeit wieder ein Versuch Spartas gewesen, Einfluß auf die innere Ordnung Athens auszuüben. So würde sich auch die grobe Reaktion der Athener besser erklären, als wenn man es bei der Annahme beließe, die Athener seien einfach nur empört über eine spartanische Demonstration anmaßender Willkür gewesen. Denn die Athener vollzogen jetzt auch formal einen Kurswechsel in ihrer Außenpolitik. Wenn sie zunächst bereit waren, und sei es nur, um Sparta nicht weiter zu reizen, den Hellenenbund, die darin festgeschriebene spartanische Führung und ihre daraus resultierenden Pflichten als weiterhin existent anzuerkennen, so lösten sie bald nach der Rückkehr ihres Heeres das Bündnis mit Sparta auf. Einige Zeit später fand Sparta mit den Messeniern eine Verhandlungslösung. Diese erhielten freien Abzug aus der Peloponnes, wurden von den immer noch erbitterten Athenern aufgenommen und in Naupaktos, an der Nordküste des korinthischen Golfes, angesiedelt, von wo aus sie den Lakedaimoniern noch reichlich Schaden zufügen sollten.

3.4. *Reformen in Athen und Sparta*

Machtverlust Kimons

In Athen blieb Kimons führende Stellung nicht unangefochten. Bereits nach der Thasos-Expedition war er, unter anderen auch von Perikles, wegen Bestechung durch den Makedonenkönig angeklagt worden, hatte aber einen Freispruch erreicht. Nun nutzten seine Gegner Kimons Aufenthalt in Messenien dazu, Verfassungsreformen durchzusetzen, die offenbar von Kimon und weiteren Feldzugsteilnehmern abgelehnt wurden, ohne daß wir Kimon deshalb für einen antidemokratischen Oligarchen halten dürften.[154] Die Reformen sind mit dem Namen des Ephialtes verbunden, über den wir allerdings kaum etwas wissen, und der bald darauf ermordet wurde. Mit ihm scheint auch Perikles eng zusammengearbeitet zu haben. Als Kimon nach seiner Rückkehr aus Messenien die Reformen rückgängig zu machen suchte, war seine Karriere zu Ende; noch 462/1 ostrakisierte ihn das athenische Volk.

Schwächung des Areopag

Von den Reformen des Jahres 462 sind leider nur die grundsätzlichen Auswirkungen bekannt. Sie liefen auf eine Schwächung des Areopag und auf eine Stärkung von Bule, Ekklesia und Dikasterien hinaus. Der traditionsreiche Rat auf dem Areshügel dürfte nicht nur deswegen, weil die Archonten, die nach ihrer Amtszeit in den Areopag einrückten, seit dem Jahr 487 erlost wurden, allmählich an Autorität verloren haben, sondern mußte den aufsteigenden demokratischen Gremien immer mehr Terrain überlassen. Unsere relativ späten Quellen (besonders *Ath. pol.* 25) teilen leider nicht mit, welche konkreten Kompetenzen dem Areopag entzogen und auf die anderen Institutionen übertragen wurden. Das hat die moderne Forschung zu zahllosen Vermutungen inspririert; am meisten spricht für eine Neuregelung juristischer Aufgaben.

Reformen des Ephialtes

Die Reformen des Ephialtes weisen eine große Ähnlichkeit mit denen des Kleisthenes auf. Über die Maßnahmen im einzelnen ist wenig bekannt. Der äußere Anlaß war jeweils die Konkurrenzsituation führender Politiker, in der mindestens ein Beteiligter durch eine stärkere institutionelle Einbeziehung des Volkes seine Machtposition zu stärken suchte. Dadurch wurden jeweils das Forum für die Durchsetzung von Politik erweitert und demokratische Institutionen eingerichtet. Es erstaunt daher nicht, daß von vielen Historikern erst die Reformen von 462 als der eigentliche Beginn der athenischen Demokratie angesehen werden. Wir haben es aber nicht mit der Entstehung der Demokratie, sondern mit einer wichtigen Stufe ihrer Erstarkung zu tun.[155]

Seebund und Demokratie

Vieles spricht jedoch dafür, daß mit den institutionellen Reformen nur die formalen Konsequenzen aus einer bereits länger andauernden Veränderung der außenpolitischen Bedingungen gezogen wurden. Die athenische Machtpolitik im Seebund hat besonders zu folgenden Wechselwirkungen mit der inneren Situation geführt:[156] Es waren grundsätzlich viel mehr Entscheidungen zu treffen als vor den Perserkriegen. Ab den sechziger Jahren gab es daher einen sprunghaften Anstieg von Beschlüssen, die auf Stein festgehalten und für alle Welt sichtbar aufgestellt wurden. Die auf der Flotte dienenden Theten entwickelten ein größeres Interesse an der Außenpolitik und nahmen in Rat und Volksversammlung Einfluß. Die Polis hatte auch mehr Geld zur Verfügung, so daß man damit beginnen konnte, den Amtsträgern Aufwandsentschädigungen zu bezahlen. Dadurch konnten zunehmend auch weniger reiche Athener politische Ämter übernehmen.

Herrschaftssicherung auf der Peloponnes

Während Athen nach außen expandierte und seine innere Ordnung schnell weiterentwickelte, beschritt Sparta den entgegengesetzten Weg der äußeren und inneren Konsolidierung. Das Erdbeben von 464 mit seinen erheblichen, lange nachwirkenden Menschenverlusten scheint einen nachhaltigen Bevölkerungsrückgang eingeleitet zu haben, der in der Folgezeit durch weitere Faktoren verstärkt wurde und der Polis große Probleme bereiten sollte.[157] Der anschließende Helotenaufstand führte den Spartanern praktisch vor Augen, daß die Struktur ihres gesamten Gemeinwesens von der sicheren Beherrschung Messeniens abhängig war. Die Konsequenzen, die Sparta aus dem Helotenaufstand zog, zielten daher darauf ab, die Wiederholung eines solchen Umsturzes zu verhindern. Gleichzeitig diente insbesondere die militärische Ausrichtung dazu, die Vormachtstellung im Peloponnesischen Bund aufrechtzuerhalten und gegen die anwachsende athenische Machtkonkurrenz zu verteidigen.

Politische Reglementierungen in Sparta

Bei den politischen Institutionen ist nach den Perserkriegen erstmals deutlich zu erkennen, daß sich für die Zusammenarbeit der drei Regierungsorgane – Ephoren, Gerusia, Könige, die von Thukydides und Diodor unter dem Begriff *Téle* zusammengefaßt werden –, unter Leitung der Ephoren gewisse Regeln etablierten.

In einer Zeit, in der die Könige und einzelne Spartiaten gesteigerte Machtpositionen einnahmen, wurden sie gleichzeitig enger in die Kollegialorgane eingebunden. Das gewaltsame Vorgehen der Ephoren gegen den des Hochverrats an Persien bezichtigten Regenten Pausanias (Thuk. 1,131 ff.) markiert einen Höhepunkt dieser Entwicklung. Die Volksversammlung wurde in die grundsätzlichen politischen Entscheidungen einbezogen, ohne daß sie wie in Athen zum zentralen Austragungs- und Entscheidungsort aller Gegensätze wurde. Ein allgemeines Rederecht für alle Bürger führte man nicht ein.[158]

Strenge gegenüber den Bundesgenossen

Im Anschluß an den Helotenaufstand kam es auch innerhalb des Peloponnesischen Bundes zu Unruhen, die Sparta jedoch zu meistern wußte. In neu abgeschlossene Verträge wurde nun eine Klausel aufgenommen, die den Verbündeten die Aufnahme von Flüchtlingen aus Messenien untersagte. Allgemein schlug auch Sparta eine härtere Gangart gegenüber seinen Bundesgenossen ein, wozu wahrscheinlich die Einsetzung von *Xenagoí* (Führer der Fremden) gehörte, die die bundesgenössischen Kontingente bei Feldzügen begleiten – und beaufsichtigen – sollten.[159]

Unterdrückung der Heloten

Als Reaktion auf den Aufstand wurde die Unterdrückung der Heloten weiter institutionalisiert. Die jährliche Kriegserklärung an sie wurde vermutlich in dieser Zeit eingeführt und ebenso die sogenannte *Krypteía*, bei der bewaffnete Jugendliche nachts herumstreifende Heloten töten sollten. Diese Maßnahmen bedeuteten auch eine Disziplinierung der Spartiaten selbst, die der Aufsichtspflicht über ihre Heloten konsequenter nachkommen sollten.[160]

Änderungen in der Lebensweise

Um die Bevölkerungsverluste auszugleichen, regelten die Spartaner Heiratsvorschriften neu, ermöglichten etwa Ehen mit Helotinnen, aus denen die sogenannten *Mothakes* (S. 122) hervorgingen, und verschärften die gesellschaftliche Mißbilligung des Junggesellentums. Um die Stadt schnell wieder aufzubauen, baute man die zerstörten Häuser unter Vermeidung von luxuriösem Aufwand, nur mit einfachen Werkzeugen, wieder auf. Solche und andere Verhaltensweisen wurden oft nicht gesetzlich vorgeschrieben, sondern waren einfache Konventionen, die erst in der Tradition, die uns bei Plutarch vorliegt, als weise gesetzliche Regelungen Lykurgs mythifiziert wurden. In diesen Zusammenhang läßt sich nach neueren Vorstellungen auch die Aufwertung des Erziehungswesens (S. 55) zu einem staatlich organisierten und gelenkten Integrationsinstrument am besten einfügen.[161]

3.5. *Krieg oder nicht Krieg? – Der sogenannte Erste Peloponnesische Krieg und seine Folgen*

Perspektive des Thukydides

In seiner Darstellung der Pentekontaetie verfolgt Thukydides (1, 89–118; vgl. 1,23,6) ausdrücklich das Ziel, die tiefere Ursache des Peloponnesischen Krieges zu erläutern. Diese Ursache sieht er in der ständigen Machtausweitung Athens, die schließlich eine Gegenreaktion des lange Zeit passiven Sparta hervorgerufen habe. Dadurch, daß unsere Kenntnis dieser Jahrzehnte im wesentlichen von Thukydides abhängt, müssen wir auch mit den Einschränkungen zurechtkommen, die aus seiner Sichtweise folgen. So nimmt der Historiker erstens die athenische Perspektive ein und spricht überwiegend von athenischen Unternehmungen, während von Sparta kaum die Rede ist, und nimmt zweitens nur eine Auswahl von meist militärischen Aktionen Athens in seine Darstellung auf, ohne Vollständigkeit anzustreben.

Erster Peloponnesischer Krieg

Nach Rückkehr seines von den Spartanern entlassenen Heeres aus Ithome nahm Athen diese, wie bereits erwähnt als Kränkung empfundene Maßnahme zum Anlaß, das Bündnis von 481, den Hellenenbund also, aufzukündigen und ein Bündnis mit Argos und Thessalien (462/1), bald danach auch mit Megara, einzugehen. Da Argos und Sparta traditionell in Feindschaft lebten, waren sich die Athener bewußt, damit selbst in den Kriegszustand mit Sparta einzutreten. Die athenischen Machtansprüche hatten sich also schon so weit entwickelt, daß man nicht davor zurückschreckte, sich auch formal gegen den bisher noch offiziellen Hegemon der Griechen und eigenen Verbündeten zu stellen. Thukydides (1,18,3) sagt deutlich, daß Athen und Sparta mit ihren Verbündeten jetzt gegeneinander Krieg führten, und die moderne Forschung bezeichnet diese Zeit meist als Ersten Peloponnesischen Krieg.[162]

Ausgreifen Athens

Durch das Bündnis mit Argos hat Athen zwar den Kriegszustand mit Sparta in Kauf genommen, aber es entwickelte sich daraus kein größerer Krieg im eigentlichen Sinn; Kampfhandlungen fanden nur vereinzelt und in geringer Intensität statt. Das deutet darauf hin, daß Athen mit dem Bündniswechsel nicht in erster Linie die Bekämpfung Spartas einleiten wollte – und auch aus spartanischer Perspektive die Zeit für einen Entscheidungskampf noch nicht gekommen war –, sondern seinen eigenen Einfluss weiter auszudehnen suchte. Nachdem Athen praktisch die ganze Staatenwelt der Ägäis in seinem Bund zusammengeschlossen hatte, begann es jetzt, auf die Peloponnes und nach Mittelgriechenland auszugreifen. Mehr noch als Sparta mußten sich dessen Verbündete Korinth und Ägina von dieser Politik betroffen fühlen.

Direkte Konfrontation mit Sparta

Die im Hellenenbund gewissermaßen suspendierten Feindseligkeiten mit Ägina wurden von den Athenern wieder aufgenommen. Nach einer gewonnenen Seeschlacht belagerten sie die Stadt so lange, bis sie sich, wohl 456, ergab,[163] mit der Folge, daß die Mauern zerstört, die Schiffe ausgeliefert und Tribute bezahlt werden mußten. Zwischenzeitlich war es zu mehreren Land- und Seegefechten mit Korinthern und Epidauriern gekommen, die unterschiedlich ausgingen. Gegen die Spartaner selbst kämpften die Athener, unterstützt von den Argivern, nur einmal, nämlich in der Schlacht bei Tanagra in Böotien im Jahr 457. Sparta hatte ein Heer nach Zentralgriechenland geschickt, um den Bewohnern der Landschaft Doris gegen die Phoker zu helfen. Die Athener versuchten, dem Heer den Rückweg abzuschneiden, wurden aber in der Schlacht, die beiden Seiten große Verluste eintrug, geschlagen und mußten die Überlegenheit der spartanischen Hopliten anerkennen.[164]

Lange Mauern

In der Zeit vor und nach der Schlacht bei Tanagra vollendete Athen sein Befestigungswerk durch den Bau der sogenannten *Langen Mauern*, die die Stadt mit den Häfen Piräus und Phaleron verbanden. Offenkundig veranlaßte der Kriegszustand mit Sparta die Athener dazu, den für sie lebenswichtigen Zugang zu den Häfen dauerhaft abzusichern. Darüber hinaus läßt die Größe des Areals, das von den beiden Mauerzügen eingeschlossen wurde, darauf schließen, daß man schon jetzt die Strategie ins Auge faßte, im Fall eines spartanischen Angriffs die attische Landbevölkerung hinter die Langen Mauern zu evakuieren. Obwohl diese Strategie auch für Sparta erkennbar sein mußte, versuchte es in keiner Weise, Athen am Bau der Mauern zu hindern.

Bundeskasse in Athen

Während Athen, nach zahlreichen gelungenen und nur wenigen mißlungenen Unternehmungen, um 455 mit den Überfällen des Strategen Tolmides auf peloponnesische Küstenorte einen vorläufigen Höhepunkt seiner Machtentfaltung erreichte, überwogen in den folgenden Jahren die Rückschläge. Vor allem ging 454 eine große Flotte, die den ägyptischen Aufstand gegen Persien unterstützten sollte, verloren.[165] Aufgrund dieser Ereignisse wurde die Bundeskasse auf Antrag der Samier von Delos nach Athen verlagert (Plut. *Per.* 12,1), von Athen allein kontrolliert – Bundesversammlungen scheint man nicht mehr einberufen zu haben – und die Abgabe an die Schutzgottheit des Bündnisses nicht mehr an den delischen Apoll, sondern an die Athena auf der Akropolis abgeführt: Über diese Abgabe, jeweils den sechzigsten Teil der Phoroi, mußten die athenischen Schatzmeister Rechenschaft ablegen, und da sie über die Abgaben aller einzelnen Poleis auf steinernen Tafeln Buch führten, verdanken wir diesen sogenannten Tributlisten einen guten Teil unserer Kenntnisse über die Organisation des Seebunds.[166] Demnach gehörten dem Seebund in der ersten Veranlagungsperiode (454–451) 140 bis 145 Poleis an.

Kallias-Frieden?

451 schlossen Athen und Sparta einen Waffenstillstand für die Dauer von fünf Jahren (Thuk. 1,112). Das erlaubte den Athenern die Weiterführung ihrer aktiven, auf Machterweiterung und Beutegewinnung ausgerichteten Politik zur See. Noch 451 oder im Jahr darauf errangen sie bei Zypern einen Sieg gegen persische Einheiten. Daß es danach zu keinen weiteren größeren Kampfhandlungen zwischen dem Seebund und Persien kam, werten einige Forscher als Argument für die Existenz des sogenannten Kalliasfriedens, der zwar von Thukydides nicht erwähnt wird, aber nach späteren Quellen zwischen Athen und Persien geschlossen worden sein soll (449 oder 448), während andere, m. E. zu Recht, dessen Historizität abstreiten – nicht zuletzt deshalb, weil ein solcher Friedensschluß die Existenzberechtigung des weiterbestehenden Athenischen Seebund untergraben hätte.[167]

Beschränkung Athens auf Seeherrschaft

In der Zeit des Friedens mit Sparta mußte Athen alle Absichten, sofern solche bestanden, auf die Beherrschung Zentralgriechenlands aufgeben. Zunächst mußte es sich nach einer Niederlage aus ganz Böotien zurückziehen, dann fiel Megara zum Peloponnesischen Bund ab. Nachdem der fünfjährige Waffenstillstand ausgelaufen war, fiel ein peloponnesisches Heer unter dem spartanischen König Pleistoanax in Attika ein und verwüstete die Gegend von Eleusis. Das war die erste Anwendung jener spartanischen Strategie, zu deren Abwehr die Athener vorausblickend ihre Langen Mauern errichtet hatten; die Spartaner praktizierten sie dann im Peloponnesischen Krieg regelmäßig und konsequent. Schon vor dem peloponnesischen Angriff war Euböa vom Seebund abgefallen. In den folgenden Verhandlungen hat Sparta nichts zugunsten der Euböer unternommen. Das zeigt, daß Sparta die athenische Seeherrschaft grundsätzlich akzeptierte. Im Jahr 446 gelang es daher den Athenern unter Perikles, die Insel wieder zu unterwerfen[168] und den Bestand des Seebunds im wesentlichen zu verteidigen.

Dreißigjähriger Friede

Da sich Athen, aus Mittelgriechenland verdrängt, auf seine Seeherrschaft konzentrierte und Sparta mit dem erreichten Besitzstand zufrieden war, kamen die beiden Mächte noch im Jahr 446/5 überein, einen neuen, dieses Mal auf dreißig Jahre befristeten Frieden zu schließen (Thuk. 1,115,1).[169] Die Athener mußten dafür ihre letzten peloponnesischen Stützpunkte aufgeben, ansonsten wurde der *status quo* festgeschrieben. Das bedeutete auch, daß eine abtrünnige Bündnisstadt vom anderen Vertragspartner nicht unterstützt oder ins eigene Bündnis aufgenommen werden durfte. Durch den Vertrag wurden die griechischen Poleis erstmals in drei Kategorien eingeteilt: 1. Athen und seine Verbündeten; 2. Sparta und seine Verbündeten; 3. die neutralen Poleis, die nur freiwillig, aber nicht aufgrund von Zwang in eines der beiden Bündnissysteme eintreten durften.

Ernsthafter Friedenswille

Daß der Friede immerhin 14 Jahre lang Bestand hatte und z. B. auch 440/39, als das von Athen abgefallene Samos die Peloponnesier um Hilfe bat, eingehalten wurde, bestätigt seine Ernsthaftigkeit. Seine Bedeutung wird außerdem dadurch unterstrichen, daß die Vertragsparteien sich in den außenpolitischen Diskussionen der Zeit von 446 bis 431 ständig auf diesen Vertrag bezogen, der damit in den Mittelpunkt der diplomatischen und politischen Beziehungen dieses Zeitraums rückte.

4. Freiheitliche Demokratie hier – geschlossener Gehorsamsstaat dort?

Quellenlage

Die folgende Gegenüberstellung der athenischen und spartanischen Staatsordnung findet zwar an dieser Stelle ihren Platz, soll aber keine Momentaufnahme der Situation zu Beginn des Peloponnesischen Krieges sein. Das wäre schon aufgrund der Quellenlage nicht möglich, weder für Athen noch für Sparta.[170] Vielmehr soll versucht werden, die Strukturen vorzustellen, die die beiden Poleis in der zweiten Hälfte des 5. Jahrhunderts grundlegend kennzeichnen und die zu einem guten Teil auch im 4. Jahrhundert weiterbestanden.[171] Dabei ist zu berücksichtigen, daß wichtige Quellen sowohl für Athen (insbesondere die attischen Redner und der aristotelische *Staat der Athener*) als auch für Sparta (Xenophons *Verfassung der Spartaner* und Aristoteles, *Politik*) aus dem 4. Jahrhundert stammen. Während die frühere Forschung, zum Teil sehr unreflektiert und unbewußt, die Quellenaussagen gleichermaßen auf das 5. Jahrhundert bezog, ist man in jüngerer Zeit bei der Rückprojektion späterer Verhältnisse zu Recht vorsichtiger geworden.[172]

4.1. *Demokratie und Oligarchie*

Bürgerrecht

Auf die Exklusivität ihres Bürgerrechts legten beide hier vorgestellten Staaten großen Wert. In dieser Hinsicht unterschieden sie sich nicht von anderen griechischen Poleis.

Athenischer Bürgerstatus

In Athen erfolgte die restriktive Festlegung des Bürgerstatus allerdings relativ spät, und zwar erst durch ein von Perikles im Jahr 451 eingebrachtes Gesetz.[173] Ab diesem Zeitpunkt mußten beide Eltern Athener sein, damit auch die Kinder den Bürgerstatus erhielten (S. 21). Die Einschränkung läßt sich einerseits auf ökonomische Motive zurückführen, weil dadurch die Zahl der Erbberechtigten gesenkt und die Erbteilung des Ackerlandes reduziert werden konnte; außerdem partizipierten weniger Bürger an den direkten Zahlungen (Diäten), die Perikles zunächst – wohl bald nach den Reformen des Ephialtes – für die Dikasten (Richter) (*Ath. pol.* 27,3 ff.), später auch für die Buleuten und die anderen Amtsträger beschließen ließ; auch eine Getreidespende des ägyptischen Königs verteilten die Bürger nur unter ihresgleichen. Andererseits muß aber angenommen werden, daß das Bürgerbewußtsein mit einem exklusiven «Herrschaftsbewußtsein» einherging. Da die Zahl der zu treffenden Entscheidungen zunahm und viele davon auch für die verbündeten Poleis galten, mußte es als etwas Besonderes erscheinen, Vollbürger der Polis zu sein, die den ganzen Ägäisraum beherrschte.

Bürgerrechtsverleihung

Die Verleihung des Bürgerrechts aufgrund von besonderen Verdiensten war eine der höchsten öffentlichen Ehrungen und blieb nur einzelnen Personen vorbehalten, wobei für den entsprechenden Volksbeschluß, zumindest im 4. Jahrhundert, ein Quorum von 6000 Abstimmenden festgesetzt war. Eine wichtige Konsequenz aus dem perikleischen Bürgerrechtsgesetz war, daß das Wachstum der athenischen Bevölkerung nur noch von der Geburten- und Sterberate, nicht mehr von Zuwanderungen abhing.

Bürgerstatus in Sparta

Während also in Athen erst die außenpolitische Entwicklung zur engen Abgrenzung der Bürgerschaft führte, waren es in Sparta ähnliche, aber innerstaatliche Gegebenheiten, welche das durch beide Elternteile bestimmte Bürgerrecht schon seit der Frühzeit definiert hatten. Denn die Spartiaten bildeten eine herrschende Gruppe innerhalb ihrer Polis und gründeten darauf ihre gesamte ökonomische Existenz (S. 39). Zu Bürgerrechtsverleihungen kam es noch seltener als in Athen.[174] Auch in Sparta dürfte die Verleihung des Bürgerrechts einen Beschluß der Volksversammlung erfordert haben.[175] Die Ausübung der politischen Rechte als Vollbürger war in klassischer Zeit zudem daran gebunden, daß der Bürger das staatliche Erziehungssystem (*Agogé*, S. 113) durchlaufen hatte und daß er aus seinem Besitz die Beiträge zu den gemeinsamen Mahlzeiten (Syssitien, S. 54) leisten konnte.

Bürger und Ämter

Den jeweiligen Staatsbürgern war es in beiden Staaten vorbehalten, an den politischen Vorgängen Anteil zu nehmen und Ämter zu besetzen. Die Institutionen, von denen die politischen Entscheidungen in Athen und Sparta getroffen wurden, sind schon im bisherigen Überblick über die archaische und frühe klassische Zeit immer wieder genannt worden. In der folgenden systematischen Übersicht soll es darauf ankommen, strukturelle Eigenheiten dieser Einrichtungen festzuhalten.

4.1.1. *Der Rat*

Prytanien

Der athenische Rat der Fünfhundert[176] bestand im wesentlichen so weiter, wie er in der Zeit des Kleisthenes eingerichtet worden war (S. 66). Die 50 Buleuten jeder Phyle übernahmen jeweils für den zehnten Zeil des Amtsjahres die Geschäftsführung (*Prytaneía*: Prytaníe) der Bule und hießen in dieser Funktion Prytanen (*Prytáneis*); einer von ihnen wurde in täglichem Wechsel zum Vorsitzenden (*Epistátes*) der Prytanen erlost. Er leitete auch die Ratsversammlung und die Volksversammlung, die an «seinem» Tag stattfanden. Epistates konnte man nur einmal im Leben sein.

Rat der 500

Da der Rat fast täglich zusammentrat, war er das zentrale politische Koordinierungsgremium, bei dem alle Fäden zusammenliefen und das für Athener und auswärtige Gesandtschaften jederzeit ansprechbar war. Die Prytanen blieben auch über Nacht in ihrem Amtslokal, dem *Prytaneíon*. Die Bule hatte im weitesten Sinn die Regierungsgeschäfte zu führen und die Amtsträger zu kontrollieren. Sie konnte zahlreiche Entscheidungen alleine treffen, mußte aber alle wesentlichen Beschlüsse der Volksversammlung vorlegen. Da umgekehrt die Ekklesia nichts beschließen konnte, was nicht von der Bule vorberaten und auf die Tagesordnung gesetzt worden war, lag die zentrale Bedeutung des Rates in seiner probuleutischen (vorberatenden) Funktion, die nicht zuletzt auch einen Filter für Anträge an die Volksversammlung bildete. Jeder Antrag auf ein Dekret oder ein Gesetz, von welchem Bürger auch immer er initiiert wurde, mußte also zunächst von einem Buleuten übernommen und an die Bule gestellt werden, die ihn dann, wenn sie selbst zustimmte, an die in den meisten Fällen entscheidungsbefugte Ekklesie weiterleitete.

Ratsherren

Da jeder Athener anfangs nur einmal, später höchstens zweimal in seinem Leben zum Ratsherrn erlost werden konnte, arbeitete ein großer Teil der Bürger, auch der Theten, im Lauf ihres Lebens im Rat mit und nahm schon dadurch intensiv an den Staatsgeschäften teil. Um genügend Ratsmitglieder (und dazu noch 500 Ersatzleute) zu finden, wurde seit der Zeit des Perikles ein Sitzungsgeld von einer Drachme pro Sitzungstag gezahlt. Der Rat tagte im *Buleutérion* (Rathaus) an der Südwestseite der Agora.

Gerusia

Die spartanische Gerusia bestand aus 28 mindestens sechzigjährigen Bürgern, die von der Volksversammlung gewählt wurden. Dazu kamen kraft Amtes die beiden Könige. Die Ephoren beriefen zwar die Gerusie ein und hatten schon deswegen einen großen Einfluß, der noch größer war, falls sie die Versammlungen auch selbst geleitet haben – das liegt zwar nahe, ist aber nicht ausdrücklich bezeugt. Stimmberechtigt waren sie jedoch anscheinend nur bei Gerichtsverhandlungen, die gegen einen König geführt wurden.

Autorität der Geronten

Der Ältestenrat hatte ebenso wie die athenische Bule probuleutische Aufgaben, indem er die Beschlüsse der Volksversammlung vorbereitete. Hingegen scheint er keine eigenständigen Dekrete verabschiedet zu haben. Stattdessen hatte die Gerusie die gerichtlichen Kompetenzen inne, die in Athen dem Areopag, zum Teil auch den Dikasterien, vorbehalten waren; insbesondere schwere Vergehen von Spartiaten hatte sie abzuurteilen. Auch die in den Quellen genannte allgemeine Aufgabe, das gesamte Staatswesen zu beaufsichtigen, entspricht am ehesten der Funktion des Areopag in der Frühzeit. Die Macht der Gerusie lag daher weniger in einer großen Zahl formalisierter Kompetenzen, sondern vielmehr in der großen persönlichen Autorität ihrer Mitglieder, die durchaus auch einzeln, nicht nur als Kollegialorgan, politischen Einfluß auszuüben vermochten.[177]

4.1.2. *Die Volksversammlung*

Bedeutung der athenischen Ekklesia

In der Ekklesia versammelte sich der Souverän des athenischen Staates, die athenische Bürgerschaft, und traf alle wesentlichen Entscheidungen. Das waren vor allem die Wahl der Magistrate, Verabschiedung von Gesetzen, Beschlüsse über den Staatshaushalt und wirtschaftliche Angelegenheiten, über Krieg und Frieden sowie über Bündnisse mit anderen Staaten. Durch den zunehmenden Umfang der Außenpolitik seit den Perserkriegen stiegen, wie schon bemerkt, auch die Bedeutung der Volksversammlung und das Selbstbewußtsein ihrer Mitglieder. Zahlreiche Theten sammelten durch den Seebund persönliche Erfahrungen im Ausland und entwickelten deshalb ein direktes Interesse an den diesbezüglichen Entscheidungen. Die Volksversammlung wurde daher zunehmend *das* Forum, auf dem die Politiker ihre persönliche und – seltener – sachliche Konkurrenz austrugen, das Volk entschied über ihre Vorschläge.

Teilnehmer

Teilnahmeberechtigt war jeder männliche Bürger über 18 Jahren, Nichtathener wurden nur ausnahmsweise eingeladen. Nach der Vorbereitung durch die Bule wurde die Ekklesie von den Prytanen einberufen. Sie fand ursprünglich auf der Agora, seit etwa 460 auf der Pnyx statt – einem flachen Hügel, der für etwa 6000 Menschen ausgebaut war. Schon daraus ergibt sich, daß niemals auch nur annähernd die gesamte Bürgerschaft, nach modernen Schätzungen etwa 40000, nach dem Peloponnesischen Krieg etwa 30000 Vollbürger, ja nicht einmal deren qualifizierte Mehrheit an einer Volksversammlung teilnahm.[178] Vielmehr betrachtete man die mögliche Beteiligung etwa eines Fünftels der Bürgerschaft als ausreichende Repräsentation des Gesamtvolkes, wobei die tatsächliche Teilnehmerzahl häufig sogar niedriger gewesen sein wird.

Verlauf der Versammlungen

Der Verlauf der Versammlungen ist erst aus dem 4. Jahrhundert genauer bekannt.[179] Folgende Grundregeln haben aber schon vorher gegolten: Eine Volksversammlung begann bei Tagesanbruch und dauerte höchstens bis zum Sonnenuntergang, meist aber nur bis zur Mittagszeit. Sie hatte eine feststehende Tagesordnung, die von der Bule vorbereitet und von den Prytanen öffentlich ausgehängt wurde.[180] Die Diskussions- und Abstimmungsleitung hatte ein erloster *Epistátes* (Vorsitzender). Jeder Teilnehmer konnte sich zu Wort melden und im Rahmen der Tagesordung Anträge stellen. Wie in der Bule stimmte man im allgemeinen durch Handaufheben (*Cheirotonía*) ab, wobei die Stimmen nicht ausgezählt, sondern – ähnlich wie bei den Schweizer Landsgemeinden – durch die Prytanen abgeschätzt wurden. In den Fällen, in denen ein Quorum vorgeschrieben war, erfolgte eine geheime Abstimmung mit Stimmsteinen (*Pséphoi*).

Volksversammlung in Sparta

Für Sparta ist in den Quellen ein einziges Mal eine «Kleine Volksversammlung» erwähnt, die von den Ephoren einzuberufen war (Xen. hell. 3,3,8). Es scheint sich dabei um den erweiterten Ältestenrat zu handeln, zu dem weitere vornehme und angesehene Spartiaten eingeladen wurden.[181] In allen anderen Fällen stand die Volksversammlung aber sämtlichen Vollbürgern offen.[182] Im Vergleich zur Frühzeit war die Ekklesie inzwischen fest institutionalisiert, und ihre Abläufe waren formalisiert. Sie trat regelmäßig, wahrscheinlich einmal im Monat, und außerdem nach Bedarf zu außerordentlichen Sitzungen zusammen. Die Ephoren beriefen sie ein und leiteten sie. Abgestimmt wurde nach Lautstärke der Zurufe, in Sonderfällen auch mit dem «Hammelsprung» (Thuk. 1,87,2) (S. 54). Die Versammlung der Spartiaten stimmte letztgültig ab über Gesetze, Bündnisse sowie Krieg und Frieden. Sie bestätigte den Nachfolger im Königsamt und traf eine Entscheidung, wenn mehrere Mitglieder eines Königshauses das Amt beanspruchten. Die Ekklesie wählte die Geronten und die anderen Amtsträger und legte fest, welcher König oder Spartiat einen Feldzug leiten sollte. So gesehen hatte sie große Ähnlichkeit mit der athenischen Volksversammlung.

Abhängigkeit von den Amtsträgern

Und dennoch kam ihr ein völlig anderer Charakter zu. Die spartanische Ekklesie war nämlich vorwiegend ein Instrument in der Hand der Ephoren, Könige und Geronten. Nur diese Amtsträger hatten Rederecht, so daß in der Volksversammlung nur wenig debattiert wurde, da die einflußreichen Männer sich schon vorher geeinigt hatten. Beschlußanträge wurden wahrscheinlich ausschließlich von den Ephoren gestellt. Indem die Ephoren auch entschieden, ob auswärtige Gesandtschaften eine Rede vor der Ekklesie halten durften oder aber unverrichteter Dinge wieder abreisen mußten, trafen sie selbst grundlegende außenpolitische Entscheidungen.

Konsens der Bürgerschaft

Daß unsere Quellen so wenig über die spartanische Ekklesie berichten, liegt also vor allem daran, daß dieses Gremium ein geringes politisches Gewicht und kaum Öffentlichkeitswirkung hatte. Aristoteles (*pol.* 1272a11–13) sagt ausdrücklich, daß in der Verfassung der Kreter, die er der spartanischen analog setzt, die Volksversammlung nur die Beschlüsse der Geronten und *Kósmoi* (die den Ephoren entsprechen) zu bestätigen habe. Der offenkundige grundsätzliche Konsens zwischen den einfachen Spartiaten und den Amtsträgern stellte sich immer wieder dadurch her, daß die Volksversammlung sich den Vorstellungen ihrer Anführer anschloß und die führenden Spartaner schon im Vorfeld die Weichen stellten. Nur selten hatte die Volksversammlung zwischen zwei divergierenden Auffassungen ihrer Führungskräfte zu entscheiden. Die spartanische Volksversammlung ähnelte daher letztlich stärker der ebenfalls von den Magistraten dominierten römischen als der athenischen Volksversammlung.

4.1.3. *Die Amtsträger*

Athenische Amtsträger

Die Amtsträger waren für spezielle Aufgaben zuständig und hatten, um wieder mit Athen zu beginnen, sehr eng mit der Bule zusammenzuarbeiten (*Ath. pol.* 47,1). Generell wurde jeder Amtsträger als Archon (*Árchon*; Plural: *Árchontes*) bezeichnet, im engeren Sinn aber besonders *der* Archon, nach dem das Jahr benannt wurde (*epónymos*); zusammen mit dem Basileus, dem Polemarchos und den sechs Thesmotheten bildete er die Gruppe der neun Archonten, die nominell die höchsten Amtsträger waren, aber in der Demokratie zunehmend weniger politische Macht ausübten, sondern weitgehend auf rechtliche Funktionen beschränkt waren. Grundsätzlich war jeder Bürger, sofern er 30 Jahre alt war und weitere formale Voraussetzungen erfüllte, zur Übernahme der meisten Ämter berechtigt. Nachdem das Archontat seit 358/7 auch der dritten Vermögensklasse, den Zeugiten, geöffnet wurde, blieben vor allem noch die Ämter der zehn Schatzmeister (*Tamíai*) der Athena allein der höchsten Zensusklasse, den Pentakosiomedimnoi, vorbehalten. Die Zahl der Amtsträger kennen wir nicht genau, sie muß aber recht hoch gewesen sein; die aristotelische *Athenaion politeia* (24,3) gibt an, daß nach den Perserkriegen allein in Attika 700 Amtsträger tätig gewesen seien, dazu müssen wir die Buleuten und Inhaber kleinerer Funktionen zählen. Die Zahl war auch deshalb hoch, weil einige Ämter kollegial besetzt waren, besonders häufig – wie bei den Strategen – mit zehn Männern, die zumindest über eine lange Zeit aus den zehn verschiedenen Phylen kamen. Trotz der Kollegialität war jeder einzelne Amtsträger für sein Handeln verantwortlich und mußte dafür Rechenschaft ablegen. Die meisten Ämter wurden jährlich neu besetzt, wobei Kumulation (Ämterhäufung), Kontinuation (Bekleidung desselben Amtes in aufeinanderfolgenden Amtsperioden) und Iteration (mehrmalige Ausübung desselben Amtes) untersagt waren. Ausgehend vom Grundsatz der Gleichheit aller Bürger erloste man die Amtsträger aus allen Bürgern. Nur die militärischen und einige anderer Ämter, die spezifische Fachkenntnisse verlangten, wurden durch Wahl in der Volksversammlung besetzt.

Königtum in Sparta

In Sparta war das auffälligste und traditionsreichste Amt das der beiden Könige (*Basileís*). Es wurde innerhalb der beiden Familien der Eurypontiden und der Agiaden vererbt und im Regelfall von dem nach dem Amtsantritt erstgeborenen Sohn des Königs (also gegebenenfalls nicht dem ältesten Sohn!) übernommen (Hdt. 7,3,3). Als einziges Amt wurde es lebenslang ausgeübt, sofern nicht, wie es mehrfach vorkam, ein König vorher abgesetzt wurde, was durch einen Volksbeschluß geschehen mußte. Ihre eventuell in früherer Zeit vorhandenen Kompetenzen hatten die Könige mit der Zeit weitgehend an die Gerusie und die Ephoren verloren. Verblieben war ihnen fast ausschließlich die Heeresführung. Schon Aristoteles charakterisiert das spartanische Königtum als lebenslanges Feldherrnamt (*pol.* 1285a4–6. 14–15; 1285b28). In dieser Hinsicht sind die Könige am ehesten mit den athenischen Strategen zu vergleichen, insbesondere dann, wenn diese, wie Perikles, über einen langen Zeitraum hinweg regelmäßig wiedergewählt wurden. Selbst das Privileg der Kriegsführung war aber, wie wir gesehen haben, in klassischer Zeit eingeschränkt. Die mitunter sehr starke Machtstellung einzelner Könige beruhte daher nicht auf ihren formalen Kompetenzen, sondern darauf, daß es ihnen durch persönliche Beziehungen und Geschick gelang, ihr außerordentliches, in zahlreichen Ehrungen und Vorrechten zum Ausdruck kommendes gesellschaftliches Ansehen[183] in Einfluß auf die Gerusie, die Ephoren und die Volksversammlung umzusetzen. Das spartanische Königtum hat also prinzipiell die Entwicklung genommen, die in allen griechischen Poleis zu erkennen ist: Die herausragende Rolle einzelner großer Adliger wurde mit der Institutionalisierung der Polis zurückgedrängt, alle mußten sich im

Prinzip den Polis-Institutionen unterordnen. Die dennoch verbliebene auffällige Privilegierung der spartanischen Könige verdankte sich der außergewöhnlichen Bedeutung, die das Militärische und die Kriegsführung in diesem Staate besaßen.[184]

Ephorat als Aufsichtsinstanz

Die maßgeblichen politischen Amtsträger in Sparta waren die fünf Ephoren (S. 51 f.), die fast alle formalen Kompetenzen innehatten.[185] Daß sie die politischen Gremien leiteten, wurde schon erwähnt. Darüber hinaus kontrollierten sie die übrigen Amtsträger, die sie jederzeit zur Rechenschaft ziehen konnten, und verwalteten die Staatskasse. Sie führten Verhandlungen mit auswärtigen Gesandten und waren für die Mobilisierung des Heeresaufgebotes zuständig. In dringenden Fällen konnten sie sogar ohne Entscheidung der Volksversammlung ein Heer aussenden und den Feldherrn bestimmen. Sie kontrollierten die militärischen Befehlshaber und gaben den Harmosten (Garnisonsbefehlshabern) und Nauarchen (Flottenkommandanten), verschiedentlich sogar den Königen, Befehle. Ganz allgemein hatten die Ephoren auch die zivile Aufsicht über die gesamte Gesellschaft, vor allem über die Einhaltung der Sitten, über das staatliche Erziehungswesen und über die öffentlichen Feste. Zur Durchsetzung ihrer Aufgaben war ihnen eine umfassende Polizeigewalt zugestanden worden (S. 52).

Ephorat als Stabilitätsfaktor

Die fünf Ephoren wurden spätestens seit dem 4. Jahrhundert von der Volksversammlung aus allen Bürgern gewählt, amtierten ein Jahr und konnten nicht wiedergewählt werden. Einer der Ephoren war eponym, d. h. nach ihm wurde das Jahr bezeichnet wie in Athen nach dem Archon. Aristoteles bedauert, daß nicht nur reiche und vornehme Spartaner dieses bedeutendste Amt übernahmen; er kritisiert, «daß oft ganz arme Leute, die wegen ihrer Armut käuflich waren, in dieses Amt gelangten» (*pol.* 1270b 9 f.). Dennoch mußte sich die Politik der Ephoren im Rahmen des Konsenses bewegen, der sich im allgemeinen innerhalb der Oberschicht herstellen ließ. Die gesellschaftlichen Unterschiede im Ansehen der einzelnen Spartiaten machten auch vor dem Ephorat nicht halt, so daß vornehme Spartiaten auch im Falle einer minderheitliche Präsenz dieses Gremium wesentlich beeinflussen konnten. Außerdem benötigten sie in den meisten Fällen die Zustimmung der Gerusie und der Ekklesie, so daß sie nur sporadisch, aber nicht durchgängig, eine selbständige Politik betreiben konnten. Die Ephoren bildeten mit ihren Amtsvollmachten natürlich ein Gegengewicht gegen die persönlich-gesellschaftliche

Macht der Könige, aber nicht im Sinne einer dauerhaft rivalisierenden Feindschaft, wie die frühere Forschung angenommen hatte, sondern im Sinne eines Ausgleichs, der die Stabilität der Verfassung garantieren sollte.[186] Der monatlich zu erneuernde Eid, mit dem die Könige sich verpflichteten, sich an die Gesetze zu halten, und mit dem die Ephoren im Namen des Volkes gelobten, die Herrschaft des Königs zu bewahren, wenn er sich an seinen Schwur halten würde (Xen. *Lak. pol.* 15,7), verdeutlicht die Bemühungen um eine Machtbalance zwischen den Institutionen.

Grundzüge der athenischen Demokratie

Zusammenfassend läßt sich sagen, daß in der athenischen Demokratie sehr viele Bürger direkt an den politischen Aktivitäten und Entscheidungen beteiligt waren. Die souveräne Macht lag beim Gesamtvolk in seiner Erscheinungsform als Volksversammlung. Dort wurden in freier Diskussion und freier Abstimmung alle wesentlichen Entscheidungen getroffen. Durch vielfältige Aufsichtsmechanismen wußte man mögliche Machtanhäufungen bei Amtsträgern zu verhindern. Der jährliche Wechsel sowie die Erlosung der Amtsträger galten als besonders charakteristisch für die athenische Demokratie.

Sparta als Oligarchie

Sparta wurde schon in der Antike als Musterbeispiel für eine Mischverfassung angesehen. Als demokratisches Element zählte, daß die Amtsträger mit den meisten Kompetenzen – die Ephoren nämlich – aus der gesamten Bürgerschaft kamen und jährlich wechselten, sowie, daß die Volksversammlung über die wichtigsten politischen Fragen entschied. Als monarchisches Element galt das Doppelkönigtum, und als oligarchisches Element schließlich die Gerusia.[187] Der modernen Forschung ist diese Zuordnung im allgemeinen zu sehr von staatstheoretischem Schematismus geprägt. Betrachtet man nämlich nicht nur die formalen Kompetenzen der einzelnen Institutionen, sondern auch die Voraussetzungen und das Zusammenwirken insgesamt, so muß man die spartanische Verfassung als aristokratisch-oligarchische Ordnung einstufen.[188] Für eine Oligarchie spricht vor allem folgendes: Die spartanischen Vollbürger machten einen erheblich kleineren Teil der Bevölkerung aus als die Bürgerschaft einer Demokratie und mußten einen Mindestbesitz aufweisen. Und die formale politische Gleichheit der Vollbürger wurde von starker gesellschaftlicher Ungleichheit und von persönlichen Einflüssen so stark überlagert, daß die wichtigsten Entscheidungen meist schon in informeller Absprache der führenden Kreise getroffen waren, bevor in den Gremien darüber abgestimmt wurde. «Wenn ein Mann aufgrund seines guten Verhaltens in die sogenannte Gerusia gewählt wird, ist er der absolute Herr über die Menge. Denn in Sparta besteht der Ehrenpreis darin, die Herrschaft im Staat mit den Gleichgestellten (*Hómoioi*) zu teilen; bei uns (sc. in Athen) jedoch ist das Volk der Herr» (Demosth. or. 20,107).

4.2. *Gesetze und Gerichtswesen*

Gesetzesrevision in Athen

Bis zum Ende des 5. Jahrhunderts wurden in Athen die Gesetze (*Nómoi*), also allgemeine und dauerhafte Normen, ebenso wie situationsbedingte Dekrete (*Psephísmata*) von einer Mehrheit der Volksversammlung beschlossen. Nach dem oligarchischen Umsturz des Jahres 411, von dem später noch die Rede sein wird, entschied die Volksversammlung, alle bisherigen Gesetze, die man immer als Gesetze Drakons und Solons verstand, zu überprüfen und neu aufzuzeichnen. Die bestätigten und damit gültigen Gesetze wurden 399, nach Abschluß der Revisionstätigkeit, an der Wand der Stoa Basileios als Steininschriften aufgestellt. Neben dem Privat- und Kriminalrecht war nun auch das öffentliche Recht ein Teil der gesamten normativen, nach Zuständigkeiten der einzelnen Behörden gegliederten Gesetzessammlung, die allerdings nicht mit einem juristisch durchgearbeiteten modernen Rechtskodex verwechselt werden darf.

Dikasterien

Die rechtliche Durchsetzung der Gesetzesnormen oblag in Athen verschiedenen Institutionen. Von den meisten politischen Einrichtungen, die auch rechtliche Funktionen besaßen, war schon die Rede: Die Blutgerichtsbarkeit verblieb dem Areopag, die Volksversammlung konnte über politische Vergehen urteilen, die Bule konnte in bestimmten Fällen als Gericht angerufen werden und einzelne Amtsträger hatten in geringfügigen Fällen das Recht, Bußen zu verhängen. Die Institution jedoch, die im Lauf des 5. Jahrhunderts zunehmend in den Vordergrund trat und als Gericht alle anderen Einrichtungen überragte, war das Volks- oder Geschworenengericht, für das der ältere Terminus *Heliaía* (Versammlung), der jüngere und zunehmend gebräuchliche *Dikastérion* (Gericht) lautete (S. 26). Ein Geschworener oder Richter hieß dementsprechend *Heliastés* oder *Dikastés*. Sofern die politischen Gremien überhaupt noch urteilten, konnten ihre Entscheidungen noch einmal von einem Dikasterion überprüft werden, dessen Urteile immer letztgültig waren. Im 4. Jahrhundert behaupteten manche Zeitgenossen sogar, daß das Gericht Herr über den ganzen Staat sei.[189]

Richter

Richter konnte jeder athenische Bürger werden, der über 30 Jahre alt war. Im 5. Jahrhundert wurden jährlich 6000 Richter vereidigt, aus denen an den Gerichtstagen die aktuell benötigten Richter ausgelost wurden. Diese Praxis sowie auch die Zulosung der Richter an die einzelnen Gerichtshöfe, die zwischen 200 und mehrere tausend Richter umfaßten, hat sich im einzelnen mehrmals geändert und kann hier nicht erläutert werden. Prinzipiell aber hat man vor allem darauf geachtet, die zehn Phylen gleichmäßig an der jeweiligen Richterzahl zu beteiligen sowie darauf, durch ein zunehmend verfeinertes System jede unzulässige Einmischung und Bestechung zu verhindern. Die in der aristotelischen *Athenaion politeia* (63 ff.) beschriebene Richterlosung, wie sie in der zweiten Hälfte des 4. Jahrhunderts bestand, ist ein beeindrukkendes Zeugnis für die ebenso ausgeklügelte wie effektive Einrichtung von politischen Verfahren in der athenischen Demokratie.

Gerichte und Demokratie

Dikasterien wurden zweifellos deshalb eingerichtet, weil die Zahl der Rechtsstreitigkeiten gerade im Zusammenhang mit der außenpolitischen Herrschaft Athens erheblich zunahm und weil das Volk die Rechtsprechung in die eigenen Hände nehmen wollte. Im Ergebnis sollten so viele Athener wie möglich über so viel wie möglich urteilen.[190] Die Volksgerichte galten daher zu Recht als besonders charakteristisch für die Demokratie (vgl. etwa Aristot. *Ath. pol.* 9,1). Das war offenbar auch im Bewußtsein der Athener selbst verankert. Ein Zeichen dafür ist, daß man in einigen Gräbern ein bronzenes Richtertäfelchen gefunden hat, eine Art von Ausweis, der bei der Richterlosung verwendet wurde. Die Richtertätigkeit ist demnach als Ausdruck politischer Macht, als wesentlicher Bestandteil des Bürger-Daseins angesehen worden – das ist auch der Ausgangspunkt für die Komödie *Die Wespen*, in der Aristophanes den kleinbürgerlichen Eifer der athenischen Richter persifliert.

Gerichtsreden

Die zentrale Stellung der Geschworenengerichte ist schließlich auch dafür verantwortlich, daß sich in Athen die Gerichtsrhetorik so großartig entfalten konnte. Aus der erheblichen Zahl von überlieferten Gerichtsreden (einige Autoren sind in den Quellenhinweisen, S. 60. 139, genannt) hat die moderne Forschung wesentliche Erkenntnisse über das klassische Athen gewinnen können.

Gesetzgebungsverfahren in Sparta

Über Sparta erfahren wir aus unseren Quellen einmal mehr erheblich weniger.[191] Gesetze mußten von einem Ephoren beantragt, von der Gerusia vorbeschlossen und von der Ekklesia ratifiziert werden. Die Behauptung Plutarchs (*Lyk.* 13,1; *mor.* 227b), die Gesetze schriftlich aufzubewahren, sei verboten gewesen, kann aufgrund von anderen Quellenhinweisen und aus prinzipiellen Erwägungen nicht beim Wort genommen werden.[192]

Spartanische Rechtssprechung

Für die spartanische Rechtsprechung waren die bedeutendsten politischen Institutionen der Polis zuständig, gesonderte Gerichtshöfe gab es im Unterschied zu Athen nicht. Statt einer Gewaltenteilung herrschte also ausgesprochene «Gewaltenhäufung». Die Könige hatten die richterliche Kompetenz hauptsächlich im Felde, wobei allerdings Streitigkeiten zwischen Lakedaimoniern und Fremden von speziellen «Griechenrichtern», *Hellanodíkai*, entschieden wurden (Xen. *Lak. pol.* 13,11). Ansonsten hatten sie nur wenige und geringfügige zivile Rechtsangelegenheiten zu entscheiden. Das oberste Gericht war die Gerusie, der es vorbehalten war, Spartiaten zum Tode, zur Verbannung oder zum Verlust des Bürgerrechts zu verurteilen. Vor diesem Gremium hatte sich auch ein König zu verantworten, wenn er von den Ephoren angeklagt wurde. In diesem Fall wissen wir, daß die Ephoren zusammen mit den Geronten als Richter abstimmten. Auch in allen übrigen politischen Angelegenheiten, also insbesondere bei Hochverrat oder bei Vergehen von Amtsträgern, konnten die Ephoren, die ja eine allgemeine Aufsicht über den Staat ausübten, zugleich als Ankläger und Richter auftreten. In allen öffentlichen Prozessen, die nicht vor die Gerusie kamen, bildeten die Ephoren, wahrscheinlich gemeinsam, das Gericht. Einzelrichter waren sie hingegen in Privatprozessen, für die sie jeden Tag zur Verfügung standen. Außerdem urteilten die Ephoren in sämtlichen Rechtsverfahren gegen Periöken, auch wenn es sich um Kapitalprozesse handelte. Die spartanische Volksversammlung ist nicht als Gerichtshof bezeugt. Das bestätigt ihre nachgeordnete Bedeutung im spartanischen Institutionengefüge.

Unterschiede Athen–Sparta

Während wir über den Ablauf der Prozesse in Athen insbesondere aus den attischen Gerichtsreden recht genau informiert sind, haben wir für Sparta – wie bereits erwähnt – nur geringe Kenntnisse, am ehesten noch über bedeutende Prozesse vor der Gerusie;

über die anderen Verfahren finden sich nur wenige indirekte Anhaltspunkte in den Quellen. Wir dürfen aber voraussetzen, daß in Sparta weit weniger aufwendig und selbstverständlich weniger öffentlichkeitswirksam Recht gesprochen wurde. Die Rechtsprechung ist daher eines der Gebiete, auf dem sich Athen und Sparta am schärfsten voneinander abheben.

4.3. Öffentlichkeit und Privatsphäre: aufgeklärte Bürger – geistlose Krieger?

Demokratie und Bürgerbewußtsein

Die athenische Demokratie blühte in der Pentekontaetie auf; sie entwickelte sich dabei ungeheuer schnell und erlebte immer wieder Veränderungen, die im Bewußtsein der Athener unterschiedliche Spuren hinterlassen haben.[193]

Präsenz des demokratischen Gedankens

In der Tragödie wurde die Volksherrschaft als geradezu selbstverständliche athenische Staatsform in die mythische Vorzeit zurückverlegt. So «herrscht» in den *Hiketiden* (Schutzflehenden) des Aischylos zwar der *König* Pelasgos formal über die Stadt Argos – in Wirklichkeit muß er die politischen Entscheidungen aber von der Volksversammlung treffen lassen. In der sich entwickelnden Staatstheorie leitet der Sophist Protagoras aus der Pflicht aller Menschen, am Staat Anteil zu haben, auch ab, daß allen das Recht zustehe, über die staatlichen Angelegenheiten mitzureden (Plat. *Prot.* 322e). Der Historiker Herodot schildert in der berühmten Verfassungsdebatte (3,80–82) Gleichheit, Rechenschaftspflicht und Transparenz als Vorzüge der demokratischen Ordnung, die hier *Isonomia* heißt (S. 67). Die demokratische Alltagsmentalität des einzelnen einfachen Bürgers tritt uns in den Gerichtsreden entgegen.

Lobpreis der Demokratie

Das umfassendste Lob der athenischen Verfassung aber enthält die berühmte, von Thukydides literarisch geformte Rede des Perikles auf die Gefallenen des ersten Jahres des Peloponnesischen Krieges – der sogenannte *Epitáphios* (Thuk. 2, 35–46).[194] Perikles nimmt für die athenische Verfassung eine allgemeine Vorbildfunktion in Anspruch: Zum Grundprinzip des gesamten Staates wird die Freiheit erklärt (*Eleuthería*): zunächst die äußere Freiheit, denn die Athener üben eine weitreichende Herrschaft aus (*Arché*), und diese Herrschaft bedeutet für sie Freiheit im Sinn von Unabhängigkeit; das heißt, Athen kann über Krieg und Frieden selbst entscheiden, es ist in dieser Hinsicht autonom. Diese äußere Freiheit beruht aber auf der inneren, auf der entsprechenden Gesinnung der Bürger, auf ihrer Verfassung (*Politeía*) und ihrer Lebensweise insgesamt. Die Verfassung ist eine Demokratie, in der nicht nur wenige, sondern die Vielen die Entscheidungen treffen. Wer keinen Anteil nimmt, gilt nicht als stiller, sondern als schlechter Bürger. Alle Bürger sind vor dem Gesetz gleich. Das Ansehen in der Öffentlichkeit hängt nicht vom Besitz ab, sondern von den Leistungen des einzelnen für die Gemeinschaft. Die Freiheit erstreckt sich auf den gesamten Privatbereich, in dem jeder tun und lassen kann, was ihm gefällt. Den Amtsträgern und den Gesetzen jedoch, auch den ungeschriebenen, wird Gehorsam geleistet. Zum Ausgleich für ihre vielfältige Betriebsamkeit gönnen sich die Athener Erholung bei Wettspielen und Opferfeiern und leisten sich schöne Ausstattungen ihrer Häuser. Aufgrund der Größe der Polis können Güter aus aller Welt importiert werden. Fremde sind in Athen willkommen. Die Kinder werden frei erzogen und sind doch gute Soldaten. Die Athener sind dem Schönen und den geistigen Tätigkeiten zugetan, ohne dabei das rechte Maß und damit die Realität aus den Augen zu verlieren. Ebenso sind sie zwar sehr wagemutig, handeln aber zugleich nur nach vernünftigen Erwägungen. Von sich aus, um Freunde zu gewinnen, tun sie anderen Gutes und sind stets hilfsbereit. Dieses – natürlich idealisierte – Lob der athenischen Verfassung gipfelt in der zusammenfassenden Aussage, Athen sei die Schule von Hellas (*Paídeusis tes Helládos*) und ein Athener aufgrund seiner Vielseitigkeit und der Verbindung von Anmut und leichtem Humor der ideale Grieche. Zum Beweis dafür werden nochmals die Macht und Größe der Stadt genannt.

Demokratie und Freiheit

Wirft man einen Blick auf die athenische Wirklichkeit, so bleibt von den zahlreichen Überhöhungen der Rede als wahrer Kern übrig, daß die Athener prinzipiell tatsächlich ein freies Privatleben führen konnten. Trotz der Zwänge und Pflichten, die die Polisgemeinschaft und die demokratische Verfassung dem einzelnen auferlegte und die Perikles hier nicht thematisiert, mischte sich der Staat in viele private Bereiche nicht ein.[195] Gegner der Demokratie nahmen das zum Anlaß, dieser Verfassung Vorschub zur Zucht- und Ordnungslosigkeit vorzuwerfen.[196] Während diese Form der Freiheit im Vergleich mit vielen anderen griechischen Poleis wohl nicht spezifisch war, konnte sie gegenüber Sparta als besondere Auszeichnung geltend gemacht werden.

Sparta in athenischer Sicht

Sparta ist im *Epitáphios* des Perikles immer halb implizit, halb explizit als Gegenbild präsent. Sparta wird darin als eine Oligarchie definiert, weil nur wenige an den Staatsgeschäften Anteil haben. Das Vollbürgerrecht ist an einen Mindestbesitz gebunden, wer arm ist, wird verachtet. Politische Aktivität wird nicht von allen Bürgern erwartet, wer sich zurückhält, gilt deshalb nicht weniger. Öffentliches Ansehen hängt von einer vorgegebenen sozialen Einbindung ab. Das allgemeine Leben ist recht freudlos, Fremde werden aus der Stadt vertrieben, die Kinder werden in ein starres staatliches Erziehungssystem gesteckt. Die Tapferkeit der Spartaner beruht auf strengen gesetzlichen Vorschriften und muß immer wieder erzwungen werden.

Herabsetzung Spartas

Aus der athenischen Perspektive dieser Rede wird der Gegner, mit dem man sich in offenem Krieg befindet, entsprechend herabgesetzt. Wenn man der Argumentation des Perikles folgen wollte, daß Athen aufgrund seiner Verfassung ein so mächtiger Staat sei, so würde im Umkehrschluß daraus folgen, daß Sparta, dessen Verfassung so ganz entgegengesetzt ist und damit der idealen Verfassung widerspricht, es nie zu großer Macht hätte bringen dürfen und daher eigentlich kein ernstzunehmender Gegner für das mächtige Athen sein dürfte. Dem war bekanntlich nicht so. Trotz des perikleischen Interesses aber, den Kriegsgegner klein und die eigene Macht großzureden, entsprechen zumindest der Tendenz nach viele der hier genannten Züge Spartas der Realität.

Spartanisches Selbstbewußtsein

Auf manche dieser Eigenschaften waren die Spartaner ihrerseits durchaus stolz. So lobt der König Archidamos in einer Rede, die im thukydideischen Werk als Gegenpol zum Epitaphios des Perikles gelten kann, die abwägende Besonnenheit (*Sophrosýne*), die gute Ordnung (*Eúkosmon*) sowie insbesondere die Erziehung, die durch ihre Einfachheit und Strenge zum Gehorsam gegen die Gesetze anhalte, auf den Erwerb nutzloser Fähigkeiten (wie etwa der Rhetorik) aber keinen Wert lege (Thuk. 1,84).

Sparta bei Thukydides

Thukydides äußert an anderen Stellen seine eigene Sicht Spartas. Er weiß, daß Sparta eine funktionierende innere Ordnung, ein sehr effektives Staatswesen besitzt, das er – zu Unrecht – für seit Jahrhunderten stabil hält (1,18), das er – zu Recht – als immer tyrannenfrei bezeichnet (ebd.) und das er zugleich für vom Glück begünstigt und für besonnen erklärt (8,24). Auf der anderen Seite schließt er sich Perikles an, wenn er die Korinther in einer Rede (1,68) den Spartanern deren nach außen abgeschlossenes Staatswesen und deren Mißtrauen gegenüber allem Fremden vorhalten läßt.

Spartafreunde in Athen

Die Athener insgesamt hatten durchaus keine einheitliche Meinung über Sparta. Neben Kritik gab es auch führende Persönlichkeiten, die als Freunde und Bewunderer Spartas, als «Lakonisten» galten, wie etwa Kimon (S. 90) oder Kritias (S. 135 f.).

Freiheit und Zwang in Sparta

Wenn wir heute urteilen, so stellen wir fest, daß der Freiheitsbegriff, der im Selbstbewußtsein der Athener so wichtig war, auch in Sparta hochgehalten wurde. Das geschah allerdings mehr mit Blick nach außen und oft genug aus ideologischen Gründen, indem gefordert wurde, die Freiheit der *athenischen* Verbündeten in Form von politischer Unabhängigkeit einer ganzen Polis herzustellen. Im Innern genoß die Vorstellung einer freien, individuellen oder gar individualistischen Lebensweise keine Wertschätzung. Hier hatte sich im Gegenteil im Gefolge der Perserkriege und des Helotenaufstands, aber auch der darauf folgenden Auseinandersetzungen mit Athen, eine Ordnung herausgebildet, die erheblich stärker auf die militärische Durchdringung des Gemeinwesens ausgerichtet war, als das in jeder anderen antiken Polis der Fall gewesen ist.[197] Neben den sporadischen Äußerungen von Herodot und Thukydides wird uns eine systematische und anschauliche Vorstellung davon erstmals durch Xenophon in seiner *Verfassung der Spartaner* vermittelt, die allerdings den Stand der ersten Hälfte des 4. Jahrhunderts wiedergibt: Der Staat sorgte zunächst dafür, daß die angehenden Bürger eine auf körperliche Ertüchtigung ausgerichtete Erziehung erhielten. Die Knaben wurden in Altersklassen eingeteilt, dem unbedingten Gehorsamsprinzip unterworfen und in vielfältiger Weise abgehärtet. Bis zum 30. Lebensjahr lebten sie nahezu ausschließlich in den Gruppen der Gleichaltrigen zusammen. Die Ausbildung legte ihren Schwerpunkt deutlich auf die körperlichen und die militärtaktischen Fähigkeiten. Die feindliche Grundhaltung gegenüber den Heloten wurde früh eintrainiert, indem es den jugendlichen Spartanern zur Aufgabe gemacht wurde, nachts oder allein auf den Feldern angetroffene Heloten zu töten (das meint der Terminus *Krypteía,* S. 93).

Lebensführung der Spartiaten

Auch nach ihrer Ausbildung, der *Agogé,*[198] verbrachten die Spartaner noch sehr viel Zeit mit Training und Exerzieren. Den Gemeinschaftsgeist stärkten sie durch die lebenslange gemeinsame Einnahme der Mahlzeiten (Syssitien) in sogenannten Zeltgemeinschaften (Syskenien, S. 54).[199] Dazu mußte jeder Spartiate seinen Anteil an Lebensmitteln beisteuern, und wer dazu ökonomisch nicht in der Lage war, verlor seinen Vollbürgerstatus. Die Ernährung sowie die sonstige Lebensweise waren sehr einfach gehalten, Luxus, zumindest seine öffentliche Zurschaustellung, war verpönt. Auf dieser Grundlage entwickelte sich auch die Ideologie, daß die Spartiaten untereinander gleich, daß sie *Hómoioi* seien. Diese Egalitätsideologie hatte vorrangig die Funktion, Führerpersönlichkeiten eng in die Polisstrukturen einzubinden.[200] Damit einher ging eine stärkere Abschottung gegenüber Fremden, wenngleich diese nur in zugespitzten politischen Situationen und nicht dauerhaft aus Sparta ausgewiesen wurden. Viele ausländische Zeitgenossen hatten den Eindruck, Sparta wolle bewußt keine Informationen über seine inneren Strukturen und über seine internen Vorgänge nach außen dringen lassen (S. 32).

Sparta als Militärstaat

Sparta hatte also einige Besonderheiten innerhalb der griechischen Poliswelt aufzuweisen und stand in vieler Hinsicht in Gegensatz gerade zu Athen. Auf der anderen Seite ist zu berücksichtigen, daß diese Besonderheiten schon von den Zeitgenossen besonders stark hervorgehoben wurden, während die Gemeinsamkeiten als allgemeine Normalität nicht weiter beachtet wurden. Da diese Einseitigkeit in der Moderne aus verschiedenen, oft auch ideologischen Gründen, aufgegriffen und beharrlich vertieft wurde, hat auch in der Forschung lange Zeit ein verzerrtes Spartabild vorgeherrscht.[201] Es wurde noch zusätzlich dadurch verfälscht, daß die in späten Quellen, insbesondere der Lykurg-Biographie Plutarchs, ausgebreiteten Einzelheiten des spartanischen Alltagslebens kritiklos auf das frühe und klassische Sparta bezogen wurden. Erst in jüngster Zeit hat man die Verhältnisse der hellenistisch-römischen Zeit und diejenigen der früheren Periode auseinandergehalten, und das traditionelle Spartabild weicht allmählich einer nüchterneren Bestandsaufnahme. Danach war das klassische Sparta trotz aller eben genannten Besonderheiten nicht der vollkommen durchorganisierte Militärstaat, der seinen Bürgern noch den geringsten individuellen Lebensraum verweigerte. Vielmehr hatten auch die Spartiaten, besonders nach dem Abschluß der Agoge, ein durchaus «normales» Familienleben. Sie kümmerten sich selbst um ihren Oikos bzw. ihr Kleros und überließen die ökonomischen Aufgaben keineswegs weitgehend ihren Frauen (S. 120). Wenngleich sie sich offenbar wenig mit der Redekunst, mit Philosophie und Literatur befaßten, konnten sie im allgemeinen leidlich lesen und schreiben[202] und fanden sich im Ausland problemlos zurecht. Immerhin werden den spartanischen Gesandten in der – natürlich literarisch durchkonstruierten – Darstellung des Thukydides ebenso geschliffene Reden in den Mund gelegt wie den anderen Griechen.

Spartanisches Staatsziel

Wenn die hier geteilte Annahme stimmt, daß sich diese Gesellschaftsform erst in der Pentekontaetie endgültig ausgeformt hat, dann können wir auch nicht mehr mit der früheren Forschung sagen, Sparta habe an allem Alten festgehalten, sei traditionell, unbeweglich, gar versteinert gewesen. Eine hohe Regelungsdichte und Kontrolle des allgemeinen Lebens durch den Staat ist nicht mit Erstarrung zu verwechseln. Vielmehr war auch die spartanische Gesellschaft in einer langfristigen Entwicklung begriffen, die jedoch ebensowenig stetig verlief wie die athenische, sondern in unregelmäßigen Schüben und Impulsen vorangetrieben wurde. Die Entwicklung Spartas ging jedoch in eine andere Richtung als die athenische. Sie wurde eingeschlagen, um die innere und äußere Macht der Spartiaten teils zu erhalten, teils aber auch zu vergrößern. Nach außen mußten Athen *und* Sparta militärisch stark sein, wenn sie schließlich gegeneinander Krieg führten. Nach innen aber erforderte die Beherrschung der Heloten unter der Bedingung einer abnehmenden Bürgerzahl in Sparta, daß nicht nur die Phalanx, sondern auch jeder einzelne Spartiate im Kampf möglichst unüberwindlich war.

4.4. *Kult, Kultur und Kunst*

Götterwelten

Die meisten Gemeinsamkeiten zwischen Athen und Sparta bestanden bei der Götterverehrung. Wie alle Griechen verehrten Athener und Spartaner vorrangig die olympischen Götter, die nach allgemeiner Ansicht großen Einfluß auf das Schicksal der Menschen besaßen. Der Göttervater Zeus, seine Frau Hera, sein Bruder und Meeresbeherrscher Poseidon, seine Tochter Athena, der Musengott Apollon und seine Schwester Artemis – um nur die wichtigsten Figuren des Götterhimmels zu nennen – zogen neben vielen weiteren Gottheiten und Heroen die Aufmerksamkeit der Sterblichen auf sich. Die kriegerische und mächtige Göttin Athene war nicht nur die Schutzgöttin der nach ihr benannten Stadt, sondern auch – wie schon erwähnt – diejenige Spartas, wo man sie im Tempel der Athena Chalkioikos (S. 45) verehrte.

Festkultur

Da nach allgemeiner Ansicht der Bürger ihre gesamte Polis von der Gunst der Götter abhängig war, wurde die Pflege der Kulte überall als Staatsangelegenheit aufgefaßt. Die Einsetzung der Priesterinnen und Priester und die Durchführung der großen Feste waren daher staatliche Aufgaben. In vieler Hinsicht unterschieden sich die Feste, die im Kern aus Opfern mit Festmahl, einer Festprozession und musischen sowie sportlichen Wettkämpfen bestanden, in Athen und Sparta nicht. Die Spartaner waren berühmt dafür, daß sie ihre Priester in hohen Ehren hielten und die religiösen Feste besonders ernst nahmen. Die Regel etwa, daß während des neuntägigen Fruchtbarkeitsfestes, den Karneen, keine militärischen Unternehmungen stattfinden durften, haben die Spartaner eisern beachtet und dafür auch strategische Nachteile und Vorwürfe ihrer Verbündeten in Kauf genommen (S. 73). Dementsprechend galt in Sparta die Vorbedeutung der Opfer, auch der Grenzopfer beim Auszug eines Heeres, mehr als in anderen Poleis. Die Orakel wurden von staatlicher und privater Seite häufig befragt, zum Apollon-Orakel in Delphi pflegten die Spartaner besonders intensive Kontakte. Es ist bezeichnend, daß die wichtigsten und längsten spartanischen Feste, die Karneien, Gymnopaidien und Hyakinthien, alle zu Ehren des Gottes Apollon gefeiert wurden, während die athenischen Feste dem Dionysos gewidmet waren.[203]

Baupolitik

Wenn allerdings jemand, der in der zweiten Hälfte des 5. Jahrhunderts Athen und Sparta besuchte, von dem äußeren Aufwand für die Häuser der Götter, die Tempel, auf die Größe der dahinterstehenden Macht geschlossen hätte, so hätte er die Athener für viel mächtiger halten müssen als die Spartaner, wie schon Thukydides (1,10,2) hypothetisch feststellte. Zwar gab es auch in Sparta Gebäude, die durchaus beachtlich gewesen sein müssen. Dazu gehörten der mit Bronzeplatten geschmückte Athenatempel und weitere Gebäude aus archaischer Zeit (S. 45). Insofern hat Thukydides sicherlich übertrieben. In klassischer Zeit scheint aber kein auffälliger Bau hinzugekommen zu sein. Demgegenüber erreichten Ausmaß und Prachtentfaltung der athenischen Baupolitik ganz andere Dimensionen. Das lag zum einen an der Entwicklung der Demokratie, zum anderen und damit zusammenhängend an der äußeren Herrschaftsbildung. Für die demokratischen Institutionen errichtete man im politischen Zentrum der Stadt, auf der Agora, funktionale Bauten wie ein neues Buleuterion, die *Thólos* als «Mensa» der Prytanen oder ein Gebäude für die Dikasterien.[204] Das kultische Zentrum, die Akropolis, wurde mit besonderem Aufwand ausgebaut. Ab 447 entstanden, zum Teil gleichzeitig, der Eingangsbau (die Propyläen), der große Tempel für die Jungfrau Athena (der Parthenon) und der Niketempel. Die Bauleitung lag in der Hand des berühmten Bildhauers Phidias, der selbst die Kultstatue der Athena schuf. Gegen Ende des Peloponnesischen Krieges sollte der Bau des Erechtheions den bedrohten Athenern die Hilfe der altathenischen Götter sichern. Die Bezahlung all dieser prachtvollen Tempel war nur mit Hilfe der direkten oder indirekten Einnahmen aus dem athenischen Seebund möglich.[205] Und nicht zuletzt die Mitglieder des Seebunds und andere Fremde sollten die weithin sichtbaren architektonischen Symbole der athenischen Macht auch beeindrucken. «Sie dienten also der Herrschaftsrepräsentation, ja der Herrschaftslegitimation».[206]

Bedeutung der bildenden Künste

Der Reichtum Athens und die weitgespannten wirtschaftlichen Beziehungen der Stadt führten auch die anderen, in geringerem Maße mit der Politik zusammenhängenden bildenden Künste zur Blüte.[207] Zur Kunst des 5. und – nicht zu vergessen – des 4. Jahrhunderts, die dann von der modernen Kunstgeschichte als klassisch bezeichnet werden sollte, haben athenische Künstler und athenische Auftraggeber ein Gutteil beigetragen. Erinnert sei nur an die in vielen Museen der Welt heute noch zu bestaunenden großen Leistungen auf den Gebieten der Bildhauerei, sei es der Großplastik, der Reliefkunst oder der Kleinbronzen, sowie der Keramikproduktion, insbesondere der Vasenmalerei. Indirekt nur läßt sich auch die Bedeutung der Wandmalerei erschließen. Auf diesen Gebieten hat Sparta nichts Vergleichbares aufzuweisen. Einige wenige Produkte aus klassischer Zeit bezeugen, daß der großartigen archaischen Kunst Spartas ein gewisses, bescheidenes Nachleben beschieden war,[208] in der Hauptsache aber ist spätestens für das 5. Jahrhundert ein rapider Abstieg der künstlerischen Produktion zu verzeichnen.

Entwicklung der geistigen Künste

Dem entspricht, daß sich die Künste, die im klassischen Athen einen neuen Höhepunkt erreichten, die geistigen Künste nämlich, in Sparta erst gar nicht herausbildeten. Das gilt zunächst für die wiederum zum Kult gehörenden, aber auch eng mit der Demokratie verknüpften Tragödien (erhalten sind Werke von Aischylos, Sophokles und Euripides) und Komödien (erhalten sind Werke von Aristophanes), die an den Dionysos-Festen, den Dionysien und den Lenäen, in Form eines Wettbewerbs von Dichtern und Aufführenden dem athenischen Demos dargeboten wurden. Das gilt aber auch für die übrigen Literaturgattungen, für die Geschichtsschreibung (Herodot, Thukydides, Xenophon, die Atthidographen),[209] für die – wiederum ganz eng an die Demokratie gebundene – politische und forensische, also dem Gerichtswesen angehörige Rhetorik (Gorgias, Isokrates, Lysias, Demosthenes, Aischines, Hypereides) und für die Philosophie (Sophisten, Sokrates, Platon, Aristoteles). Nicht alle der – nur in Auswahl – genannten berühmten Männer waren von Geburt Athener;[210] aber alle verbrachten zumindest einen guten Teil ihrer Wirkungszeit in dieser Stadt, die aus diesem Grund schon von dem Sophisten Hippias als «Prytaneion (hier: Hauptsitz) der Weisheit» (Plat. *Prot.* 337d) bezeichnet worden ist. Und das trifft zu, obwohl nicht alle der genannten Künste nur in Athen praktiziert wurden. Daß von einem solchen Standpunkt aus, der sich in der Kulturstadt *par excellence* beheimatet wußte, die Spartaner, die in vieler Hinsicht als Gegenbild galten, sich verschiedentlich als Analphabeten bezeichnen lassen mußten (Isokr. or. 12, 209. 251), ist verständlich, aber nicht wörtlich zu nehmen.

4.5. *Jenseits der Vollbürgerwelt*

Bevölkerungsmehrheit

Bei der bisherigen Betrachtung stand weitgehend nur die politisch definierte Bürgerschaft im Blickfeld, und von dieser wiederum nur der männliche Teil. Soweit unsere Quellen das zulassen, sollen jetzt die übrigen Bevölkerungsgruppen in den Blick genommen werden, die in Athen und in Sparta die Mehrheit der Gesamtbevölkerung ausmachten.

4.5.1. *Bürgerinnen*

Status der Frauen

Daß die Athenerinnen Bürgerstatus innehatten, wissen wir aus dem Bürgerrechtsgesetz des Perikles (S. 98), aus Rechtsstreitigkeiten, die um diesen Status geführt wurden, und aus dem eigenen, wenngleich selten verwendeten Terminus *Politís*, der die Bürgerin bezeichnet. In ihrer Eigenschaft als Bürgerin gab die athenische Frau diesen Status, gegebenenfalls auch das Familieneigentum, an ihre Kinder weiter und garantierte somit den Erhalt der Bürgerschaft insgesamt. In den Augen der Athener hatte die Reproduktionstätigkeit nichts Herabsetzendes an sich, sondern galt im Gegenteil als vornehmste und geschätzteste Aufgabe einer Frau.[211] An öffentlich-rechtlichen Angelegenheiten nahmen Frauen im allgemeinen nicht teil. Rechtsgeschäfte wurden für sie von einem Vormund, dem *Kýrios*, abgeschlossen, als der im Normalfall der Vater oder der Bruder fungierte.

Kinder und Haushalt

Die Frauen waren grundsätzlich für die gesamte Hausarbeit im weiteren Sinne zuständig. Neben der Kinderbetreuung bedeutete das vor allem die Essenszubereitung, die Herstellung und Pflege der Kleidung, die Organisation des Haushalts, die Sauberhaltung des Hauses sowie die Krankenversorgung.[212] Wieviel davon eine Frau eigenhändig erledigte, hing davon ab, ob sie Sklavinnen besaß, die unter ihrer Aufsicht arbeiteten.

Mythos der eingeschlossenen Athenerin

Was die Lebensweise der Athenerinnen betrifft, so dominierte in der Forschung bis in die jüngste Zeit hinein die These von der «orientalischen Eingeschlossenheit» der Frauen. Demnach sah man die Frau, ähnlich wie in einem orientalischen Harem, nur in Frauengemächern lebend, nur Hausarbeit betreibend, von anderen Männern und der gesamten Öffentlichkeit abgeschottet. In der neueren Forschung hat man diese Vorstellung gründlich revidiert und ihre zeitbedingte Herkunft überzeugend erklärt.[213] An ihre Stelle tritt nun ein differenzierteres Bild, das vor allem die Unterschiede zwischen den sozialen Schichten sowie den Status- und Altersgruppen berücksichtigt.

Athenerinnen in der Öffentlichkeit

Die zurückgezogene Lebensweise der Frauen, von der in manchen Quellen die Rede ist, war in erster Linie eine Sitte der Oberschicht. Sie wurde aber, wie das in der Geschichte oft mit adligen Werten geschah, zum Ideal der gesamten Gesellschaft. Das zeigen auch die berühmten, an die Witwen der Gefallenen gerichteten Worte im Epitaphios des Perikles: «Nicht schlechter als die gegebene Natur zu werden, bedeutet für euch großen Ruhm, und wenn eine sich durch Tugend oder Tadel möglichst keinen Ruf bei den Männern schafft» (Thuk. 2, 45). In fast lakonischer Formulierung wird hier verlangt, daß die Frauen ihre Pflichten erfüllen und ansonsten möglichst wenig in Erscheinung treten sollen. Solche gesellschaftlichen Ideale vom zurückgezogenen Leben der Frauen[214] beruhten aber weder auf gesetzlichen Vorschriften, etwa daß Frauen sich nicht öffentlich sehen lassen sollten, noch entsprach ihnen die gesellschaftliche Realität. Frauen der unteren Schichten waren selbstverständlich viel außer Haus; sie halfen bei der Feldarbeit, verkauften Waren auf dem Markt, gingen selbst

Wasser holen usw. Darüber hinaus haben wir genügend Indizien dafür, daß auch die Frauen der übrigen Schichten nicht im Haus eingeschlossen, sondern bei vielen Gelegenheiten in der Öffentlichkeit präsent waren. So ist sogar die Anwesenheit von Frauen bei Theateraufführungen bezeugt, wenngleich sie nicht sehr zahlreich und eher auf den hinteren Rängen plaziert waren.

Selbständigkeit der Spartanerinnen

Die Spartanerinnen, genauer die Spartiatinnen, galten von der Antike bis in die jüngste Zeit als Ausnahmeerscheinung unter den griechischen Frauen, und in vielem als das gerade Gegenbild der Athenerinnen.[215] Sie wurden und werden für eigenständiger und selbstbestimmter gehalten, für ökonomisch unabhängiger und verantwortlich für den gesamten Haushalt. Auf dieser Grundlage erschienen sie selbstbewußter und freier, auch im Umgang mit Männern. Schon Aristoteles übt harsche Kritik an den spartanischen Verhältnissen (*pol.* 1269b12 ff.): Von Anfang an habe Lykurg nur für die Männer, nicht aber für die Frauen Gesetze gegeben, so daß diese seitdem zügellos und ausschweifend lebten. Und in Wahrheit seien es die Frauen, die in Sparta regierten, wenn auch indirekt, nämlich durch die Beherrschung ihrer Männer. Solche Mißstände förderten auch die Habgier, zwei Fünftel des Landes seien in der Hand von Frauen. Die moderne Forschung übernahm mehr oder weniger dieses Bild, das sich auch als Spiegelbild zur vermeintlich durchmilitarisierten Männergesellschaft ergab.[216] Denn wenn die Männer beständig nur trainierten oder Krieg führten, dann mußten die Frauen ja alles organisieren und zwangsläufig eigenständiger leben. Dieses Bild kam auch der feministischen Sichtweise gelegen, da es die Spartanerinnen aus der negativ bewerteten historischen Frauenrolle herauslöste und ihnen dadurch eine gewisse Vorbildfunktion zusprach.

Mythos von der Freiheit der Spartanerinnen

Sicherlich hat es in Sparta einige Auffälligkeiten gegeben, die die Aufmerksamkeit der Zeitgenossen auf sich zogen. Dazu gehörte die sportliche Betätigung von Mädchen, die an Wettkämpfen in ungewöhnlich leichter Kleidung teilnahmen. Auch scheinen spartanische Frauen, insbesondere durch ihre Erbberechtigung, Eigentum an Immobilien gehabt zu haben, sicher in höherem Maße als in anderen Poleis.[217] Dennoch haben jüngste Überlegungen gezeigt, daß die Quellen diese Unterschiede erheblich überzeichnen, und daß die Vorstellung von den freien und dominanten spartanischen Frauen in der Hauptsache ein Mythos ist, der nicht zuletzt darauf basiert, daß die athenischen Quellen der feindlichen spartanischen Gesellschaft gern nichtgriechische, barbarische Züge zuschrieben.[218] Auch die Spartanerinnen blieben im wesentlichen auf die ‹Frauenwelt›, also die häusliche Sphäre, beschränkt. Sie besaßen keine eigene ökonomische Handlungsfähigkeit, wie sie etwa zum Kauf oder Verkauf von Immobilien erforderlich war. Auch die spartanische Frau war gesellschaftlich definiert durch ihre Funktion für den – von Männern bestimmten – Staatsverband. Aufgrund der geringen Bürgerzahl und des hohen Stellenwerts der Krieger war ihre Reproduktionstätigkeit möglicherweise noch höher geschätzt als anderswo. Ihr ausgeprägtes Selbstbewußtsein, das exemplarisch in den von Plutarch überlieferten Aussprüchen (*Apophtégmata*) der Spartanerinnen (Plut. *mor.* 240 C ff.) erkennbar ist, rührte eben daher, daß sie sich als Mütter von entsprechend tapferen Männern fühlten. Ihre Stellung beruhte also, ebenso wie die der Männer, auf ihrem Beitrag zum Gelingen des Gesamtstaats. Die besonders enge Einbindung in die staatliche Gemeinschaft war nicht mit Freiheit, sondern mit Unterordnung unter die Staatsinteressen verbunden.

4.5.2. *Freie Nichtbürger*

Wenn wir jetzt zu den verschiedenen Bevölkerungsgruppen außerhalb der Bürgerschaft kommen, treten die Frauen notgedrungen noch mehr in den Hintergrund, weil wir über sie noch weniger als über die Bürgerinnen in Erfahrung bringen können. Wenige Quellen über Frauen

In Athen gab es im Prinzip nur Bürger, also Athener, und Nichtbürger, also Ausländer. Dazwischen stand lediglich die kleine Gruppe von *átimoi* (Ehrlose), deren Bürgerrecht aufgrund eines Vergehens oder aufgrund von Schulden beim Staat stark eingeschränkt war. Das Verbot politischer Betätigung galt jedoch nur für die Zeit der Atimie. Atimoi in Athen

In Sparta hingegen besaß der größere Teil der freien Bevölkerung kein volles Bürgerrecht, obwohl diese Menschen als Lakedaimonier bzw. Spartaner galten. Sie gliederten sich in mehrere Gruppen.[219] Mit *Atimía* (Ehrlosigkeit) wie in Athen wurde ein Spartiate bestraft, wenn er sich im Kampf als feige erwiesen hatte. Im Unterschied dazu müssen wir die Bezeichnung *Hypomeíones* (Geringere) wahrscheinlich als Sammelbegriff für mehrere Gruppen verstehen, die den Vollbürgern vom Status her am nächsten standen. Zu ihnen zählten vor allem in Armut geratene Spartiaten, welche ihre Beiträge zu den Syssitien nicht mehr aufbringen Atimoi, Hypomeiones und Periöken in Sparta konnten und deren Vollbürgerrechte deshalb suspendiert worden waren. Sodann gehörten dazu die *Mothákes* (Nährbrüder), nicht erbberechtigte Söhne von Spartiaten oder auch von Spartiatinnen, die als Gefährten der Vollbürgersöhne an der staatlichen Erziehung teilnehmen durften und später gegebenenfalls selbst Spartiaten werden konnten, wenn ihr reicher Gönner sie mit entsprechendem Landbesitz ausstattete. Eine Untergruppe der Mothakes bildeten die (ehelichen) Söhne verarmter Spartiaten; eine weitere Untergruppe waren die *Nóthoi*, uneheliche, oft mit Helotinnen gezeugte Söhne der Spartiaten. Sodann lebte auf spartanischem Gebiet eine große Zahl von Perioken, die wohl zur ursprünglich unterworfenen Bevölkerung gehörten, aber nicht helotisiert worden waren. Die Perioken lebten in eigenen Städten, denen die Spartiaten ihre innere Autonomie beließen. Es blieb aber eine Autonomie von Spartas Gnaden, in die bei Bedarf jederzeit eingegriffen werden konnte. Sparta hatte mindestens die Polizeigewalt und auch die Rechtshoheit inne; die Ephoren besaßen die Gerichtshoheit und konnten sogar die Todesstrafe gegen Perioken verhängen. Die Perioken waren zur Heeresfolge verpflichtet und stellten nicht selten den Großteil des spartanischen Aufgebots. Andeutungen in den Quellen über Abgaben der Perioken sind möglicherweise nicht als regelmäßige Tribute an den spartanischen Staat, sondern eher als Pachtzahlungen an die Könige für ihnen in den Periökengebieten gehörendes Land zu verstehen.

Metöken in Athen

Diesen Perioken entsprachen in Athen wiederum in mancher Hinsicht die Metöken,[220] die jedoch keine Athener waren. Ausländer, die länger als einen Monat in Athen lebten, waren verpflichtet, sich als Metöken registrieren zu lassen. Sie mußten die Metökensteuer bezahlen – alleinstehende Frauen den halben Satz – und Kriegsdienst leisten. Immobilienbesitz in Attika zu haben, war ihnen wie allen Fremden untersagt.

4.5.3. *Sklaven*

Rolle der Sklaven in Athen

In Athen war die Sklaverei eine verbreitete Erscheinung. Die meisten Sklaven waren Nichtgriechen, aber es waren auch Griechen darunter, die im Krieg versklavt worden waren. Überwiegend befanden sich die Sklaven im Privatbesitz und wurden in Bergwerken, was als die härteste Arbeit galt, in der Landwirtschaft und in Handwerksbetrieben eingesetzt. Auch der Staat besaß Sklaven, darunter die berühmten Skythen, die Polizeifunktionen ausübten.

All diese Frauen und Männer waren Kaufsklaven, das heißt, daß sie nach dem Belieben der Eigentümer ge- und verkauft werden konnten. Sie waren so gut wie rechtlos, nur wegen der Tötung eines Sklaven konnte ein Athener verklagt werden. Freigelassene Sklaven erhielten den Status von Metöken, nicht wie in Rom das Bürgerrecht. Vor kurzem wurde die traditionelle Vorstellung widerlegt, nach der jede Familie, also z. B. auch jeder Kleinbauer (Zeugit), ein bis zwei Sklaven gehabt hätte. Vielmehr waren die Sklaven bei den reichen Familien konzentriert.[221]

Heloten in Sparta

In Sparta gab es wahrscheinlich auch Kaufsklaven, deren Zahl jedoch nicht hoch gewesen sein kann, denn sie sind nur schlecht bezeugt. Die für Sparta typische Form der Sklaverei war hingegen die Helotie (S. 35). Der Status des unterworfenen Feindes kommt noch in der klassischen Zeit darin zum Ausdruck, daß die Ephoren – wie bereits erwähnt – den Heloten jedes Jahr aufs Neue formal den Krieg erklärten, damit eine Tötung von Heloten nicht göttliches Recht verletzte. Mit den Kaufsklaven teilten die Heloten den Status der Rechtlosigkeit. Aber anders als jene blieben sie an die Scholle, d. h. hier an das Landgut (Klaros), gebunden, das jeder Vollbürger besaß und von seinen Heloten bewirtschaften ließ. Bei Vererbung oder sonstigem Besitzerwechsel gingen sie daher zusammen mit dem Klaros an den neuen Besitzer über. Die Frage, ob der spartanische Staat als Gesamteigentümer aller Heloten zu gelten hat oder ob die einzelnen Spartiaten Eigentümer ihrer jeweiligen Heloten waren, ist in der modernen Forschung umstritten, dürfte aber für die tatsächlichen Verhältnisse keinen großen Unterschied gemacht haben. Denn auch diejenigen Forscher, welche die Heloten der klassischen Zeit als Privateigentum betrachten, erkennen die grundsätzlichen Einschränkungen durch die Polis und damit eine Art von Miteigentümerschaft der Polis an.[222] Da die Heloten ganz überwiegend das fruchtbare Spartiatenland bebauten, erwirtschafteten sie die gesamte Lebensgrundlage für die Vollbürger. Trotz der grundsätzlichen Gewaltandrohung standen die Spartiaten keineswegs ständig mit dem Schwert in der Hand neben den Heloten. Vielmehr waren die Heloten auch ökonomisch in das System eingebunden, indem sie eine anteilige Abgabe zu leisten hatten, wahrscheinlich immer noch die Hälfte der Ernte, wie Tyrtaios für die Frühzeit bezeugt (S. 38).[223]

Behandlung der Heloten

Es war offenbar ein grundsätzliches Bestreben der messenischen (anscheinend nicht der lakonischen) Heloten, das spartanische Joch abzuschütteln.[224] Ihr Aufstand von 464 (S. 89) zog eine zunehmende Verhärtung der erfolgreich verteidigten spartanischen Herrschaft nach sich. Die Entwicklung Spartas zu einem stark militärisch ausgerichteten Staatswesen war nicht zuletzt durch die wirkliche oder vermeintliche dauernde Notwendigkeit bedingt, gegen die Heloten gewappnet zu sein. Andererseits brachte man den Heloten, vielleicht auch nur ausgewählten Männern, seit dem Ausbruch des Peloponnesischen Krieges soviel Vertrauen entgegen, daß man sie bewaffnete, trainierte und zum Kriegsdienst herangezog; als Belohnung winkte ihnen die Freilassung. Ein Teil der freigelassenen Heloten verblieb in der spartanischen Kriegsdisziplin, war insofern den Bürgern angeglichen und hieß *Neodamódeis* (Neubürger). Sie genossen aber keine vollen Bürgerrechte und wohnten nicht in Sparta, gehörten mithin zu den oben genannten Hypomeiones beziehungsweise zu den Periöken.

Bevölkerungsstatus im Vergleich

Im Vergleich ergibt sich, daß die Mehrheit der freien athenischen Bevölkerung die Bürgerschaft bildete und die übrigen Ansässigen den einheitlichen Rechtsstatus der Metöken innehatten. Die spartanischen Vollbürger waren hingegen eine Minderheit unter den freien Spartanern und stabilisierten ihr Herrschaftssystem durch die Differenzierung der übrigen freien Bevölkerung in Gruppen mit unterschiedlichem Rechtsstatus – außer den oben genannten werden in den Quellen noch weitere Gruppen erwähnt, über deren Rechtsstellung wir allerdings nichts erfahren. Die unterschiedlichen Wirtschaftsformen gingen auch mit einer jeweils anderen Form der Sklaverei einher: der Kaufsklaverei im privatwirtschaftlich strukturierten Athen, der Helotie im staatlich organisierten Sparta.

5. Der Kampf um die Vorherrschaft: der Peloponnesische Krieg

5.1. Der Kriegsausbruch: Gründe und «wahrster Grund»

Aussage des Thukydides

«Es fing damit an, daß Athener und Peloponnesier den dreißigjährigen Vertrag auflösten, den sie nach der Einnahme Euböas geschlossen hatten. Weswegen sie ihn auflösten, die Ursachen und die Streitpunkte, schreibe ich zuerst, ... Den wahrsten Grund aber, der am meisten verschwiegen wird, sehe ich darin, daß Athen so mächtig geworden ist, daß es die von Furcht gepackten Spartaner zum Krieg zwang» (Thuk. 1,23,4–6).

Wie ist Thukydides zu verstehen?

Mit diesen berühmten Worten unterscheidet der Historiker des Peloponnesischen Krieges – erstmals in der Geschichtsschreibung – zwischen einem «wahrsten», also tieferen Grund und direkten Ursachen. Das Anwachsen der athenischen Macht illustriert Thukydides erst im Anschluß an die unmittelbaren Gründe in seiner rückgreifenden Darstellung der Pentekontaetie, indem er eine ganze Reihe von militärischen Unternehmungen Athens anführt, ohne damit diesen Zeitraum vollständig darstellen zu wollen.[225] Bei der Interpretation und Beurteilung der thukydideischen Analyse legt ein Teil der modernen Forschung mehr Gewicht auf den tieferen Grund und gerät dadurch in die Gefahr, die aktuellen Ursachen zu bloßen Anlässen abzuschwächen und die Unvermeidlichkeit des Krieges vorauszusetzen. Ein anderer Teil legt mehr Gewicht auf die aktuellen Ursachen und hält den Krieg für eine Folge von Ereignissen der späten dreißiger Jahre. Die Kriegsschuld sehen die einen mehr bei Sparta, die anderen mehr bei Athen, wieder andere glauben an eine unbeabsichtigte Entwicklung. Je nachdem nimmt man an, daß der Krieg durch eine bessere Krisenstrategie hätte vermieden werden können.[226] Halten wir zunächst fest, daß Thukydides selbst *alle* genannten Faktoren als Gründe für den Krieg bezeichnet, sie gehören für ihn untrennbar zusammen. Denn sie haben im Grunde denselben Inhalt, indem der «wahrste» Grund das allgemeine Prinzip benennt, während die aktuellen Gründe konkrete Folgen der Machtpolitik Athens und Spartas beschreiben.

Athenisches Bündnis mit Kerkyra

Der erste Kriegsgrund folgte aus einem Streit zwischen Kerkyra und Korinth um die Vorherrschaft über die Stadt Epidamnos. 433 v. Chr. gewann Kerkyra die Athener für ein Bündnis. Dabei war für Athen ausschlaggebend, daß Kerkyra eine starke Flotte in das Bündnis einbrachte und daß es selbst ein wichtiger Stützpunkt für die Überfahrt nach Sizilien war. Die Ahener sahen wegen des rein defensiven Charakters des Bündnisses den Friedensvertrag mit den Peloponnesiern von 446 nicht gebrochen, während die Korinther die Unterstützung der abtrünnigen Tochterstadt Kerkyra als Vertragsverletzung betrachteten und den Golf von Ambrakia als ihre eigene Interessenssphäre bewahren wollten.

Streit um Poteidaia

Beim zweiten Kriegsgrund war die Rechtslage ähnlich. Kurz nach den Ereignissen um Kerkyra fiel Poteidaia, eine Stadt auf der thrakischen Chersones, vom athenischen Seebund ab (432). Korinth unterstützte seine Tochterstadt, wenngleich nicht mit einem offiziellen Heer, konnte aber nicht verhindern, daß Poteidaia von einem athenischen Aufgebot belagert wurde.[227] Als Vertragsbruch hielt Athen den Peloponnesiern vor, eine verbündete Stadt abtrünnig gemacht zu haben, während Korinth durch die Belagerung seiner Tochterstadt den Vertrag gebrochen sah.

Beschwerden der Peloponnesier

Diese beiden Ereignisse brachten gerade Korinth in einen tiefen Gegensatz zu Athen. Es ist daher folgerichtig, daß die Korinther auf einer Versammlung des Peloponnesischen Bundes (Sommer 432) besonders vehement auf den Krieg drangen (Thuk. 1,68–71: Rede der korinthischen Gesandten). Dazu kamen Beschwerden anderer spartanischer Verbündeter gegen Athen. Die Megarer hielten es für vertragswidrig, daß ihnen kurz zuvor der Handel in Attika und in allen Häfen des athenischen Seebunds untersagt worden war – eine Maßnahme, die in anderen Quellen als wichtigster Kriegsanlaß erscheint.[228]

Kriegsbeschluß der Spartaner

Dennoch kann man nicht sagen, Sparta sei von seinen Verbündeten in den Krieg getrieben oder gar zum Krieg gezwungen worden. Denn die wichtigste Entscheidung trafen die Spartaner selbst. Obwohl der König Archidamos zur Zurückhaltung mahnte, beschloß die Mehrheit der Volksversammlung im Jahr 432, daß Athen den Vertrag gebrochen habe und der Bund über einen Krieg entscheiden solle. Damit war eine Vorentscheidung gefallen, für die man zunächst die Zustimmung des delphischen Orakels einholte, und die dann von der Versammlung des Peloponnesischen Bundes in einen förmlichen Kriegsbeschluß überführt wurde.

Diplomatische Forderungen

Die Zeit von fast einem Jahr bis zum faktischen Kriegsbeginn nutzten beide Parteien, um durch diplomatische Aktivitäten die Gegenseite zum Nachgeben zu bewegen. Neben eher propagandistischen Forderungen beider Seiten ging es in der Sache um folgendes: Sparta verlangte von Athen, sein Heer aus Poteidaia zurückzuziehen, Ägina volle Unabhängigkeit zu gewähren und die Sanktionen gegen Megara aufzuheben; schließlich sollte Athen allen Griechenstädten die Unabhängigkeit zurückgeben. Mit ihrem Wortführer Perikles an der Spitze wiesen die Athener die spartanischen Forderungen zurück und verlangten zur Lösung der Streitpunkte die Einberufung eines Schiedsgerichtes, wie es im Vertrag vorgesehen war. Da Sparta seinerseits darauf nicht einging, begannen im Frühjahr 431 die Kriegshandlungen.

Bereitschaft zum Krieg

Formal wurde der Krieg von Sparta und seinen Verbündeten aufgrund des athenischen Vertragsbruches beschlossen. Die Spartaner handelten letztlich aus Furcht vor dem weiteren Anwachsen der athenischen Macht (Thuk. 1,88). Dabei fürchteten sie weniger, so dürfen wir Thukydides vielleicht konkretisieren, den athenischen Machtzuwachs an sich, sondern vielmehr das Vordringen Athens in den eigenen Herrschaftsbereich sowie die Schwächung eigener Verbündeter wie Korinth und Megara. Dadurch hätte das eigene Prestige und letztlich der eigene Herrschaftsbereich entscheidenden Schaden nehmen können. Athen war seinerseits nicht bereit, seine Machtansprüche auch nur geringfügig einzuschränken. Beide großen Mächte, Athen und Sparta, hätten den Krieg vermeiden können, aber keine von beiden war dazu willens.

Kriegsdauer 27 Jahre

Obwohl ab 421 für einige Jahre Friede herrschte, wurde der Peloponnesische Krieg in seiner Gesamtdauer von 27 Jahren (431 bis 404) schon von Thukydides (5,26) als eine Einheit betrachtet. Dennoch läßt sich der Krieg in mehrere Phasen unterteilen.

5.2. *Das Gleichgewicht der Mächte: der Archidamische Krieg*

Verwüstung Attikas

Die erste Kriegsphase wurde schon von den Zeitgenossen nach dem spartanischen König Archidamos benannt, weil er es war, der die ersten drei Einfälle des Peloponnesischen Heeres nach Attika kommandierte. Denn das war die spartanische Strategie: Die überlegenen Landtruppen des Peloponnesischen Bundes sollten den Krieg ins Territorium des Gegners tragen und ihn durch die Verwüstung des Landes zum Nachgeben zwingen. Von 431 bis 425 fielen sie außer 429 und 426 einmal jährlich in Attika ein. Die Athener wichen dieser Bedrohung aus, indem sich die gesamte Landbevölkerung für die Zeit der Invasion hinter die Langen Mauern zurückzog. Ihrerseits gingen die Athener zur See in die Offensive, wo sie die Überlegenen waren. Schnell vorgetragene Angriffe auf peloponnesische Städte sowie die Unterbrechung der Handelswege sollten den Gegner zermürben. Ein durchschlagender Sieg konnte allerdings weder mit der einen noch mit der anderen Strategie erreicht werden. Die Peloponnesier versuchten nicht einmal, die athenischen Mauern zu erstürmen, und die Athener vermochten vom Meer aus nicht in die Zentren der peloponnesischen Macht vorzudringen.

Bedrängnis Athens

Durch die Vernichtung seiner Ernten erlitt Athen erhebliche ökonomische Schäden, welche sich durch die Raubzüge in peloponnesisches Gebiet nicht ausgleichen ließen. Zwar hatten die Athener in den 30er Jahren aus den Einkünften des Seebunds hohe Geldreserven gebildet, aber die kostspielige Seekriegsführung zehrte diese bald auf, so daß die Athener die Tribute der Verbündeten erhöhten und sich selbst eine Kriegssteuer, die *Eisphorá*, auferlegten. Die übervölkerte Stadt wurde 430 und 427/6 von der Pest heimgesucht, der unter vielen anderen auch Perikles im Jahr 429 zum Opfer fiel. Auch nach dessen Tod hielten die Athener grundsätzlich an ihrer Kriegsstrategie fest, die ihnen teils Erfolge, teils Mißerfolge einbrachte.

Größter athenischer Erfolg: Sphakteria

Der größte athenische Erfolg war die Gefangennahme von 120 Spartiaten auf der Insel Sphakteria und die Besetzung von Pylos (425), dem im folgenden Jahr die Insel Kythera als weiterer Stützpunkt für Angriffe auf die Peloponnes hinzugefügt werden konnte. Um seine großenteils vornehmen Bürger zu retten, bot Sparta Friedensverhandlungen an, die von den Athenern in Überschätzung ihres augenblicklichen Erfolges zurückgewiesen wurden. Mit der Drohung, die Gefangenen im Fall einer erneuten spartanischen Invasion nach Attika zu töten, konnte Athen die spartanischen Einfälle zunächst unterbinden. Andererseits endete der athenische Versuch, Böotien zu gewinnen, mit einer schweren Niederlage bei Delion (424). Zusätzlich eröffnete Sparta mit der Entsendung des Kommandeurs Brasidas in die Gebiete im Norden der Ägäis eine weitere Front, die zu großen Erfolgen führte, insbesondere zum Gewinn von Amphipolis.

Nikiasfriede

Erst nachdem in den Kämpfen um Amphipolis Brasidas und der nach dem Tod des Perikles einflußreichste athenische Politiker, Kleon, gefallen waren, kam es 422/1 zu Friedensverhandlungen. Beide Seiten sahen ein, daß sie keine wirklich entscheidenden Erfolge erringen würden. Die spartanische Absicht, 421 wieder in Attika einzufallen, erhöhte die athenische Verhandlungsbereitschaft, und das Auslaufen des dreißigjährigen Friedens zwischen Sparta und Argos im selben Jahr diejenige der Spartaner. So schloß man 421 einen Frieden auf 50 Jahre, der auch für die jeweiligen Bundesgenossen galt. Er wird als Nikiasfrieden bezeichnet, weil der athenische Politiker Nikias wesentlichen Anteil an den Verhandlungen hatte.[229] Alle im Krieg gewonnenen Besitzungen und die Gefangenen mußten zurückgegeben werden. Kurz nach dem Frieden schlossen Athen und Sparta zusätzlich noch ein Defensivbündnis ab, das die athenische Hilfsverpflichtung sogar auf den Fall eines Helotenaufstands ausdehnte.

5.3. Die Konfrontation in der Ferne: Sizilien

Brüchiger Friede

Thukydides (5,25 f.) rechnet auch die Friedenszeit nach den ersten zehn Kriegsjahren ausdrücklich zu den insgesamt 27 Kriegsjahren, weil es sich um einen äußerst brüchigen Frieden gehandelt habe, der immer wieder verletzt worden sei. Zwar zogen die beiden Hauptkontrahenten nicht gegen das gegnerische Territorium zu Felde, bekriegten sich aber indirekt und führten die vereinbarte Rückgabe der im Krieg gewonnenen Gebiete, insbesondere von Amphipolis und Pylos, nicht aus.

Athenischer Bündnisversuch

Noch 420 versuchte Athen durch ein Bündnis mit Argos, Elis und Mantineia, der sogenannten Quadrupel-Allianz, auf der Peloponnes Einfluß zu gewinnen. Gemäß dieser Bündnisverpflichtung kamen die Athener zu Hilfe, als Argos einen militärischen Konflikt mit Epidauros austrug. Da die Spartaner sich auf die Seite von Epidauros stellten, standen sich in der Schlacht bei Mantineia (418) Athener und Spartaner wieder auf dem Schlachtfeld gegenüber. Durch den dort errungenen Sieg stärkte Sparta sein Ansehen und gewann Mantineia als Bundesgenossen zurück. Auch Argos wurde schwankend, so daß die Quadrupelallianz keinen Bestand hatte.

Athens Interesse an Sizilien

Das bedeutendste Ereignis dieser Zeit war aber zweifellos der kühne athenische Versuch, Sizilien zu gewinnen. Die Gelegenheit dazu ergab sich wieder einmal aus einem Lokalkonflikt – dieses Mal zwischen Selinus, das von der stärksten sizilischen Polis, Syrakus, unterstützt wurde, und Egesta, das sich an Athen wandte (416). Bereits einige Jahre früher hatte Athen in Sizilien eingegriffen, als es Leontinoi in dessen Kämpfen mit Syrakus einige Schiffe zu Hilfe schickte (427–424). Da außerdem jetzt eine Gesandtschaft zur Erkundung der Lage nach Egesta reiste, kann keine Rede davon sein, daß die Athener die Dimensionen nicht gekannt hätten, die eine militärische Konfrontation in Sizilien annehmen mußte. Und daß die Athener dieses Mal aufs Ganze gehen wollten und sich durch einen Sieg über Syrakus die Herrschaft über ganz

Sizilien versprachen, stand offenbar von vornherein fest (Thuk. 6,1). Das athenische Interesse an Sizilien war einerseits ökonomisch begründet: Neben der Kriegsbeute von den Besiegten konnte man sich namhafte Tributleistungen von zukünftigen Verbündeten versprechen, auch wenn die Reichtümer der Insel wahrscheinlich überschätzt worden sind. Andererseits bestand ein strategisches Interesse daran, sizilische Kornlieferungen in die Peloponnes zu verhindern und Syrakus als potentiellen spartanischen Verbündeten auszuschalten.

Aufbruch des athenischen Kontingents

415 wurde in mehreren Volksversammlungen lebhaft über die Sizilien-Expedition debattiert. Der zurückhaltende Nikias, der draufgängerische Alkibiades sowie der eher blasse Lamachos wurden zu Feldherren gewählt und erhielten außerordentliche Entscheidungsbefugnisse. Mitte des Jahres 415 stachen sie mit einer Flotte von allein 134 Kampfschiffen, außerdem zahlreichen Transport- und Versorgungsschiffen, in See.

Athens Desaster

Nach der Einnahme von Katane wurde Alkibiades nach Athen zurückgerufen, um sich wegen ihm zur Last gelegter kultischer Sakrilegien vor Gericht zu verantworten. Er setzte sich aber auf der Rückfahrt nach Sparta ab und trug in der Folgezeit viel zur Schädigung seiner Heimatstadt bei. In Sizilien begann derweil die Belagerung von Syrakus, die sich zunächst erfolgreich entwickelte und die Syrakusaner in Bedrängnis brachte. Das Blatt begann sich erst zu wenden, als Syrakus Hilfe von den Peloponnesiern erhielt, wobei sich namentlich seine Mutterstadt Korinth stärker engagierte. Sparta hielt sich eher zurück, schickte aber immerhin den Spartiaten Gylippos, der sich als äußerst fähiger Oberkommandeur erwies. Nach vielen erbitterten Kämpfen, in denen beide Seiten weitere Verstärkungen erhielten, wurden die Athener schließlich vernichtend geschlagen (413). Der größte Teil des Heeres fand den Tod, das so glorreich begonnene Unternehmen endete in einer gewaltigen Katastrophe.

5.4. Neue Anläufe: der Dekeleische Krieg

Spartanische Garnison im attischen Dekeleia

Bereits in der letzten Phase des Sizilienkrieges hatten die Kämpfe in Griechenland wieder zugenommen. 414 brachen die Athener auch formal den Nikiasfrieden, indem sie nach einer spartanischen Attacke auf Argos in peloponnesische Gebiete einfielen. Damit sahen sich die Spartaner wieder zu direkten Angriffen berechtigt und rückten im Frühjahr 413 unter König Agis II. in Attika ein. Auf Rat des zu Sparta übergelaufenen Alkibiades besetzten sie den 20 Kilometer nördlich von Athen gelegenen Ort Dekeleia und bauten ihn zu einer Festung aus. Im Unterschied zum Archidamischen Krieg, in dem sich das spartanische Heer nach jeder Invasion bald wieder zurückziehen mußte, bedrohte die spartanische Garnison jetzt ganzjährig die Bevölkerung Attikas und erschwerte ein geregeltes Alltagsleben beträchtlich. Nach dieser grundlegenden strategischen Entwicklung wird die zweite, ebenfalls etwa zehnjährige Kriegsphase des Peloponnesischen Krieges als ‹Dekeleischer Krieg› bezeichnet.

Spartanisches Abkommen mit Persien

In der athenischen Niederlage in Syrakus sah Sparta die Chance, selbst zur See aufzurüsten und Athen auf diesem seinem ureigenen Gebiet zu schlagen. Um sich das dafür notwendige Geld zu verschaffen, tat Sparta einen folgenschweren Schritt. Es zog Persien, das es in dem Krieg von 480/79 selbst an vorderster Stelle bekämpft hatte und das seitdem in der griechischen Politik so gut wie keine Rolle mehr gespielt hatte, in die innergriechische Auseinandersetzung hinein. Ein Abkommen mit dem kleinasiatischen Satrapen Tissaphernes sollte Sparta das zum Aufbau einer Flotte notwendige Geld vermitteln (412).

Preisgabe der ionischen Griechen

Als Gegenleistung erkannte Sparta die persische Oberhoheit über die griechischen Städte Kleinasiens an. Viele Griechen werteten dieses Zugeständnis als Verrat der gesamtgriechischen Sache an den persischen «Erbfeind» und erinnerten daran, daß die Spartaner schon beim ionischen Aufstand keine Hilfe gegen die Perser geleistet hatten (S. 71). Der «Verkauf» dieser griechischen Gebiete machte die jetzt und in den Folgejahren entwickelte spartanische Propaganda, die Griechen vom athenischen Joch *befreien* zu wollen, nicht gerade glaubhafter. Immerhin fiel mit der Insel Chios, die allerdings nicht von Persien beansprucht wurde, ein starker Verbündeter von Athen ab (412), und einige weitere Bundesgenossen schlossen sich an. Mit Milet gewann Sparta eine strategisch äußerst wichtige Basis, von wo es den Krieg mit persischer Unterstützung auf das entscheidende hellespontische Gebiet ausweiten konnte.

Athens Notprogramm

Athen jedoch gab sich trotz seiner exorbitanten Verluste noch nicht geschlagen und griff zu drastischen Gegenmaßnahmen. Nachdem es schon im Vorjahr versucht hatte, die Loyalität der Verbündeten dadurch zu erhalten, daß es die Phoroi durch einen fünfprozentigen Zoll auf alle Im- und Exporte im Bundesgebiet ersetzte, verwendete es 412 die eiserne Notreserve von 1000 Talenten zu neuen Rüstungen. Um weitere Abfälle von Verbündeten in der Ostägäis zu verhindern, stationierte Athen eine Flotte auf der Insel Samos und vermochte schon 412 wieder effektive Seeunternehmen durchführen.

Herrschaft der 400 in Athen

Nicht zuletzt um den persischen Satrapen Tissaphernes, zu dem sich inzwischen Alkibiades – nun wieder für Athen eintretend – begeben hatte, für einen Seitenwechsel zu gewinnen, strebten einige führende Athener im Jahr 411 einen Verfassungswechsel an. Die Demokratie, so glaubte man einerseits, würde von den Persern nicht unterstützt werden; andererseits sollten aber auch die Ausgaben, die an demokratische Strukturen gebunden waren, also vor allem Sitzungsgelder für Volksversammlung und Dikasterien sowie Zahlungen an die meisten Amtsträger, zugunsten der Kriegsführung eingespart werden. Ob es schon seit längerer Zeit in Athen oligarchische Tendenzen gegeben hatte, ist in der Forschung umstritten.[230] Wenn ja, dann ergab sich jedenfalls erst jetzt, aufgrund der äußeren Bedrängnis, die Gelegenheit zu einem Umsturz. Zunehmend im Vordergrund agierten die Hetairien (S. 63), zu dieser Zeit die «Clubs» vornehmer Kreise, die ihre Konkurrenz untereinander zugunsten des Verfassungsumsturzes einstellten. Vor allem ihre Terroraktionen, die bis hin zur Ermordung einiger Gegner reichten, gaben der Bewegung verschwörerische Züge und schufen ein allgemeines Klima der Angst, in dem die angestrebte Verfassungsänderung schließlich von einer Volksversammlung beschlossen wurde (Juni 411). Die politischen Rechte sollten eigentlich bei 5000 Bürgern liegen, die den Hoplitenzensus erreichten, aber zunächst nicht zusammengestellt wurden.[231] So blieb alle Macht in den Händen des von den Umstürzlern formierten Rates, nach dessen Mitgliederzahl man von der ‹Herrschaft der Vierhundert› spricht.

Restauration der Demokratie

Verhandlungen der Oligarchen mit Sparta über die Beendigung des Krieges scheiterten. Die Niederlage in einer Seeschlacht vor Euböa und der Abfall der Insel verschärften die Situation zusätzlich. Die Flotte auf Samos hatte inzwischen Alkibiades aus Kleinasien zurückgerufen und drohte mehrmals mit Aktionen gegen die oligarchische Herrschaft. In dieser Situation erachteten es einige aus den Reihen der Vierhundert als notwendig, die ursprünglich versprochene Verfassung der Fünftausend wirklich einzuführen.

Gestützt auf die unmittelbar interessierte Hoplitenschicht realisierten sie das Vorhaben und beendeten die Herrschaft der Vierhundert nach nur vier Monaten Dauer (noch 411). Die neue Verfassung, über die wir aus den Quellen wenig erfahren, wurde nach dem Sieg der demokratisch eingestellten Seestreitkräfte bei Kynossema (noch 411) wieder in die traditionelle demokratische Verfassung überführt.[232]

Athenische Erfolge

Seit dem Sturz der Vierhundert hatten die Athener auch das Kriegsglück wieder auf ihrer Seite. Dem Sieg bei Kynossema folgte im folgenden Frühjahr der bei Kyzikos,[233] ebenfalls in hellespontischen Gewässern. Die dadurch wiedergewonnene Zuversicht war so groß, daß man ein spartanisches Friedensangebot auf der Basis des *status quo* ablehnte. Bis Ende 408 konnten die Athener trotz mancher Verzögerungen und Rückschläge weitere Städte am Hellespont gewinnen.

Athenischer Sieg bei den Arginusen

408 oder 407[234] ließ sich Alkibiades in Athen zum ranghöchsten Strategen wählen, fiel aber bald nach einer Niederlage seines Stellvertreters in Ungnade und wurde für 406/5 nicht mehr zum Strategen gewählt. Der Verzicht auf die Dienste ihres bedeutendsten Feldherrn hat den Athenern zwar geschadet, die entscheidende Ursache für die nun einsetzende Machtverschiebung ergab sich aber aus den Entwicklungen auf der gegnerischen Seite.[235] Dort entschloß sich der persische Großkönig Dareios II., die Schaukelpolitik seiner Satrapen zu beenden und schickte seinen Sohn Kyros als Bevollmächtigten nach Kleinasien, um der spartanischen Seite zum Erfolg zu verhelfen. Kyros folgte dem Vorschlag des spartanischen Nauarchen Lysandros, durch höhere Soldzahlungen Ruderer aus der athenischen Flotte abzuwerben, so daß dieser seine Flotte erheblich zu vergrößern vermochte. Aber auch Athen unternahm enorme Anstrengungen und rüstete 150 Schiffe aus, die bei den Arginusen-Inseln eine große Seeschlacht gewannen (406/5). Trotz hoher eigener Verluste lehnte Athen wiederum ein Angebot Spartas ab, Frieden unter Beibehaltung des gegenwärtigen Besitzstandes zu schließen.[236]

Endgültige Niederlage Athens bei Aigospotamoi

Diese Selbstüberschätzung sollte sich rächen, denn der Sieg in der Arginusenschlacht blieb der letzte athenische Erfolg. Im Jahr darauf (405/4) setzte der von Lysander errungene spartanische Überraschungssieg bei Aigospotamoi allen athenischen Anstrengungen ein Ende. Der Verlust nahezu seiner gesamten Flotte besiegelte die endgültige Niederlage Athens, dessen Kapitulation nur noch eine Frage der Zeit war. Da Athen seinen Verbündeten nicht mehr beispringen konnte, gewann Lysander eine Stadt nach der anderen kampflos und sicherte deren Abhängigkeit von Sparta durch die Einsetzung von Harmosten, d. h. Besatzungskommandanten, und oligarchischen Regierungen, meist Dekarchien, also Zehnmännergremien. Durch die Besetzung des Hellesponts hatte Lysander die Athener schon von den Getreidelieferungen abgeschnitten und damit ihr Durchhaltevermögen begrenzt. Zunehmend schnürte er den Gegner weiter ein, bis er schließlich den Piräus selbst blockierte, während der nach Attika einmarschierte König Pausanias die Stadt auf der Landseite abriegelte.

Kapitulation Athens

Den hungernden Athenern blieb nach längerem Widerstand letztlich nichts übrig, als zu kapitulieren und die Friedensbedingungen der Gegenseite entgegenzunehmen. Den Forderungen Korinths und Thebens nach völliger Vernichtung Athens gab Sparta unter Verweis auf die historischen Verdienste Athens in den Perserkriegen nicht nach, sondern garantierte der Stadt ihren weiteren Bestand als politische und territoriale Einheit. Den Ambitionen seiner nächstgrößeren Verbündeten setzte Sparta durch die Eingliederung Athens in sein Bündnis ein Gegengewicht entgegen. Im übrigen aber wurde die athenische Macht grundlegend beschnitten. Athen mußte die Langen Mauern sowie die Hafenbefestigungen schleifen und seine Flotte, bis auf zwölf Schiffe, ausliefern. Alle auswärtigen Besitzungen gingen verloren, der Seebund wurde aufgelöst. Die exilierten Athener mußten wiederaufgenommen werden. Athen mußte in den Peloponnesischen Bund eintreten und war nun, wie die anderen Verbündeten, Sparta zur Heeresfolge bei Defensiv- und Offensivunternehmungen verpflichtet.[237] Im Frühjahr 404 hat die athenische Volksversammlung dem Friedens- oder besser Kapitulationsvertrag zugestimmt. Im April fuhr Lysander in den Piräus ein. Die folgende Zerstörung der Befestigungen wurde als Befreiung aller Griechen vom athenischen Joch gefeiert. Daß dazu jedoch nicht allzuviel Grund bestand, wird bei der Betrachtung der Folgezeit deutlich werden.

5.5. *Sieger und Besiegte*

Ende des Ersten Atheni-

Das Ende des Peloponnesischen Krieges bedeutete auch in den Augen der Zeitgenossen einen Einschnitt, weil Athen sein gesamtes auswärtiges Herrschaftsgebiet verlor und, anstelle des bisherigen Dualismus der beiden großen Mächte, Sparta sich als alleinige Hegemonialmacht Griechenlands etablierte.

schen Seebunds

Herrschaft der Dreißig in Athen

Die Niederlage im Peloponnesischen Krieg war auch eine Niederlage der athenischen Demokratie, die von ihren Gegnern sogleich ausgenutzt wurde. Die Bewegung wurde angeführt von zurückgekehrten Exulanten, die teils schon beim Umsturz von 411 mitgewirkt hatten, teils erst danach ins politische Leben traten wie Kritias, der Onkel Platons. Wie schon im Jahr 411 (S. 132) verbreiteten die Hetairien, die jetzt wieder Oberwasser erhielten, Angst und Schrecken in der Stadt. In offener Auseinandersetzung mit ihren demokratischen Gegnern betrieben die Oligarchen einen Umsturz, der mit spartanischer Unterstützung schließlich zum Erfolg führte. Wenige Wochen, vielleicht auch Monate nach der Kapitulation beschloß eine von Lysander unter Druck gesetzte Volksversammlung, dreißig Bevollmächtigte einzusetzen. Bei diesen *Dreißig* war in der Folgezeit die staatliche Macht konzentriert, auch wenn sie ihre Beschlüsse vom Rat der 500 absegnen ließen. Darüber hinaus setzten sie weitere, ihnen ergebene Amtsträger ein und ließen jede Art von Widerstand durch eine Art Leibgarde von 300 Peitschenträgern sofort ersticken. Die demokratischen Institutionen der Volksversammlung und der Gerichte waren damit ausgehebelt und konnten nicht mehr zusammentreten.

Spartanische Garnison in Athen

Zur Absicherung ihrer Herrschaft erbaten die Dreißig von Lysander eine spartanische Besatzungstruppe (Spätsommer 404). Lysander trat erfolgreich dafür ein, daß 700 Mann unter dem Harmosten Kallibios nach Athen geschickt wurden, die den dortigen Machthabern bei deren zunehmend brutalem Vorgehen gegen ihre Mitbürger tatkräftig zur Hand gingen. Wie in vielen anderen griechischen Poleis war nun auch für Athen die Abhängigkeit von Sparta, speziell von Lysander, dadurch besiegelt, daß die Herrschaft einer kleinen, oligarchischen Clique von einer spartanischen Garnison garantiert wurde.

Terrorregime der Dreißig

Aus persönlicher Habgier, aber auch, weil sie sich dazu verpflichtet hatten, die spartanische Garnison zu entlohnen, vertrieben, verhafteten, verurteilten und ermordeten die Dreißig nicht nur politische Gegner, sondern zunehmend auch andere wohlhabende Bürger und Metöken, um sich deren Vermögen anzueignen. Die nun offen zutage tretende Terrorherrschaft der Dreißig wird wegen ihres Gewaltcharakters in unseren Quellen nicht nur als Oligarchie, sondern auch als Tyrannis bezeichnet; dementsprechend ist in der modernen Literatur auch von den *Dreißig Tyrannen* die Rede. Deren Regime radikalisierte sich noch weiter durch einen internen Machtkampf. Gegen Theramenes setzte Kritias durch, daß nur 3000 Athenern das volle Bürgerrecht zustehen sollte. Schließlich gelang es ihm sogar, seinen Konkurrenten um die Macht hinrichten zu lassen.

Absetzung der Dreißig

Vor den Gewaltmaßnahmen der Dreißig waren zahlreiche Athener ins Ausland geflohen, vor allem nach Theben, Argos und Megara. Weil diese Städte in der unumschränkten Macht Spartas sehr bald eine Gefahr erkannten, schlug ihre Stimmung gegenüber dem bisherigen Kriegsgegner schnell um. Sie nahmen nicht nur zahlreiche athenische Exulanten auf, sondern unterstützten deren Bemühungen um eine Revision der Machtverhältnisse bis zu einem gewissen Grad. Eine zunächst geringe Zahl von demokratischen Kombattanten nahm im Winter 404/3 die Grenzbefestigung Phyle ein und besetzte, nachdem sie erheblich angewachsen war, auch den Hafen Piräus. Die Quellen sprechen daher von «Denen aus Piräus», gegen die sich «Die aus der Stadt» verteidigten. Obwohl Kritias bei einem Gefecht fiel und die übrigen der Dreißig abgesetzt wurden (März 403), um einen Friedensschluß zu ermöglichen, führten ihre zehn gewählten Nachfolger den Bürgerkrieg eigenmächtig fort. Mit der Begründung, der athenische Demos sei von Sparta abgefallen, erbaten sie neuerliche Hilfe aus Sparta.

Ablösung Lysanders

Lysander konnte die Forderung in Sparta durchsetzen und ließ sich und seinen Bruder mit Geld sowie mit Land- und Seestreitkräften nach Athen schicken, so daß der dortige Machtkampf schon entschieden schien. Daß es dennoch anders kam, liegt an einer Veränderung in den innerspartanischen Kräfteverhältnissen. Die beherrschende Stellung Spartas wurde im In- und Ausland eng mit der Person Lysanders verbunden, der dafür in der Tat viel geleistet hatte. Lysanders persönliche, unabhängig von der Bekleidung eines Amtes anerkannte Autorität war jedoch so angewachsen, daß insbesondere der König Pausanias dagegen anzugehen beschloß. Athen wurde zum Gegenstand dieser Auseinandersetzung, weil der König befürchtete, sein Konkurrent könne auch diese Stadt zumindest partiell zu seiner persönlichen Domäne ausgestalten. Pausanias gewann drei der fünf Ephoren dafür, ihn selbst mit der Beilegung des Konflikts in Athen zu beauftragen und rückte mit einem regulären Heer des Peloponnesischen Bundes in Attika ein, um Lysander abzulösen.

Pausanias als Vermittler

Durch militärischen und diplomatischen Druck zwang Pausanias die athenischen Bürgerkriegsparteien zu ernsthaften Verhandlungen über einen Frieden. Im Zusammenwirken mit 15 aus Sparta geschickten Schlichtern[238] erreichte Pausanias im Spätsommer 403 eine Einigung, die keineswegs als spartanisches Diktat angesehen werden kann, sondern als tragfähiger Kompromiß aller Beteiligten gelten muß.

Versöhnungsvereinbarungen

Kern der Vereinbarungen war eine allgemeine Amnestie für politische Vergehen, von der nur die Hauptverantwortlichen des oligarchischen Regimes ausgenommen waren, sofern sie sich nicht dazu bereit erklärten, Rechenschaft für ihr Tun abzulegen. Alle, die nicht in Athen bleiben wollten, konnten, ohne ihr Eigentum und ihr athenisches Bürgerrecht zu verlieren, nach Eleusis auswandern, wo ein oligarchischer Sonderstaat gegründet wurde. Die Beziehungen zwischen den beiden attischen Gemeinwesen, die Eigentumsfragen und die Amnestie wurden in den Versöhnungsvereinbarungen im einzelnen geregelt.[239] Beide Teilstaaten mußten an Sparta regelmäßige Abgaben leisten. Im September 403 zogen die Demokraten in die Stadt ein, und die spartanische Besatzung räumte die Akropolis.

Rückkehr zur Demokratie

Unter der Federführung des Pausanias akzeptierte Sparta, daß die Mehrheit der Athener wieder unter einer demokratischen Verfassung lebte. Die athenische Demokratie, die sich im 4. Jahrhundert so erfolgreich weiterentwickeln sollte, war also zunächst eine Demokratie von Spartas Gnaden. Auch die Ausgestaltung der Verfassung überließ Sparta vollständig den Athenern selbst. Diese kehrten im Prinzip zu den bewährten demokratischen Strukturen zurück, die durch nach und nach eingeführte Änderungen zwar weiter ausgestaltet, nicht aber fundamental verändert wurden (S. 167ff.).

Wiedervereinigung Athens

Die Spaltung der athenischen Bürgerschaft in zwei Teilstaaten sollte nicht lange bestehen bleiben. Verwandtschaftliche und wirtschaftliche Verflechtungen bewogen zahlreiche Aussiedler dazu, nach Athen zurückzukehren, zumal sie sich, da die Amnestie fast durchgängig eingehalten wurde, dort keiner Gefahr mehr ausgesetzt sahen. Vielleicht weil sich der eleusinische Sonderstaat gegen diese Entwicklung wehren wollte, drohte im Jahr 401 der Bürgerkrieg wieder aufzuflammen. Indem sie einerseits die oligarchischen Anführer kurzerhand ermorden ließen, andererseits mit den übrigen Eleusiniern überzeugend verhandelten, gelang es den Demokraten nicht nur, eine militärische Auseinandersetzung zu verhindern, sondern eine Wiedervereinigung der beiden Teilstaaten zu erreichen, die zur Auflösung des eleusinischen Sonderstaates und zur Wiedereingliederung seiner Mitglieder in Athen führte. Sparta, außenpolitisch geschwächt durch die Unterstützung des Kyroszuges in Persien und durch Kämpfe mit Elis, akzeptierte die Beseitigung des von ihm geschützten Sondergebildes. Es akzeptierte damit auch, daß Athen mit der wiederhergestellten Einheit seines Territoriums und seiner Bürgerschaft unter einer allgemein akzeptierten Verfassung den Grundstein für seinen politischen Wiederaufstieg gelegt hatte.

Homonoia

Daß ihre Eintracht, die *Homónoia*, die wesentliche Voraussetzung für die Handlungsfähigkeit ihrer Polis blieb, war auch den Athenern bewußt. Sie waren vor allem aus diesem Grund von Anfang an nachdrücklich darum bemüht, die Versöhnungsvereinbarungen, insbesondere die Amnestie, einzuhalten. Daß es ihnen mit wenigen Ausnahmen auch gelang, die vielfältigen Rachebedürfnisse, Ressentiments, Haßgefühle und Ansprüche im Zaum zu halten, war schon für die Zeitgenossen ein erstaunliches Phänomen und rief vielfältige Bewunderung hervor.

III. Vom Zwangsbündnis zum Zweckbündnis: das vierte Jahrhundert (404–338 v. Chr.)

Quellenhinweise:

Der Zeitgenosse Xenophon (S. 59) behandelt im zweiten Teil seiner *Hellenika* (2,3,11–7,5,27) die griechische Geschichte vom Ende des Peloponnesischen Krieges (404 v. Chr.) bis zur Schlacht von Mantineia (362 v. Chr.).[240] Zum Teil überschneidet sich damit seine biographische Lobrede über den Spartanerkönig, der *Agesilaos*. Die *Hellenika von Oxyrhynchos* (S. 59) enthält einige Einzelinformationen. Von Diodors Universalgeschichte (S. 59) sind die Bücher 14–17 dem 4. Jahrhundert gewidmet. Plutarch (S. 31) hat Lebensbeschreibungen der Spartaner Lysandros und Agesilaos, der Athener Phokion, Demosthenes sowie des Thebaners Pelopidas verfaßt. Sie werden von Biographien des Cornelius Nepos (S. 60) ergänzt. Historiker

Das 4. Jahrhundert war die große Zeit der attischen Redner. Neben Lysias und Andokides (S. 60) traten nun Isokrates, Isaios sowie, in der zweiten Jahrhunderthälfte, Demosthenes, Aischines und Hypereides. Redner

Insbesondere zum Zweiten Athenischen Seebund und zu Ereignissen der zweiten Jahrhunderthälfte sind die griechischen Inschriften oft unsere einzigen Zeugnisse. Inschriften

Der zweite Teil des aristotelischen Schrift vom *Staat der Athener* (S. 13) informiert über die athenische Verfassung nach 403 v. Chr. Staat der Athener

1. Spartas Vorherrschaft und die athenische Expansion (404–371)

1.1. Sparta als alleinige Vormacht in Griechenland

Durch seinen Sieg im Peloponnesischen Krieg errang Sparta die absolute Vormachtstellung in der griechischen Staatenwelt. Da Athen letztlich zu Wasser bezwungen worden war und so seine Spartas Vormachtstellung

Seeherrschaft verloren hatte, bot sich Sparta nun die Gelegenheit, den gesamten früheren Herrschaftsbereich seines Gegners dem eigenen hinzuzufügen. Angesichts der traditionellen Politik Spartas, seinen Einfluß im wesentlichen auf die Peloponnes zu beschränken und weiter entfernte militärische Engagements zu meiden, könnte man zumindest eine Grundsatzdiskussion darüber erwarten, wie die Spartaner sich zu der neuen Lage stellten. Davon hören wir jedoch nichts, und insbesondere ist nicht bekannt, daß auch nur ein Spartiate für die Beschränkung Spartas auf seine frühere Einflußsphäre eingetreten wäre. Offenbar war die Begeisterung über den Erfolg in dem jahrzehntelangen Krieg so groß, und offenbar war die Macht-Perspektive der spartanischen Führungskreise so erweitert worden, daß man ganz selbstverständlich die athenische Machtsphäre an die eigene anschloß und so zunächst unangefochten die Hegemonie zu Lande und zu Wasser ausübte.[241]

Ehrungen Lysanders

Die neue Position Spartas war in der Anfangszeit eng mit der Person Lysanders verknüpft. Der Sieger von Aigospotamoi konnte seine Kriegserfolge nicht nur in militärische und politische Herrschaftsmaßnahmen überführen, sondern wurde auch zu *dem* Repräsentanten der neuen spartanischen Macht. Als solcher stilisierte er sich selbst, nicht zuletzt in dem Monument, das er in Delphi für seinen Sieg aufstellen ließ. Die Statuengruppe zeigte im Vordergrund die Dioskuren, Zeus, Apollon, Artemis und Poseidon, der Lysander bekränzt, neben ihm seinen Seher und seinen Steuermann; im Hintergrund standen die 28 anderen Kommandanten der alliierten Flotte. Eine Inschrift verkündete: «Sein Bildnis hat geweiht [auf] diesem Monument, als er siegreich | mit schnellen Schiffen zerstörte der Ke[k]ropiden (= Athener) Macht, | Lysandros, und krönte so das unzerstörbare Lakedaimon, | Hellas' Akropolis, die schön umtanzte Heimat.»[242] Als Repräsentant der Macht wurde Lysander aber ebenso von anderen betrachtet. Insbesondere die nun von Sparta abhängigen Poleis gingen noch über die mehrfach beschlossene Aufstellung seiner Statue hinaus, die schon für sich genommen eine neue Dimension der Ehrung einer noch lebenden Person bedeutete. Indem sie ihm Altäre errichteten, Opfer darbrachten und Feste zu seinen Ehren begingen, also ihm als erstem Griechen bis dahin nur Göttern vorbehaltene Ehren zukommen ließen, erkannten sie an, daß Lysander eine unter Griechen ungekannte Machtfülle in seiner Person vereinigte.[243]

Spartas Besatzungspolitik

Seine fast unumschränkte außenpolitische Macht übte Lysander schon in der Schlußphase des Peloponnesischen Krieges rigoros in Spartas, aber auch in seinem eigenen Interesse aus. Statt der im Peloponnesischen Krieg versprochenen Autonomie und Freiheit erwarteten die griechischen Poleis Eingriffe in ihre inneren Verhältnisse, die nicht weniger tiefgreifend waren als die früheren von seiten Athens.[244] In den unterworfenen Städten, die nun an Sparta Tribute abführen mußten, ließ Lysander zahlreiche politische und persönliche Gegner hinrichten und führte die von Athen Vertriebenen wieder zurück. In alle strategisch wichtigen Orte legte er Besatzungen, deren Kommando er jeweils einem ihm ergebenen Befehlshaber übertrug. Diese Harmosten verhielten sich oft wie Tyrannen, bereicherten sich und machten sich sonstiger Übergriffe schuldig. Vorrangig zur Finanzierung der Flotte wurden von Sparta Tribute eingezogen. Dafür und für die übrigen Regierungsgeschäfte wurden in vielen Poleis Dekarchien (S. 134) eingesetzt, so daß sich Sparta auf oligarchische Regierungen stützen konnte.

Machtverlust Lysanders

In seiner Heimat war Lysanders Stellung allerdings nicht so erhaben, wie er sie nach außen gestalten konnte. In den spartanischen Führungskreisen wurde die Anhäufung allzu großer persönlicher Macht als Ausbrechen aus dem Kreis der «Gleichen» (*Homoioi*) mißtrauisch verfolgt. Daher hatte sein stärkster Konkurrent, der König Pausanias, die Ephoren davon zu überzeugen vermocht, ihm selbst an Stelle von Lysander die endgültige Regelung der athenischen Verhältnisse im Jahr 403 zu überlassen (S. 136f.). Da Pausanias auch in der Sache andere Vorstellungen entwickelte und den Athenern weitgehend entgegenkam, mußte sich Lysander als Vertreter einer rigorosen Herrschaftspraxis zurückgesetzt fühlen. Als Reaktion der Gegenpartei wurde Pausanias daher des Hochverrats angeklagt. Sein, wenn auch knapper, Freispruch in der Gerusia bedeutete einen großen Machtverlust für Lysander. Nachdem sich auch der befreundete persische Satrap Pharnabazos wegen einiger Übergriffe beschwert hatte, wurde Lysander aus dem Hellespont zurückgerufen. Die Ephoren klagten zwar ihn selbst nicht an, aber seinen Freund Thorax, den Befehlshaber von Samos, verurteilte man wegen Edelmetallbesitzes zum Tode. Lysander hat die Warnung verstanden und zog sich durch eine Reise zum Ammon-Orakel nach Ägypten vorläufig aus der spartanischen Politik zurück. Seine Gegner machten nun einige seiner außenpolitischen Maßnahmen wieder rückgängig. So löste man die Militärkolonie in Sestos am Hellespont auf, und vor allem wurden die in vielen Städten ungeliebten Dekarchien, die im allgemeinen besonders eng mit Lysander verbunden waren, zugunsten der traditionellen Regierungen abgeschafft (Sommer 403).

Spartanische Expansionspolitik

Die Ablösung Lysanders bedeutete aber keineswegs eine grundsätzliche Kehrtwende in der spartanischen Außenpolitik. So hielten die Spartaner nicht nur ihre Garnisonen unter Führung der Harmosten in den griechischen Städten aufrecht, sondern griffen in den folgenden Jahren auch mehrfach in die Verhältnisse anderer griechischer Staaten ein und versuchten darüber hinaus, ihr Herrschaftsgebiet durch expansive Bestrebungen sogar noch zu erweitern (402–400): Beim Feldzug gegen Elis forderte Sparta Truppen aus Athen an, das seinen militärischen Bündnispflichten nachkommen mußte.

Geheimpläne Lysanders und Verschwörung des Kinadon

Die expansiven Bestrebungen Spartas wurden durch einen Wechsel im Königshaus der Eurypontiden zusätzlich gefördert. Im Jahr 401, 400 oder 399 starb König Agis. Sein Halbbruder Agesilaos erreichte, daß er und nicht der eigentlich Erbberechtigte, der Sohn des Agis, zum Nachfolger bestimmt wurde. Agesilaos wurde dabei von Lysander unterstützt, der inzwischen aus Ägypten zurückgekehrt war und auf eine uns unbekannte Weise wieder an Einfluß gewonnen haben muß. Lysander soll im übrigen, so berichtet Plutarch in seiner Biographie,[245] über eine lange Zeit hinweg den geheimen Plan verfolgt haben, die Vorrechte der beiden Königsfamilien aufzuheben und die Könige aus allen vornehmen Familien wählen zu lassen, wobei er vor allem an sich selbst gedacht habe; zumindest die Einzelheiten des Planes seien aber erst nach seinem Tod entdeckt worden. Von einigen modernen Forschern sind diese zweifellos eigensüchtigen Reformvorstellungen zu Unrecht mit einer Verschwörung in Zusammenhang gebracht worden, die nur einige Monate nach der Einsetzung des Agesilaos aufgedeckt wurde. Unter Führung eines nicht zu den Homoioi gehörigen Spartaners namens Kinadon sollten Hypomeiones, Neodamoden, Periöken und Heloten (S. 121 ff.) dazu aufgerufen werden, die Spartiatenherrschaft zu beseitigen. Während es Kinadon und seinen Mitverschwörern also um eine völlig neue Staats- und Gesellschaftsordnung zu tun war, wollte Lysander lediglich den Kreis der Anwärter auf das Königsamt erweitern. Lysander wurde auch von Kinadon nicht als Mitverschwörer angezeigt und wird in unseren Quellen in diesem Zusammenhang nicht genannt.[246] Er ist daher mit der Kinadon-Verschwörung nicht in Verbindung zu bringen. Auch in der Zeit danach behielt er seine einflußreiche Stellung im Kreis der Vertrauten des Agesilaos. Diesem selbst war eine außergewöhnlich lange Amtszeit bis zum Jahr 361 beschieden, und er war es, der in diesen Jahrzehnten die Außenpolitik Spartas entscheidend prägte.

Sparta in Kleinasien

Das weitreichendste Engagement, das die Spartaner in dieser Phase nach dem Peloponnesischen Krieg an den Tag legten, war ihr Einsatz im griechischen Kleinasien. Um im Peloponnesischen Krieg die Oberhand zu gewinnen, hatte Sparta 412 eine Allianz mit Persien geschlossen, die als Gegenleistung für finanzielle Hilfe die Anerkennung der persischen Oberhoheit über die griechischen Städte in Kleinasien vorsah (S. 131). Eine Änderung dieser Situation versprach man sich wohl schon von dem Aufstand des persischen Thronprätendenten Kyros (401), den man zunächst inoffiziell, dann aber ganz offen militärisch unterstützte. Nach dem Tod des Kyros (401) wollten sich die kleinasiatischen Griechen, die sich ihm ebenfalls angeschlossen hatten, dem wiedereingesetzten Satrapen Tissaphernes nicht wieder unterwerfen und suchten Hilfe bei Sparta. Zunächst zögerten die Spartaner, denn die Größe und Langwierigkeit eines nun hauptsächlich von ihnen zu tragenden Perserkriegs war ihnen natürlich bewußt. Trotzdem entschied man sich im Jahr 400 für das Engagement in Kleinasien. Nähere Gründe dafür sind uns zwar nicht ausdrücklich überliefert, aber unschwer auszumachen. Einerseits schien die Verdrängung der Perser aus diesem Gebiet ein erreichbares und begrenztes militärisches Ziel zu sein, andererseits fühlte man sich verpflichtet, den «Verrat» von 412 an der panhellenischen Sache, die auch Sparta bei Bedarf propagierte, wiedergutzumachen. Nicht zuletzt verstand man sich als Nachfolger der Athener, die dieses Gebiet beherrscht hatten, und wollte auch in dieser Hinsicht nicht hinter diesen zurückstehen, zumal die eigene Machtsphäre alle früheren griechischen Herrschaftsbereiche schon jetzt überragte. Dazu kamen Motive, die nicht spezifisch für diesen Krieg waren: der Ehrgeiz führender Spartaner und die Interessen armer und verarmter Schichten an Sold und an Kriegsbeute.

Rückzug aus Kleinasien

Im vorliegenden Zusammenhang ist an diesem Feldzug wichtig, daß Athen wiederum seiner Pflicht zur Heeresfolge nachkam und die von Sparta verlangten 300 Reiter dem im Herbst 400 aufbrechenden spartanischen Feldherrn Thibron zur Verfügung stellte. Dieser nahm kurz nach seiner Ankunft in Kleinasien auch die 6000 griechischen Söldner in Dienst, die vom Heer des Kyros noch übriggeblieben waren. Unter diesen befanden sich zahlreiche Athener, nicht zuletzt Xenophon, der den Rückzug des Söldnerheeres nach dem Tod des Kyros geleitet hatte.[247] Als der Krieg sich hinzog und die Perser durch den Neubau einer Flotte (ab 397/6), die dem Athener Konon unterstellt wurde, auch zur See Paroli bieten konnten, wurde, nachdem bereits Thibron von Derkylidas abgelöst worden war, auf Antrag Lysanders Anfang 396 König Agesilaos mit dem Kommando in Kleinasien betraut. Doch noch bevor er größere Pläne in die Tat umsetzen konnte, wurde er aufgrund der neuen Lage in Griechenland, an der auch Athen seinen Anteil hatte, im Jahr 394 mitsamt seinem Heer aus Kleinasien abberufen.

1.2. Der Wiederaufstieg Athens: neue Bündnisse und der Korinthische Krieg

Grenzen athenischer Außenpolitik

Athen hatte im Zuge der Versöhnungsvereinbarungen zwischen Demokraten und Oligarchen ab 403 wieder eine recht stabile demokratische Verfassung errichten können (S. 137). Wenn trotz kleinerer Verstöße das Gebot zur *inneren* Eintracht (*Homónoia*) letztlich eindrucksvoll eingehalten wurde, so waren sich die Athener in der Verfolgung ihres *außenpolitischen* Ziels mindestens ebenso einig, wie die neuere Forschung gegen tendenziöse Quellenaussagen und ihnen folgende frühere Gelehrte eindrucksvoll gezeigt hat:[248] Die frühere, jetzt an Sparta verlorene Seeherrschaft über die Ägäiswelt sollte wiederhergestellt, das Ergebnis des Peloponnesischen Krieges revidiert werden. Aber während Sparta die innenpolitische Autonomie und Stabilität Athens nicht nur duldete, sondern zu Beginn sogar gefördert hatte, schloß es selbstredend alle Ambitionen Athens auf eine eigenständige Außenpolitik von vornherein aus und legte den wehrlos gemachten ehemaligen Kriegsgegner an die kurze Kette des eigenen Bündnissystems.

Distanzierung von der Supermacht

Selbstverständlich waren sich die Athener darüber im klaren, daß sie sich zunächst kein Aufbegehren gegen die neue griechische «Supermacht» leisten konnten. Deshalb haben wir für die erste Zeit nach dem Peloponnesischen Krieg auch keinerlei Anzeichen in diese Richtung, sondern schließen lediglich aus den späteren Ereignissen, daß der Wunsch nach Wiederherstellung der eigenen

Seemacht sehr schnell wieder aufgekommen sein muß. Dennoch kam – schneller vielleicht, als es sich die Athener selbst hätten erhoffen können – eine Gelegenheit, zumindest tendenziell gegen die völlige Unterordnung unter Sparta anzugehen. Diese Gelegenheit hätte, wären die griechischen Staaten unter sich geblieben, wahrscheinlich noch lange auf sich warten lassen; wie im Peloponnesischen Krieg und wie in der Folgezeit noch häufiger, wurde die entscheidende Voraussetzung jedoch von außen, von Persien nämlich, geschaffen. Im Krieg um Kleinasien machte Persien 398/7 deutlich, daß es Sparta nicht nachgeben, sondern den Krieg ausweiten würde. In dem überseeischen Engagement Spartas sahen Athen und andere Verbündete trotz ihrer eigenen Verpflichtungen gegenüber Sparta den Ansatzpunkt, sich von der zunehmend weniger beliebten Vormacht zu lösen. Diese Distanzierung verlief, wie wir vor allem aus den *Hellenika von Oxyrhynchos* erfahren, in mehreren Schritten, bis sie durch persische Initiative zum aktiven Widerstand gesteigert wurde.

Gefolgschaftsverweigerung

Anknüpfungspunkt für die Athener war, daß ihr Landsmann, der im Peloponnesischen Krieg erprobte Feldherr Konon, zum Kommandanten der neu aufzubauenden persischen Flotte ernannt wurde. Noch im selben Jahr (398/7) schickte ihm Athen einige Nautiker sowie Schiffsausrüstung und verband damit eine Gesandtschaft an den persischen Königshof, um erste Kontakte zu knüpfen. Als Agesilaos 396 Kontingente der Verbündeten anforderte, um sie nach Kleinasien mitzunehmen, beschloß neben Theben, Korinth und Argos dieses Mal auch Athen, die Heeresfolge zu verweigern. Allerdings kaschierten die Athener den implizierten Bruch mit Sparta durch die offizielle Entschuldigung, sie seien durch die Pest und den Krieg zu sehr geschwächt, um Soldaten abstellen zu können. Ebenfalls um einem offenen Konflikt mit Sparta vorzubeugen, stimmte die Volksversammlung in einer sehr gegensätzlich geführten Debatte dafür, den Athener Demainetos, der Anfang 395 angeblich mit Billigung des Rates Konon eine Triere zugeführt hatte, an Sparta auszuliefern. Die Umstände vermitteln den Eindruck, daß die Volksversammlung am liebsten ein Ehrendekret für Demainetos beschlossen hätte. Erst der eindringliche Hinweis des Thrasybulos auf die Wehrlosigkeit der Stadt hat den Ausschlag für die Auslieferung gegeben.

Offene Auflehnung gegen Sparta

Solche Bedenken wurden kurz darauf fallengelassen, als eine antispartanische Koalition im Jahr 395 den offenen Aufstand gegen die griechische Vormacht wagte. Persien hatte das Terrain vorbereitet und den Rhodier Timokrates eine beträchtliche Summe Goldes in griechischen Poleis verteilen lassen. Wenn es sich nämlich in Griechenland selbst einem Krieg stellen müßte, so lautete die persische Kalkulation, dann könnte sich Sparta in Kleinasien nicht mehr halten. Während Xenophon dieser Bestechung in den anderen Städten eine gewisse Wirkung zuspricht, gibt er an, daß die Athener von dem Gold nichts genommen hätten, «aber gleichermaßen zum Krieg bereit waren in dem Glauben, dadurch ihre alte Herrschaft wiederzugewinnen» (*hell.* 3,5,2). Dazu kam sicher noch die Furcht, daß der wieder mächtigere Lysander seine frühere, besonders unbeliebte Außenpolitik wiederaufnehmen könnte. Der Haß auf Sparta erscheint in den *Hellenika von Oxyrhynchos* als das Hauptmotiv aller beteiligten Griechen, und diesem Urteil neigt auch die neuere Forschung zu, die den persischen Zahlungen nurmehr eine unterstützende Wirkung zubilligt. Den Anlaß zum Krieg bot ein Konflikt zwischen Lokris, dem Theben zu Hilfe kam, und Phokis, das Sparta für seine Sache gewann. Die Thebaner versuchten daraufhin, Athen für ein Bündnis zu gewinnen.[249] Xenophons vielleicht nicht wörtlich zu nehmende Aussage, *alle* Athener hätten für das Bündnis gestimmt, zeigt zumindest, daß die überwiegende Mehrheit der Athener nunmehr bereit war, zur Wiedererlangung äußerer Macht einen neuen Krieg mit Sparta zu riskieren.

Schlacht bei Haliartos und Tod Lysanders

Der athenische Beschluß bedeutete unzweifelhaft die Auflösung des mit Sparta bestehenden Bündnisses und – weil Lysander, der das Kommando über einen Teil des lakedaimonischen Aufgebots führte, bereits die boiotische Stadt Orchomenos eingenommen hatte – den direkten Eintritt in den Kriegszustand, der zwischen Sparta und Theben schon bestand. In der Tat schickte Athen unverzüglich ein Kontingent an den nächsten Kriegsschauplatz, nach Haliartos in Böotien. Diesen Ort griff Lysander an, ohne die vereinbarte Ankunft des Königs Pausanias abzuwarten, erlitt eine Niederlage und fand dabei den Tod. Daß der nachrückende Pausanias den Kampf nicht weiterführte, trug ihm, zusammen mit weiteren Anklagen, in seiner Heimat das Todesurteil ein, dem er sich durch den Gang ins Exil entzog. Nachfolger im Hause der Agiaden wurde sein Sohn Agesipolis.

Antispartanische Allianz

Die Schlacht bei Haliartos spät im Jahr 395 bedeutete die erste erfolgreiche Auflehnung gegen den universellen Machtanspruch

Spartas. Die darauf gründenden Aussichten bewogen weitere Städte, sich der thebanisch-athenischen Allianz anzuschließen. Es wurde ein regelrechter Bund gegründet, der einen gemeinsamen Rat, ein Synhedrion, in Korinth etablierte. Da auch viele der folgenden Kriegshandlungen sich im Gebiet um Korinth konzentrierten, wird dieser Konflikt mit Diodor als ‹Korinthischer Krieg› bezeichnet.

Persischer Sieg bei Knidos

Während sich die Landkämpfe noch jahrelang hinziehen sollten, fiel zur See bereits 394 die Entscheidung. In der Schlacht bei Knidos vernichtete die persisch-phönikische Flotte unter Konon und dem Satrapen Pharnabazos die von Agesilaos zurückgelassenen Einheiten und beherrschte seitdem das gesamte ägäische Meer. Damit war auch das griechische Kleinasien für Sparta verloren und mußte die Oberhoheit Persiens anerkennen. Konon konnte sich nun in seiner Heimatstadt feiern lassen und erhielt von den Athenern eine öffentlich aufzustellende Bronzestatue zugesprochen, eine Ehrung, die bis dahin den Tyrannenmördern Harmodios und Aristogeiton vorbehalten war (S. 62). Die Statue des Siegers über Sparta hat aber vor allem den unabweisbaren Bezug auf dieselbe Auszeichnung, die sich Lysander als Sieger über Athen erworben hatte, obwohl der Sieg bei Knidos nicht mit der athenischen, sondern der persischen Flotte errungen wurde. Konon selbst zeigte sich der Ehrung würdig und stärkte die athenische Position nach Kräften. Zu dem schon vor seiner Ankunft begonnenen Wiederaufbau der Langen Mauern steuerte er Geld bei und stellte seine Flottenmannschaften als Arbeitskräfte zur Verfügung. Er ließ zu, daß Athen sich seine früheren Besitzungen (Kleruchien) Lemnos, Imbros und Skyros wieder aneignete und Bündnisse mit Chios, Mytilene, Rhodos, Kos und Knidos abschloß.[250]

Friedensschluß gescheitert

Da sich Sparta kaum Hoffnungen auf einen durchschlagenden Erfolg gegen die griechische Koalition und Persien machen konnte, erwog man dort ab 392 einen Friedensschluß. Unter Zustimmung Persiens wurden gemäßigte Friedensbedingungen vorgeschlagen: Athen sollte seine Kleruchien, seine Befestigungen und die im Aufbau befindliche Flotte behalten dürfen. Die athenischen Gesandten akzeptierten diese Bedingungen, fanden dafür aber keine Mehrheit in der Volksversammlung und mußten, des Verrats angeklagt, in die Verbannung flüchten. Einer von ihnen war der Redner Andokides, der die Verhandlungsergebnisse in seiner Rede *Über den Frieden* (And. 3) nachträglich verteidigte. Ihr und anderen Quellen, wie dem etwa gleichzeitigen *Epitaphios* des Lysias (Lys. 2) können wir entnehmen, daß unter den Athenern das Ziel, wieder eine hegemoniale Stellung zu erlangen, unumstritten war.[251] Aber während die Gesandten den Frieden für eine notwendige Bedingung der weiteren Aufrüstung hielten, sahen ihre Gegner dadurch die Vormachtstellung Spartas gestärkt. Als Begründung für die Ablehnung des Friedens mußte nun auch in Athen der schon von Sparta arg strapazierte Vorwand herhalten, man wolle die kleinasiatischen Griechen nicht an Persien ausliefern.

Schwerer Verlust Spartas

Die folgenreichsten Ereignisse der nächsten Kriegsjahre seien noch kurz erwähnt. Mitten in einer spartanischen Offensive gegen Argos und Korinth gelang es dem athenischen Feldherrn Iphikrates im Frühjahr 390, eine gesamte spartanische *Mora*, also 250 Spartiaten, zu vernichten. Für Sparta, dessen Bürgerheer insgesamt nur sechs Moren umfaßte, war das ein schwerer Verlust. Das Ereignis rückt aber auch eine militärtechnische Änderung des 4. Jahrhunderts in den Blickpunkt, nämlich die zunehmende Bedeutung von Leichtbewaffneten. In Athen hat Iphikrates an ihrer Ausrüstung und taktischen Schulung maßgeblich mitgewirkt; ihre größere Schnelligkeit und Beweglichkeit ließ diese Peltasten unter bestimmten Bedingungen, wie hier am Isthmos von Korinth, die Oberhand über eine kleine und schwerfällige Phalanx gewinnen.

Erfolge Spartas und Athens

Mehr Erfolg hatte Sparta in Kleinasien, wo es den Krieg ab 391 wieder aufnahm. Einige von den persischen Autonomieregelungen enttäuschte Städte schlossen sich an, und in den Gewässern von Rhodos konnte sich ein spartanisches Geschwader halten, nachdem Persien seine Flotte aufgelöst hatte. Athen hingegen erzielte große Erfolge im hellespontischen Gebiet, wo seit 390 oder 389 eine Flotte von 40 Schiffen unter Thrasybulos von Steiria, einem der Befreier von 403 (S. 136), operierte. Thasos, Samothrake, Tenedos, die thrakische Chersones, Byzantion und Kalchedon konnten gewonnen werden, Verträge mit den thrakischen Königen sicherten das Hinterland. Damit war die Verbindung zum Pontos wieder in athenischer Hand, Athen war neben Sparta und Persien die dritte Macht im Ägäisraum und nahm sich sofort heraus, an seine früheren Herrschaftspraktiken anzuknüpfen:[252] Thrasybul legte Besatzungen in einige Städte, erhob, wie es 413 geschehen war, einen allgemeiner Warenzoll von fünf Prozent und führte den seit 410 verlangten Bosporus-Zoll von zehn Prozent wieder ein, den er an Byzantion verpachtete.

Athen zum Nachgeben gezwungen

Um diese Gewinne am Hellespont nicht wieder zu verlieren, lehnte Athen 388/7 auch eine zweite persisch-spartanische Friedensinitiative ab. Die kurz darauf, im Jahr 387, vollzogene Kehrtwendung kam nur durch eine Änderung des militärischen Kräfteverhältnisses in eben diesem Gebiet zustande. Wieder war es Persien, das durch eine Verlagerung seiner Unterstützung die Politik der Griechen bestimmte und einen Frieden herbeiführte. Die Schiffe, welche die persischen Satrapen zur Verfügung stellten und zu denen sich noch 20 von Dionysios I. – dem mit Sparta verbündeten Tyrannen von Syrakus – aus Sizilien gesandte Schiffe gesellten, brachten die spartanische Flotte auf eine Stärke von rund 80 Einheiten. Damit war sie dem athenischen Kontingent überlegen, beherrschte den Hellespont, wohin sie verlagert wurde, und konnte Athens Getreidezufuhr vom Pontos abschneiden. Einen aktuellen Eindruck davon, wie aussichtslos den Athenern ihre Lage erscheinen mußte, vermitteln die Reden des Lysias, insbesondere diejenige *Gegen die Getreidehändler* (Lys. 22), denen der Autor preistreibende Aufkäufe zu großer Getreidemengen vorwirft. Ein Nachgeben Athens, dessen Unterlegenheit gegen eine spartanisch-persisch-sizilische Koalition offenkundig war, wurde also mit denselben Mitteln wie 405/4 das Ende des Peloponnesischen Krieges erzwungen.

1.3. Die Garantie der spartanischen Vormachtstellung: der Königsfrieden

Friedensbedingungen

Da die athenischen Verbündeten auf sich alleine gestellt keine Erfolge gegen ein von Persien gestärktes Sparta erwarten konnten und da Sparta sich schon seit langem aus Kleinasien lösen und dem Ausbau seiner Stellung in Griechenland zuwenden wollte, hatte die persische Friedensinitiative diesmal Erfolg. Auf Einladung des Satrapen Tiribazos schickten alle Beteiligten ihre Gesandten nach Sardes, wo ihnen im Herbst 387 folgende, von Xenophon referierte Friedensbedingungen des Großkönigs eröffnet wurden: «König Artaxerxes hält es für gerecht, daß die Poleis in Asien ihm gehören und von den Inseln Klazomenai und Zypern, und daß die übrigen griechischen Poleis, kleine und große, unabhängig (*autónomoi*) werden außer Lemnos, Imbros und Skyros; diese sollen wie früher den Athenern gehören. Gegen diejenigen aber, die diesen Frieden nicht annehmen, werde ich Krieg führen zusammen mit denen, die diese Bedingungen wollen, zu Land und zu Wasser, mit meinen Schiffen und meinem Gelde» (*hell.* 5,1,31). Weil dieser Frieden auf Druck des persischen Großkönigs herbeigeführt wurde, wird er heute im allgemeinen als *Königsfrieden*, manchmal auch nach dem langjährigen spartanischen Unterhändler als ‹Antalkidasfrieden› bezeichnet.[253] Seine Ausführungsbestimmungen wurden von den griechischen Gesandten in Sparta weiterberaten und dort im Frühjahr 386 letztlich von allen wichtigen griechischen Staaten beschworen.

Auswirkungen des Friedens

Für Sparta, das es im Korinthischen Krieg mit mehreren griechischen Gegnern zu tun hatte, war es das wichtigste Ziel, Korinth, Argos und Theben zu isolieren und in ihrer Macht zu beschränken. Ebensowenig wie Persien hatte es jetzt ein Interesse daran, Athen so zu schwächen, daß seine Unzufriedenheit die angestrebte Ordnung wieder stören könnte. Mit den Friedensbedingungen, die sich inhaltlich nicht von den schon zweimal abgelehnten Friedensangeboten unterschieden, konnte Athen daher angesichts seiner militärischen Lage zufrieden sein. Immerhin behielt es seine Mauern, seine Flotte und seine Kleruchien.[254] *De facto* wurde Athen also als Großmacht anerkannt; verglichen mit seiner Stellung nach dem Peloponnesischen Krieg, als es zu einem von Sparta abhängigen Vasallenstaat geworden war, muß das in athenischen Augen ein großer Fortschritt gewesen sein. Allerdings waren seine weitergehenden, auf die Wiedererrichtung eines Seereichs gerichteten Ambitionen zunächst gescheitert. Der Ausbau seiner Machtstellung, den Athen weiterhin anstrebte, mußte daher anders angegangen werden. Alle zukünftigen außenpolitischen Initiativen hatten nun auf der Grundlage des Königsfriedens vonstatten zu gehen und die darin geschützte Autonomie der anderen griechischen Poleis zu respektieren. Wie andere ambitionierte Staaten – gerade auch Theben – mußte Athen dabei vor allem darauf bedacht sein, die griechische Macht, die am meisten von dem neuen Friedenszustand profitierte, nicht gegen sich aufzubringen.

Spartaner als Schirmherren des Friedens

Denn Sparta verstand es sehr geschickt, die natürlich daraufhin berechneten Friedensbedingungen zum Ausbau seiner eigenen Stellung zu nutzen. Zwar mußte es, ebenso wie etwa Athen aus dem hellespontischen Gebiet, seine Land- und Seestreitkräfte von überallher abziehen und auflösen. Daraus zog allerdings nur das persische Reich Nutzen, das die nun schutzlosen griechischen

Städte Kleinasiens wieder unterwerfen und damit seinen im Königsfrieden formulierten Anspruch in die Tat umsetzen konnte.[255] Innerhalb Griechenlands jedoch waren die Spartaner zumindest stillschweigend, vielleicht sogar ausdrücklich von Persien als Schirmherren (*Prostátai*) des Friedens anerkannt. Als stärkste militärische Macht mit zusätzlicher persischer Rückendeckung waren sie jeder anderen Polis, die für sich allein stand, von vornherein überlegen. Zur Aufrechterhaltung und zum weiteren Ausbau dieser Vorrangstellung setzten sich die Spartaner nach der Maxime *divide et impera* dafür ein, nicht nur jeglichen überstaatlichen Zusammenschluß zu verhindern, sondern auch bestehende, sie störende Machtkonzentrationen aufzulösen. Höhepunkt dieses spartanischen Machtstrebens, das vor Eingriffen in die innere Unabhängigkeit der griechischen Poleis durchaus nicht zurückschreckte, war die handstreichartige Besetzung der thebanischen Burg, der Kadmeia, im Jahr 382 v. Chr. Diese Aktion rief nachhaltige Entrüstung in der griechischen Welt hervor und wurde als Bruch des Königsfriedens gewertet. Daraufhin verurteilte Sparta zwar den verantwortlichen Militärführer Phoibidas, zog aber seine Besatzung aus Theben nicht ab.

Stärkung der spartanischen Machtposition

In den Jahren nach dem Königsfrieden hat Sparta also seine außenpolitische Position verbessern können. Als Aufsichtsmacht der neuen Autonomie-Ordnung, die es in seinem eigenen Interesse interpretierte, konnte es die beherrschende Stellung in Griechenland wiedererlangen, die es im Korinthischen Krieg verloren hatte. Der Peloponnesische Bund war nun, nach der Wiedereingliederung Megaras und Korinths mitsamt seinen Kolonien Leukas und Ambrakia, wieder so stark wie früher. Seine Schlagkraft sollte durch zwei Reformmaßnahmen noch gestärkt werden: Zunächst (383/2) ermöglichte es Sparta seinen Verbündeten, ihre Heeresfolge durch Geldzahlungen zu ersetzen. Einige Zeit später, um 378/7, wurde das Bundesgebiet in zehn Militärbezirke eingeteilt, die für die Aufstellung der Heereskontingente verantwortlich waren. Zusätzliche Bündnisse mit Böotien, Euböa und Lokris sowie beste Beziehungen zu Thessalien und Makedonien waren weitere Pfeiler der spartanischen Machtstellung.

Person des Agesilaos

Diese Erfolge waren im wesentlichen das Verdienst des Königs Agesilaos, der nach dem Tod Lysanders und dem Exil des zweiten Königs Pausanias die politische Führung in Sparta übernahm, die ihm seine jungen Mitkönige Agesipolis und dessen Nachfolger

Kleombrotos nicht streitig machen konnten. Sein Bewunderer Xenophon rühmt Agesilaos als Vorbild in der einfachen Lebensführung, im Kriegsmut und in der Achtung der eigenen Verfassungsinstitutionen sowie der Respektierung von Verträgen.[256] Die moderne Forschung erinnert aber auch daran, daß Agesilaos trotz vieler militärischer Erfolge die Fortschritte seiner Zeit in Strategie und Taktik nicht übernahm, sondern als alter Haudegen ebenso unflexibel blieb, wie er als Politiker stur auf die Politik der Stärke setzte.

1.4. Die Wendung gegen Sparta: der Zweite Athenische Seebund

Unzufriedenheit mit Sparta

Die unter dem Deckmantel des Königsfriedens von Sparta verfolgte Machtpolitik erregte zunehmend den Unwillen der anderen griechischen Staaten, die ihre Autonomie, wie sie sie selbst verstanden, von der spartanischen Vorherrschaft eingeschränkt sahen. Daß man die von Sparta erzwungene Ordnung nicht als wirklichen Friedenszustand auffaßte, zeigt nicht zuletzt die Forderung des Isokrates in seinem während der Besetzung der thebanischen Kadmeia entstandenen *Panegyrikos* (380 v. Chr.), alle innergriechischen Kämpfe zu beenden. Sein traditionell-panhellenisches Programm, alle Griechen zu einem großen Kampf gegen Persien zu bewegen, dürften zwar die meisten Städte als Idealismus abgetan haben, aber seine Idee, Athen komme dabei die Vormachtstellung unter den Griechen zu, kam der Realität näher, insofern sie einerseits ein athenisches Interesse an Machterweiterung aufgreift und andererseits berücksichtigt, daß Athen die einzig mögliche Gegenmacht zu Sparta sein konnte. Wenn Athen als Mutter der Zivilisation, Helferin der Schwachen, eine einzige Wohltat für Griechenland usw. idealisiert wird, dann ist der Gegensatz zur aktuellen Vormacht Sparta stets mitgedacht.

Athens Respekt vor Sparta

Trotzdem ging das erste Aufbegehren gegen Sparta von Theben aus, auch wenn Athen von vornherein in die Ereignisse verwickelt war. Die thebanischen Exulanten, die gleich bei der Besetzung der Kadmeia (382) in Athen aufgenommen worden waren, bereiteten nämlich von dort aus ihre Rückkehr vor. Im Winter 379/8 gelang es ihnen dann mit militärischer Unterstützung durch zwei athenische Strategen, die spartanische Besatzung zum Abzug zu zwingen. Das Erscheinen eines peloponnesischen Heeres an der Grenze

Attikas genügte, die Athener zur Verurteilung der beiden Strategen zu veranlassen. Deren Handeln wurde – wahrscheinlich wahrheitswidrig – als von den athenischen Gremien nicht gedeckt hingestellt. Die ängstliche athenische Reaktion beweist wiederum, daß Sparta in diesen Jahren eine militärische Ausnahmestellung einnahm.

Athenische Bündnisse

Zu Lande konnte die spartanische Vorherrschaft keinesfalls angetastet werden. Aber es war sowieso der andere Bereich, das Meer nämlich, wo seit jeher Athens Stärken und Interessen lagen und worauf man sich auch jetzt wieder besann, um die eigene Macht derjenigen Spartas anzunähern. Da die Athener dieses Ziel aber nur im Bund mit anderen Städten erreichen konnten, hatten sie schon 384 v. Chr. einen ersten zweiseitigen Beistandsvertrag mit der Insel Chios geschlossen, der zum Vorbild für weitere Bündnisse werden sollte.[257] Darin sicherte Athen den Chiern Freiheit und Autonomie zu; die einseitige Garantie zeigt, welcher Seite allein die Verletzung dieser Werte zugetraut werden konnte. Beide Vertragspartner hingegen verpflichteten sich auf die strikte Einhaltung des Königsfriedens. Dadurch wollte man der Gefahr vorbeugen, daß Sparta als Aufsichtsmacht des Friedens gegen das Bündnis vorgehen könnte. Außer mit Chios hat Athen in der Folgezeit auch mit Methymna und vielleicht weiteren Städten zweiseitige Bündnisse geschlossen, die uns nicht erhalten sind.

Gründung des Seebunds

Zu Beginn der 70er Jahre jedoch gelang es Athen, die Einzelbündnisse durch Gründung eines mehrseitigen Verteidigungsbündnisses zu ersetzen und zu erweitern. Über die erfolgreiche Neugründung, die am ehesten im Herbst 378 stattfand,[258] berichtet lediglich Diodor (15,28), während Xenophon den neuen Bund niemals direkt erwähnt. Der Bund wird heute als Zweiter Athenischer (oder Attischer) Seebund bezeichnet. Seine Gründungsmitglieder waren Chios, Byzantion, Rhodos und Mytilene; bald danach traten Methymna und, ganz wichtig für die weitere Entwicklung, Theben als einzige größere Landmacht bei. Die Mitglieder schickten Abgeordnete (*Sýnhedroi*) in einen gemeinsamen Bundesrat (*Synhédrion*) nach Athen, in dem jede Polis, ob klein oder groß, eine Stimme hatte. Um mehr Mitglieder zu gewinnen, faßte die athenische Volksversammlung im Frühjahr 377 einen Beschluß, der alle Griechen und auch Barbaren zum Beitritt aufforderte. Nach dem Antragsteller, der mit dem berühmten Philosophen nur namensgleich war, wird der Beschluß häufig *Aristote-*

les-Dekret genannt.[259] Daß es in Athen in Stein gemeißelt wurde und uns deshalb überliefert ist, verdankt sich dem athenischen Anliegen, die Garantien, mit denen man neue Mitglieder warb, der Öffentlichkeit dauerhaft vor Augen zu stellen. Die obligatorischen Schlagwörter Freiheit und Autonomie sind hier erstmals genauer bestimmt als Verzicht auf Eingriffe in die Verfassungen, auf Entsendung von Besatzungen und Befehlshabern, auf die Einziehung von Tributen sowie auf privaten und öffentlichen athenischen Immobilienbesitz auf dem Gebiet der Mitglieder. Mit diesen Garantien[260] distanzierte sich Athen zum einen von seiner eigenen Vergangenheit, nämlich von den Herrschaftspraktiken, die seinen früheren, ersten Seebund in Verruf gebracht hatten. Zum andern aber setzte es sich auch von den Maßnahmen ab, mit denen Sparta in den vorausgegangenen Jahren die griechischen Städte belastet hatte. Der dagegen gerichtete Widerstandswille der Griechen war daher auch explizit das Motiv, an das der erwähnte Beschluß in seinen Einleitungsworten appelliert: «Damit die Lakedaimonier die Griechen frei, autonom und in Ruhe leben und ihr Land in Sicherheit besitzen lassen ...»

Reaktion Spartas

Mit der Aufforderung an die anderen Staaten, sich durch Hinwendung zu Athen aus der spartanischen Vorherrschaft zu lösen, stellte sich Athen erstmals seit dem Königsfrieden offen gegen die griechische Vormacht. Um harten Reaktionen Spartas nach Möglichkeit vorzubeugen, nahm man in das Dekret wiederum, wie in den Vertrag mit Chios, einen Passus auf, in dem die Bestimmungen des Königsfriedens ausdrücklich anerkannt wurden. Trotzdem erfolgte nach kurzer Zeit eine spartanische Reaktion, die einzuordnen allerdings erhebliche Schwierigkeiten macht. In einem überraschenden Nachtmarsch drang nämlich der in Böotien stationierte spartanische Kommandeur Sphodrias mit seinen Truppen in athenisches Gebiet ein, angeblich um den Piräus zu besetzen. Da er aber am Morgen nur bis Eleusis gekommen war, hat man die Aktion verschiedentlich als reine Drohgebärde beurteilt. Sphodrias mußte sich zurückziehen und kam vor ein spartanisches Gericht, nachdem Athen heftig gegen die Verletzung seines Territoriums protestiert hatte. Sein Freispruch läßt daran zweifeln, ob es sich wirklich um eine nicht autorisierte Privatunternehmung gehandelt hat, wie die Spartaner angaben, und lieferte Athen den willkommenen Anlaß, den Königsfrieden für gebrochen zu erklären. Die historisch bedeutendste Frage aber gilt der

Chronologie. Während sich die hier wiedergegebene, erst in jüngerer Zeit vertretene Reihenfolge der Ereignisse auf das als zuverlässiger eingestufte Zeugnis Diodors stützt,[261] folgte die ältere Forschung überwiegend Xenophon und Plutarch, nach deren Darstellung die Sphodrias-Attacke der Seebundsgründung (obwohl diese nicht ausdrücklich erwähnt wird) vorausgegangen sein müßte. Die Seebundsgründung erschien aus dieser, Athen eher rechtfertigenden Sicht als athenische Reaktion auf einen – seinerseits dann allerdings schwer begründbaren[262] – spartanischen Angriff, während neuerdings im Gegenteil die Initiative zur Auseinandersetzung Athen zugeschrieben wird.

Athenische Seeherrschaft

Wie immer man diese Ereignisse anordnen und interpretieren muß – sie bedeuteten auf jeden Fall den Beginn einer offenen Konfrontation zwischen den alten und neuen griechischen Hauptmächten, Athen und Sparta, eine Konfrontation, bei der nun auch eine dritte Macht, Theben, eine zunehmende Rolle spielte. Die Athener setzten auf den Neuaufbau ihrer Flotte und waren bereit, dafür regelmäßige Steuern zu entrichten, die ab 378/7 in neu eingeteilten Steuerklassen (Symmoríen) erhoben wurden. Um die athenische Machtentfaltung möglichst früh zu ersticken, entsandte Sparta eine Flotte von 65 Trieren in die Ägäis, die die bereits mehrfach bewährte Strategie verfolgte, Attika von seinen Zufuhren abzuschneiden. Athen mußte nun den offenen Kampf suchen und errang durch den Strategen Chabrias, der 83 Schiffe kommandierte, im September 376 einen vollständigen Sieg bei Naxos. Dieser erste Seesieg einer athenischen Flotte seit der Arginusenschlacht (405 v. Chr.) brachte den Siegern die Seeherrschaft im ägäischen Meer zurück. Im folgenden Jahr (375) führte die Expedition des Strategen Timotheos ins Ionische Meer bei Alyzeia zu einem erneuten Sieg über eine peloponnesische Flotte. Damit war Athen wieder die unangefochten stärkste griechische Seemacht und konnte seinen neuen Seebund durch den Beitritt zahlreicher Staaten im ägäischen und ionischen Meer erheblich erweitern.[263]

Allgemeiner Friede

Unter Anerkennung der jeweiligen Machtstellung schlossen Athen und Sparta im Herbst 375 Frieden. Dieses Abkommen beendete nicht nur die genannten Kriege zur See, sondern auch den Landkrieg zwischen Sparta und Theben um die übrigen böotischen Städte, in dessen Verlauf Athen seinen thebanischen Verbündeten regelmäßig Hilfskontingente geschickt hatte. Der Friede schloß nämlich nicht nur die Verbündeten der beiden Hauptmächte ein, sondern garantierte auch allen anderen, nicht direkt beteiligten griechischen Poleis ihre Autonomie. Die Wiederholung dieser Formel bedeutet die eine direkte Parallele zum Königsfrieden von 387/6, die andere besteht darin, daß auch der Friede von 375 unter dem Einfluß des persischen Großkönigs zustandekam. Insbesondere weil diese beiden und weitere, noch folgende Friedensschlüsse *allen* Griechen, über den Kreis der direkt am Friedensschluß beteiligten hinaus, Autonomie garantierten und zeitlich unbefristet gelten sollten, hat man diese Vereinbarungen unter dem zeitgenössischen Begriff *Koiné Eiréne* (allgemeiner Friede) zusammengefaßt.[264]

Kurze Friedensdauer

In Athen hat man diesem Friedensschluß, offenbar weil damit das neue Bündnissystem und die neue athenische Machtstellung zur See von Sparta akzeptiert wurden, große Bedeutung beigemessen: Der vergöttlichten *Eirene* wurde ein offizieller Kult eingerichtet. Außerdem hat man sich vom Frieden wohl auch einen stabilen wirtschaftlichen Aufschwung erhofft, wie zumindest ein künstlerisches Symbol nahelegt, nämlich die berühmt gewordene Statue des Bildhauers Kephisodotos, der zu diesem Anlaß die Friedensgöttin mit dem Reichtum symbolisierenden Plutosknaben im Arm geschaffen hat.[265] Trotzdem hielt der Friede nur kurze Zeit an. Spätestens 373 führte ein Verfassungsstreit im verbündeten Kerkyra zu einer neuerlichen militärischen Expedition Athens ins ionische Meer. Die zur Unterstützung der kerkyräischen Oligarchen angerückten Spartaner konnten vertrieben werden.

Erneuter Friede

Eine erneute Verständigung bahnte sich jedoch dadurch an, daß Athen allmählich Bedenken gegen die Machterweiterung seines thebanischen Verbündeten entwickelte. Verhandlungen in Sparta, an denen auch Theben teilnahm, führten daher schnell zu einem neuerlichen Abkommen. Es legte fest, die spartanischen Befehlshaber, die noch in einigen Städten stationiert waren, von dort abzuziehen, See- und Landstreitkräfte zurückzubeordern und allen Städten ihre Autonomie zu belassen. Diese neuerliche Koine Eirene (373) wurde bezeichnenderweise von Sparta auch für die Mitglieder des Peloponnesischen Bundes mitbeschworen, während die Mitglieder des Athenischen Seebunds den Eid jeweils selbst leisteten und damit ihre Autonomie unter Beweis stellten.

2. Der Machtverlust von Sparta und Athen (371–338 v. Chr.)

2.1. *Spartas Waterloo: Leuktra und die Folgen*

Schiefe Schlachtreihe der Thebaner

Nachdem die Thebaner den Frieden mitbeschworen hatten, verlangten sie sofort am folgenden Tag, auf der Liste der Unterzeichner statt ihrer Stadt nun «Böoter» einzutragen. Der Spartanerkönig Agesilaos wies dieses Ansinnen, mit dem die Thebaner als zuständig für ihren Böotischen Bund anerkannt werden wollten, entschieden zurück. Darüber hinaus wollte Sparta die rechtliche Streitfrage sofort dazu nutzen, die thebanische Position auch faktisch wieder zu schwächen, und beauftragte das in Phokis stehende Heer unter König Kleombrotos damit, die Freiheit und Selbständigkeit der böotischen Poleis wiederherzustellen. Während Sparta also die Kriegsdrohung, mit der es damals den Königsfrieden auch gegen Theben durchgesetzt hatte, in ähnlicher Form wiederholte, hatte sein Adressat in den seitdem vergangenen 15 Jahren so an Stärke hinzugewonnen, daß er sich jetzt nicht nur militärisch zur Wehr setzte, sondern sogar einen durchschlagenden Erfolg errang. Unter der Führung des Epameinondas brachte ein thebanisches Heer von 7000 Soldaten dem von Phokis her einrückenden peloponnesischen Aufgebot von 10 000 Mann in einer Schlacht nahe der Stadt Leuktra eine vollkommene Niederlage bei. Neben der Unterlegenheit der lakedaimonischen Reiterei hatte wesentlichen Anteil daran die berühmt gewordene *schiefe Schlachtreihe* der Thebaner; deren Taktik bestand darin, den linken Flügel ihrer Phalanx so tief zu staffeln, daß er die gegnerischen Reihen mit großer Wucht durchbrach und in Unordnung brachte.

Spartanisches Desaster

Für Sparta bedeutete die im Juli 371 erlittene Niederlage in mehrfacher Hinsicht ein großes Unglück. Zunächst einmal fanden von den 700 am Kampf beteiligten Spartiaten 400 den Tod, darunter König Kleombrotos, der oben erwähnte Sphodrias und weitere wichtige Männer. Eines der Grundprobleme Spartas, daß nämlich die Zahl seiner Vollbürger ständig zurückging (S. 171), wurde dadurch mit einem Mal dramatisch verschärft. Sodann verloren die Spartaner bei Leuktra ihren Nimbus, in offener Feldschlacht unbesiegbar zu sein. Und schließlich war den Spartanern in Theben endgültig ein Gegner erwachsen, der eine Bedrohung für ihre bislang unangefochtene Machtstellung zu Lande darstellte. Theben zögerte nämlich nicht, seinen Sieg auszunutzen; es errang durch Bündnisse mit Phokis und Lokris die Dominanz in Mittelgriechenland und brach durch ein Bündnis mit Achaia auch in den spartanischen Herrschaftsbereich ein.

Athen zwischen Theben und Sparta

Wie aber reagierte Athen auf diese Ereignisse? Kurz gesagt, wollte Athen seine eigene Position in der Konkurrenz der großen Poleis dadurch weiter stärken, daß es einerseits Thebens Machtzuwachs eindämmte und andererseits Sparta als eigene, wenngleich deutlich redimensionierte Macht stützte. Als die Thebaner nach ihrem Sieg die Athener zur gemeinsamen Fortsetzung des Kampfes gegen Sparta mit dem Argument gewinnen wollten, sie könnten sich nun für alles rächen, was die Spartaner ihnen angetan hätten, lehnte Athen ab, weil es weder an einer weiteren Stärkung Thebens noch an einer entscheidenden militärischen Schwächung Spartas interessiert war. Eine Schwächung der *politischen* Stellung Spartas betrieb Athen aber durchaus, und zwar mit denselben Mitteln, die Sparta seit dem Königsfrieden für seine Zwecke eingesetzt hatte. Athen war es jetzt, das noch im Jahr 371 eine Konferenz zum Abschluß einer neuen Koine Eirene einberief. Diese unterschied sich nur insofern von den bisherigen allgemeinen Friedensschlüssen, als die Beteiligten schworen, einem in seiner Autonomie bedrohten Staat selbst militärisch zu Hilfe zu kommen. Und dennoch konnte Athen, indem es den Friedensschluß und seine Durchführung organisierte, eben die Stellung einnehmen, die Sparta seit dem Königsfrieden beansprucht hatte. Offenbar ohne auf entschiedenen Widerstand Spartas zu treffen, sorgte Athen dafür, daß die Verbündeten Spartas, die beim letzten Friedensschluß noch von der peloponnesischen Vormacht vertreten worden waren, jetzt einzeln den Eid leisteten, wodurch ihre Unabhängigkeit von Sparta herausgestellt wurde.[266] Den Mantineiern gelang überdies, die von Sparta nach dem Königsfrieden erzwungene Aufteilung des Gesamtstaates wieder rückgängig zu machen und ihre Stadtanlage zu befestigen.

Militärische Schwäche Spartas

Trotz all dieser Rückschläge war Sparta international noch keineswegs handlungsunfähig. Zwar hatte es sich genötigt gesehen, dem Frieden von Athen beizutreten, um neue Bündnispartner gegen Theben zu gewinnen, aber als jetzt (370 v. Chr.) ein Großteil der Arkader sich anschickte, einen strafferen Bund zu bilden,[267] konnte Agesilaos gegen die führende Stadt Mantineia ziehen und deren Land verwüsten, ohne daß die Arkader eine Schlacht gegen ihn gewagt hätten. Wenig später aber geriet Sparta seinerseits wieder gründlich in die Defensive, weil den Arkadern ein Heer der Thebaner und weiterer Verbündeter zu Hilfe kam, die unter Verweis auf die geringe Zahl der Spartiaten und auf die Aussicht, daß die Perioken von Sparta abfallen würden, davon überzeugt werden konnten, zusammen mit den Arkadern in Lakonien einzufallen (Winter 370/69). Zum ersten Mal in der Geschichte sah das unbefestigte Sparta sich von einem feindlichen Heer bedroht. Wie ernst die Lage war, ersieht man aus dem verzweifelten spartanischen Beschluß, den Heloten, die sich gegen die Feinde aufstellen ließen, die Freiheit zu versprechen. Als sich gleich über 6000 von ihnen in die Heereslisten aufnehmen ließen, kamen den Spartanern Bedenken über die Zuverlässigkeit dieser Truppe, und erst, als aus Korinth, Phleius und anderen verbündeten Staaten Hilfstruppen anrückten, fühlten sie sich wieder etwas sicherer. Das feindliche Heer, dem sich zum Glück für Sparta doch nur eine Minderheit seiner Perioken zugesellt hatte, plünderte und zerstörte einige lakonische Orte, wagte aber letztlich keinen entscheidenden Angriff auf Sparta selbst, sondern rückte nicht weiter als bis Amyklai vor. Wie deutlich aber zeichnete sich nun Spartas Schwäche ab, das nicht verhindern konnte, daß ein überlegenes feindliches Heer in lakonischem Gebiet hauste, wie es ihm beliebte!

Athenische Hilfe für Sparta

Um das feindliche Heer aus Lakonien zu vertreiben, waren die Spartaner und ihre Verbündeten auf den Beistand der Athener angewiesen. Nach der Darstellung Xenophons war es weniger der Verweis auf die rechtliche Verpflichtung aus dem Friedensvertrag von 371, und auch weniger die Erinnerung an die positiven historischen Beziehungen zwischen Athen und Sparta, die Athen zur Zustimmung bewogen, als vielmehr die realpolitische Aussicht, nach einer eventuellen Vernichtung Spartas den thebanischen Herrschaftsgelüsten in Zukunft allein gegenübertreten zu müssen. Daß sich in der Volksversammlung einige Athener gegen den Beschluß aussprachen, Sparta zu Hilfe zu kommen, hatte den Grund, daß sie Sparta noch nicht ganz so geschwächt sahen, wie sie es gewünscht hätten;[268] der eine oder andere mag sogar die völlige Vernichtung des bisherigen Gegners angestrebt haben. Ebenso deutet die zögerliche Kriegsführung des Iphikrates, der das athenische Aufgebot gegen Arkadien führte, darauf hin, daß auf athenischer Seite noch Vorbehalte gegen ein rückhaltloses Engagement für Sparta bestanden.

Messenien wird unabhängig

Sparta aber stand der schwerste Schlag erst noch bevor. Während einige der thebanischen Verbündeten sich mit dem bisher Erreichten und der Kriegsbeute zufriedengaben, zog das Hauptheer unter Epameinondas nach Messenien, um dort einen Aufstand gegen Sparta ins Werk zu setzen. Die Messenier erhoben sich, die Nachkommen der vor rund hundert Jahren geflüchteten Messenier wurden zur Verstärkung zurückgerufen und eine neue Hauptstadt mit dem Namen Messene wurde im Zentrum des Landes, am Berg Ithome, angelegt. Im Schutz der thebanischen Macht wurde also Messene als eigener Staat wiedererrichtet, und obwohl das böotische Heer noch im Frühjahr 369 aus der Peloponnes abzog, hatte Sparta keine Möglichkeit, den empfindlichen Verlust des messenischen Territoriums zu verhindern. Etwa 250 Jahre lang hatte Sparta Messenien besetzt gehalten. Während sich die dortigen Untertanen nie mit ihrem Schicksal abfanden, hatte sich Sparta auch in seiner inneren Ordnung ganz auf die Inanspruchnahme der fruchtbaren Region eingestellt. Der Verlust Messeniens, das etwa ein Drittel des spartanischen Staatsgebietes ausgemacht hatte, bedeutete daher eine weitere schwere Erschütterung nicht zuletzt der Besitzverhältnisse im spartanischen Staat. Zudem mußte Sparta auch den Verlust der im Norden Lakedaimons gelegenen Region Skiritis hinnehmen, die sich nun Megalopolis anschloß.

Bündnis Athen-Sparta

Die spartanische Niederlage bei Leuktra und der Einfall des thebanischen Heeres in der Peloponnes bewirkten überdies, daß die Mehrzahl seiner Bundesgenossen von Sparta abfiel. Der einst so mächtige Peloponnesische Bund führte in den restlichen Jahren seiner Existenz nur noch ein Schattendasein: nur noch Korinth, Sikyon, Phleius, Pellene, Epidauros, Troizen, Hermione und Halieis gehörten ihm an. Angesichts dieser einschneidenden Schwächung war Sparta um so mehr auf die Kooperation mit Athen angewiesen, das nunmehr (Sommeranfang 369) auch bereit war, sein Umschwenken von Theben zu Sparta in einem bilateralen Vertrag förmlich festzuschreiben.[269] Eine völlige Gleichberechtigung in diesem Verteidigungsbündnis wollte man dadurch gewährleisten, daß jeder Partner abwechselnd für jeweils fünf Tage den Oberbefehl über das Landheer und die Flotte erhalten sollte.

Sparta braucht Athen

Einen gemeinsamen Einsatz der Bündnispartner, zu denen noch ein von Dionysios I. aus Syrakus geschicktes kampfstarkes Kontingent stieß, erforderte bald darauf ein neuerlicher Einfall der Thebaner unter Epameinondas in die Peloponnes (Sommer 369). Nachdem Epameinondas Sikyon und Pellene gewinnen konnte, scheiterte ein Überraschungsangriff auf Korinth, so daß sich das Heer wieder zurückzog. Es war also nach der spartanischen Niederlage bei Leuktra eine Konstellation entstanden, die jene der 70er Jahre genau umkehrte. Während es nach 378 spartanische Einfälle in Böotien gewesen waren, gegen die Athen seinem damaligen Seebundspartner Theben zu Hilfe gekommen war, waren es nun thebanische Invasionen der Peloponnes, gegen die Athen den Spartanern beispringen mußte.

Die tränenlose Schlacht

In den Folgejahren ergaben sich keine entscheidenden Veränderungen in den Kräfteverhältnissen. Die Politik Spartas blieb ganz auf die Peloponnes konzentriert. Weil es die Eigenständigkeit Messeniens nicht anzuerkennen bereit war, scheiterte eine persische Friedensinitiative, die die kriegführenden Staaten in Delphi versammelte (Frühjahr 368). Der Kriegszustand dauerte also an. Ein Sieg des spartanischen Heeres unter Archidamos gegen die Streitkräfte der Arkader und Argiver (Sommer 368) – die «tränenlose Schlacht» genannt, weil kein einziger Spartaner gefallen sein soll –, war für das Selbstbewußtsein der seit Leuktra sieglosen Spartaner wichtiger als für den Kriegsverlauf. Auch konnte ein neuerlicher, dritter Einfall des Epameinondas in die Peloponnes, dieses Mal nach Achaia, die Region nur kurzfristig von Sparta loslösen (366).

Ende des Peloponnesischen Bundes

Im Verhältnis Spartas zu Athen trat eine gewisse Abkühlung ein, als die Stadt Oropos durch einen Kriegszug des Tyrannen von Eretria den Thebanern in die Hände fiel und die peloponnesischen Verbündeten auf das Hilfegesuch Athens nicht reagierten (366). Enttäuscht vom egoistischen Verhalten Spartas nahmen die Athener ein Bündnisangebot der Arkader an, die sich von Theben unabhängiger machen wollten. Durch dieses Defensivbündnis mit einem aktuellen Kriegsgegner Spartas mußte Athen jetzt ebenso Arkadien gegen Sparta wie schon bisher Sparta gegen Arkadien Hilfe leisten, falls es zu entsprechenden Angriffen kommen sollte. Ungefähr gleichzeitig versuchte Athen, Korinth mit militärischen Mitteln enger an sich zu binden, was aber dazu führte, daß sich Korinth ganz von Athen – und Sparta – löste. Indem es zusammen mit Phleius, Argos und Epidauros einen Separatfrieden mit Theben schloß (366 oder 365), verlor Sparta seine letzten wichtigen

Bundesgenossen und der Peloponnesische Bund war faktisch aufgelöst.

Schlacht bei Mantineia

Die Beendigung des Krieges ging schließlich von einer internen Spaltung der Arkader aus, die sich teils Theben, teils dessen Gegnern anschlossen. So kam es dazu, daß Sparta und Athen in einer großen Koalition mit einem etwa 20 000 Mann starken Heer einer gleichstarken Streitmacht unter Führung des Epameinondas bei Mantineia gegenüberstanden. In der Schlacht bei Mantineia (362) zeichnete sich bereits ein Erfolg für Epameinondas ab, als sein Tod doch noch einen unentschiedenen Ausgang herbeiführte. Die thebanischen Ambitionen auf die Vorherrschaft über ganz Griechenland fanden damit ihr Ende.[270]

Autonomie Messeniens

Im Anschluß daran wurde ein weiterer allgemeiner Friede auf der Grundlage der Autonomie und des gegenwärtigen Besitzstandes aller Staaten geschlossen (362). Weil darin ausdrücklich auch die Selbständigkeit Messenes garantiert war, trat Sparta diesem Frieden nicht bei.

2.2. *Die statische Zeit: Ein Bündnis im Schatten (362–338)*

Sparta als zweitrangige Macht

Auch nach Mantineia blieb Sparta die zweitrangige Macht, die es durch die Niederlage bei Leuktra geworden war. Es konzentrierte sich weiterhin auf die Wiederherstellung seiner früheren Einflußsphäre auf der Peloponnes und insbesondere – wenn auch vergeblich – auf die Rückgewinnung Messeniens. Die wenigen auswärtigen Unternehmungen bildeten meist keine Ausnahmen von dieser Politik, sondern ergänzten sie, insofern sie nicht in der Aussendung des regulären spartanischen Heeres, sondern darin bestanden, daß hochrangige Spartaner sich in fremden Diensten an die Spitze von Söldnerarmeen stellten, wie es übrigens auch athenische Feldherren im vierten Jahrhundert immer wieder taten. Für die militärische Unterstützung Ägyptens im Kampf gegen Persien erhielt König Agesilaos reichliche Geldmittel, die der Finanzierung der spartanischen Unternehmungen auf der Peloponnes dienten. Agesilaos selbst starb jedoch, inzwischen 83jährig, auf dem Rückweg nach Sparta (360/59).

Nebeneinander statt Miteinander

In der «großen» griechischen Politik spielte Sparta in diesen Jahrzehnten also höchstens noch eine Nebenrolle. Es ist daher selbstverständlich, daß diese Polis in der Geschichtsschreibung, die uns als fortlaufende Darstellung seit Mantineia nur im Werk

Diodors erhalten ist, nicht mehr im Vordergrund steht und wir über sie nur sporadisch etwas erfahren. Wahrscheinlich war die Schwäche Spartas aber auch die Voraussetzung dafür, daß das Bündnis mit Athen weder gebrochen noch gelöst wurde, wenngleich das Miteinander der 60er Jahre zunehmend einem ziemlich unbeteiligten Nebeneinander wich.

Bundesgenossenkrieg

Athen seinerseits war – wie nicht zuletzt die zahlreich erhaltenen Reden athenischer Politiker belegen – auf jeden Fall aktiver als Sparta an der internationalen Politik beteiligt und nach wie vor bestrebt, seine führende Position in Griechenland zu bewahren. Soweit Athens Interessen auf die Seeherrschaft und insbesondere auf den nördlichen Ägäisraum gerichtet waren, berührten sie sich nicht mit denen Spartas, so daß die Gemeinsamkeiten beider Staaten sehr begrenzt blieben. Athen war zunächst bemüht, seinen Seebund aufrechtzuerhalten. Denn nachdem dessen ursprünglich antispartanische Ausrichtung durch das athenisch-spartanische Bündnis hinfällig geworden war, bedurfte die Allianz einer neuen und anderen Begründung, als die in den 60er Jahren der Schutz vor Theben und nach der Schlacht bei Mantineia der Schutz vor Übergriffen des Tyrannen Alexander von Pherai anzunehmen sind. Nach dessen Tod jedoch (358) sahen mehrere wichtige Verbündete keine Notwendigkeit mehr, unter athenischer Hegemonie zu bleiben und erkämpften sich im sogenannten *Bundesgenossenkrieg* (357–355) ihre Autonomie. Trotz seiner inzwischen auf beachtliche 383 Schiffe wiedererstarkten Flotte[271] konnte Athen den Abfall von Chios, Rhodos, Byzantion und Kos nicht verhindern und erlitt dadurch eine dauerhafte Schwächung, die auch durch die Wiedergewinnung Euböas aus thebanischer Hand (357) nicht wettgemacht werden konnte. Da Athen in den Folgejahren im ionischen Meer und in der nördlichen Ägäis weitere Verbündete an Philipp von Makedonien verlor, war sein Bund erheblich verkleinert. Dennoch hat der Zweite Athenische Seebund nicht, wie verschiedentlich behauptet wird, nach dem Bundesgenossenkrieg sein Ende gefunden; er hat vielmehr bis 338 den Kern des athenischen Bündnissystems ausgemacht. Athen blieb nicht zuletzt deshalb, aber auch wegen der noch ausgeprägteren Schwäche der konkurrierenden Staaten, die stärkste Macht in Griechenland.[272]

Athenische Finanzpolitik

Der Bundesgenossenkrieg bedeutete zunächst auch einen wirtschaftlichen Aderlaß für Athen. Nicht umsonst veröffentlichte Xenophon direkt nach dem Krieg eine Schrift mit dem bezeichnenden Titel *Vorschläge zur Beschaffung von Geldmitteln oder über die Staatseinkünfte.*[273] Tatsächlich gelang es der Stadt in der Folgezeit – vor allem dank einer strengen Finanzpolitik unter Aufsicht des dafür gewählten Eubulos – ihre regulären Einnahmen, die nach dem Krieg auf 130 Talente gefallen waren, wieder auf 400 Talente zu steigern.

Dritter Heiliger Krieg

Mehr Berührungspunkte zwischen Athen und Sparta ergaben sich wieder im sogenannten Dritten Heiligen Krieg, der sich gegen die Phoker richtete (355–346). Seit einigen Jahren hatten die Thebaner einen dominierenden Einfluß in der delphischen Amphiktyonie, dem mit Abgesandten verschiedener griechischer Stämme besetzten Gremium, welches das Apollon-Heiligtum von Delphi verwaltete. Ihren Einfluß hatten sie schon 363 dazu benutzt, gegen Sparta wegen der Besetzung der Kadmeia eine Geldbuße von 500 Talenten zu erwirken, die Theben jedoch nicht einzutreiben vermochte. Im Jahr 356 wurde die gleiche Waffe gegen die Phoker eingesetzt, die sich aus der thebanischen Vorherrschaft zu lösen versuchten und dabei spartanische Unterstützung erhielten. Den Phokern gelang es, neben dem traditionell befreundeten Athen auch Sparta auf ihre Seite zu bringen. Aber weder Sparta noch Athen leisteten den Phokern tatkräftige Hilfe. Sparta nutzte vorübergehende Kriegserfolge der Phoker, um eine Offensive gegen Megalopolis zu eröffnen (354). Das Hilfegesuch der Megalopoliten in Athen, das spartanische Gesandte zu verhindern trachteten, fand zwar die Unterstützung des Demosthenes, aber keine Mehrheit in der athenischen Volksversammlung, die die nunmehr bewährten freundschaftlichen Beziehungen zu Sparta nicht aufgeben wollte. Nach dem Sieg Philipps von Makedonien, der von der Amphiktyonie mit der Kriegsführung beauftragt war, über die Phoker in der Schlacht auf dem Krokosfeld (353) waren die Thebaner endlich in der Lage, ihrem arkadischen Bundesgenossen ein Heer zu Hilfe zu schicken, während Sparta Hilfstruppen von den Phokern erhielt. Die Kämpfe endeten jedoch unentschieden (352), und Spartas Versuch, seine alte Vormachtstellung auf der Peloponnes wiederzuerringen, war wiederum gescheitert.

Verteidigung Griechenlands gegen Philipp

Nach der Schlacht auf dem Krokosfeld war Philipp von Thessalien her gegen die Thermopylen vorgerückt, um die Phoker in ihrem eigenen Land entscheidend zu schlagen. Nunmehr, da es nicht mehr nur darum zu tun war, den Phokern beizuspringen, sondern auch das eigene Gebiet vor einer – vielleicht grundlos befürchteten – Bedrohung durch Philipp zu schützen, beeilten sich die phokischen Verbündeten, die Thermopylen zu sperren. Das spartanische Kontingent von 1000 Mann wurde von dem athenischen Bürgeraufgebot, das 5000 Mann zu Fuß und 400 zu Pferd umfaßte, bei weitem übertroffen. Diese athenisch-spartanische Militärunternehmung sollte die einzige gemeinsame Aktion dieser Art in dem Zeitraum, der hier als ‹statisch› charakterisiert wird, bleiben. Sie war erfolgreich, denn Philipp konnte gegen die starke Verteidigungsstellung keinen Angriff wagen und mußte sich nach Makedonien zurückziehen. Die Konstellation hätte sich im Jahr 347 fast noch einmal wiederholt, als die im Innern geschwächten Phoker Sparta und Athen wiederum die Besetzung der Thermopylen anboten. Sparta sandte wieder 1000 Hopliten unter Archidamos, und auch Athen, das in der Zwischenzeit den olynthischen Krieg (349/8) gegen Philipp verloren hatte, machte bereitwillig mobil und schickte Truppen nach Phokis. Dort aber führte ein Regierungswechsel zu einem Sinneswandel, und die fremden Truppen mußten unverrichteter Dinge abziehen.

Feindpropaganda des Demosthenes

Die Bedrohung der Griechen durch Philipp wurde vor allem von athenischen Kreisen um Demosthenes, deren Feindpropaganda das Bild der Ereignisse bis auf die heutige Zeit geprägt hat, außerordentlich übertrieben. Gerade die kleineren Staaten sahen in Makedonien nämlich eher eine Schutzmacht gegen die Hegemonieansprüche ihrer größeren Nachbarn. Der im 2. Jahrhundert v. Chr. tätige Historiker Polybios nimmt daher aus dieser Perspektive insbesondere die peloponnesischen Poleis, die bei Philipp Schutz gegen Sparta suchten, gegen die demosthenischen Vorwürfe des «Vaterlandsverrates» in Schutz.[274] Als Sparta im Jahr 344 wieder einmal eine Gelegenheit sah, seine Ansprüche auf Messenien mit militärischen Mitteln durchzusetzen, schickte Philipp, an den sich Messene und Argos gewandt hatten, sofort Söldnertruppen und Geld und drohte Sparta, selbst in die Peloponnes einzumarschieren, wenn es die Selbständigkeit Messeniens nicht anerkennen würde. Bald darauf beschwerte er sich in Athen über dessen spartafreundliche Haltung. Unter dem Druck Philipps erklärte Athen schließlich, in den peloponnesischen Angelegenheiten neutral zu bleiben.

Hellenischer Bund und Schlacht bei Chaironeia

Nicht viel später allerdings (342), nachdem Philipp seinen Schwager Alexandros als König von Epeiros eingesetzt und die korinthische Kolonie Ambrakia bedroht hatte, wendete sich das Blatt. Zuerst verbündeten sich Korinth, Kerkyra und Akarnanien mit Athen, sodann gelang es Demosthenes, auf der Peloponnes nicht nur Achaia und Mantineia, sondern auch die mit Sparta verfeindeten Staaten Argos, Megalopolis und Messene für ein Bündnis zu gewinnen. Sparta mußte nun, da die Objekte seiner Herrschaftsansprüche unter dem doppelten Schutz Makedoniens und Athens standen, seine peloponnesischen Ziele aufgeben. Es zog aus dieser Zwangslage den Schluß, der sich anbahnenden athenisch-makedonischen Auseinandersetzung fernzubleiben und engagierte sich bezeichnenderweise fernab in seiner süditalischen Kolonie Tarent, der König Archidamos Hilfe gegen die Lukaner zuführte. Am sogenannten Hellenischen Bund, den Athen neben seinem eigenen Seebund Anfang 340 gegen Makedonien formierte, sowie an der Entscheidungsschlacht bei Chaironeia (1. September 338), die von den durch Theben noch wesentlich verstärkten Griechen gegen Makedonien verloren wurde, nahm Sparta folglich nicht teil.

Verzicht auf Mitwirkung Spartas

Es bleibt allerdings zu fragen, warum Demosthenes nicht mehr daran setzte, auch Sparta in die von ihm geformte Koalition einzubeziehen. Ob die Feindschaft zwischen Sparta und Theben zu diesem Zeitpunkt wirklich noch so unversöhnlich war, daß an ein Seite-an-Seite-Stehen nicht zu denken war und Demosthenes deshalb nur das militärisch stärkere Theben umwarb, wie im allgemeinen angenommen wird, scheint mir nicht überzeugend. Denn Sparta hätte längst vor der erst im letzten Moment erfolgten Einbeziehung Thebens (339) gewonnen werden können. Die Entscheidung war vielmehr schon durch die athenischen Bündnisse von 342 vorprogrammiert: Die mit Philipp verbündeten peloponnesischen Staaten Argos, Megalopolis und Messene zu neutralisieren – sie waren in der Tat bei Chaironeia nicht dabei –, erschien den Athenern offenbar vorteilhafter, als (was eigentlich näher gelegen hätte) das bereits verbündete und auch mit Philipp seit dem Heiligen Krieg verfeindete Sparta in die Kampfgemeinschaft hineinzuziehen, wodurch man aber die peloponnesischen Gegner Spartas unweigerlich auf die Seite Philipps gedrängt hätte. Mit der athenischen Entscheidung, Sparta nicht für den Krieg gegen Makedonien zu gewinnen, ist also das athenisch-spartanische Bündnis endgültig bedeutungslos geworden. Der Grund dafür liegt in der athenischen Politik, die Demosthenes und andere gleichgesinnte Politiker in den athenischen Gremien durchgesetzt hatten. Diese Politik sah den 346 mit Makedonien abgeschlossenen Philokratesfrieden nur als

Atempause an und wollte die kriegerische Auseinandersetzung um jeden Preis wiederaufnehmen. Für ein Zusammenwirken mit dem geschwächten Sparta war in der bedingungslos antimakedonischen Strategie Athens einfach kein Platz mehr.

Folgen der griechischen Niederlage

Nach der Schlacht bei Chaironeia wurden Athen und Sparta allerdings ganz anders behandelt, als es aufgrund ihres Anteils am Kampf gegen Philipp zu erwarten gewesen wäre: Athen, das wegen seiner Flotte für den geplanten Perserkrieg von Nutzen schien, blieb unangetastet und erhielt in einem Friedensvertrag milde Bedingungen. Sparta hingegen mußte nicht nur die Verwüstung einiger Landstriche durch das makedonische Heer, sondern auch die Abtrennung von Grenzgebieten zugunsten von Argos, Messenien, Tegea und Megalopolis hinnehmen. Diese Beschränkung seines Territoriums auf das lakonische Kerngebiet hat Sparta zwar nie anerkannt, aber auch nicht mehr entscheidend revidieren können. Daß Sparta abermals nicht an der von Philipp in griechischer Tradition erneuerten Koine Eirene teilnahm und auch nicht Mitglied des unter makedonischer Hegemonie stehenden Korinthischen Bundes wurde, hat der Makedonenkönig hingegen akzeptiert. Auslöschen wollte er die traditionsreiche griechische Polis nicht, und auch ein geschwächtes Sparta konnte noch ein Gegengewicht gegen die anderen Peloponnesier bilden, die sich weiterhin auf seinen Schutz angewiesen sehen sollten.

3. Die Entwicklung der Staats- und Gesellschaftsordnungen

3.1. *Demokratische Stabilität in Athen*

Keine schriftliche Verfassung

Der Gesetzescodex, der in den Gesetzesrevisionen von 410 bis 404 und von 403 bis 399 v. Chr. entstanden war (S. 107), enthielt zwar auch «Verfassungsgesetze», d. h. Gesetze über die Befugnisse staatlicher Institutionen, darf jedoch nicht mit einer Staatsverfassung modernen Zuschnitts gleichgesetzt werden. Nie kam es den Athenern in den Sinn, ausdrücklich festzulegen, daß ihre Polis eine Demokratie sei, in der alle Staatsgewalt beim Volk liege oder dergleichen. Diese Selbstverständlichkeit wurde allenfalls negativ zum Ausdruck gebracht, indem zum Beispiel die *Auflösung* der Demokratie gesetzlich unter Strafe gestellt wurde.

Kontinuität der Demokratie

Geschriebene und ungeschriebene Regeln ergaben in der Summe trotzdem das, was wir zu Recht als Verfassung bezeichnen. Die Demokratie, die sich im 5. Jahrhundert herausgebildet hatte, wurde nach der Versöhnung von 403 (S. 137) wieder zur selbstverständlichen Grundlage des athenischen Zusammenlebens. Wirklich fundamentale Differenzen zwischen der Demokratie des Perikles und der des Demosthenes existieren nicht.[275] Eine Zäsur bedeutete die Wiederherstellung der Demokratie schon, aber die Änderungen, die man sowohl zu diesem Zeitpunkt als auch im Laufe des 4. Jahrhunderts an der Verfassung vornahm, lassen sich am besten als Weiterentwicklung, als behutsame Modifizierung der Tradition beschreiben. Die wichtigsten Modifikationen sollen im folgenden genannt werden.[276]

Nomothesie

Im Zuge der Gesetzesrevision wurden die Beschlüsse der Ekklesia unterschieden in *Nómoi* (Gesetze), allgemeine und dauerhafte innerstaatliche Normen, und in *Psephísmata* (Dekrete), Einzelnormen für bestimmte Personen und sonstige einmalig zu regelnde Angelegenheiten sowie außenpolitische Beschlüsse. Als Gremium, das nach 403 die revidierten Gesetze wieder in Kraft setzte, hatte man ein Kollegium aus 500 Nomothéten (Gesetzgeber) eingesetzt. Aufgrund dieser Erfahrungen beschloß die Volksversammlung, auch in Zukunft alle neuen Gesetze (also die Nomoi, nicht die Psephismata) von einem ähnlichen Gremium ratifizieren zu lassen. Es bestand aus 501, 1001 oder mehr Nomotheten, die jeweils *ad hoc* aus den 6000 vereidigten Richtern (S. 108) erlost wurden. Die von den Nomotheten beschlossenen Gesetze kamen nicht mehr vor die Volksversammlung, sondern konnten nur noch von einem Dikasterion letztinstanzlich verworfen werden.[277]

Sparmaßnahmen

Die Einführung der Nomothesie erfolgte wohl hauptsächlich deshalb, weil man die dauerhaften Normen von einer zusätzlichen Instanz, die in mancher Hinsicht wie ein Gericht agierte, prüfen und absichern lassen wollte. Dazu kam, was jedoch angesichts der relativ seltenen Gesetzesbeschlüsse von zweitrangiger Bedeutung war, daß die Volksversammlung entlastet wurde. Ähnlich motiviert war die kurz vor der Jahrhundertmitte eingeführte Regelung, die bis dahin noch bei der Ekklesia verbliebene Zuständigkeit für bestimmte politische Prozesse ganz auf die Dikasterien zu übertragen. Nicht zuletzt reduzierten solche Maßnahmen auch die Kosten, die seit der Einführung von Sitzungsgeldern im Jahr 403/2 (Aristot. *Ath. pol.* 41,3) für jede Volksversammlung entstanden, was im Hinblick auf den beständig notleidenden Staatshaushalt von Interesse war. Auch die Anzahl der Volksversammlungen wurde begrenzt, um die Jahrhundertmitte auf höchstens drei pro Prytanie, später waren vier pro Prytanie erlaubt.[278]

Einschränkung der Demokratie

Entlastet wurden auch die Gerichte, und zwar durch die Einführung eines obligatorischen Schiedsverfahrens für private Rechtsstreitigkeiten. Im letzten Jahr ihrer Wehrpflicht, also mit neunundfünfzig Jahren, wurden alle athenischen Vollbürger als Diaiteten (Schiedsrichter) eingesetzt, so daß sich die Gerichte nur noch mit den Fällen befaßten, in denen die Schlichtung von einer Partei abgelehnt worden war. Wenn die Zahlungen an die Amtsträger im 4. Jahrhundert erheblich eingeschränkt wurden – wie sehr, ist uns im einzelnen oft nicht bekannt –, so näherte sich die Demokratie aus finanziellen Gründen darin sogar einem eigentlich oligarchischen Prinzip an.

Losverfahren

Andere Reformen hatten zum Ziel, mögliche Beeinflussungen und Bestechungen zu verhindern. So wurde irgendwann vor 379/8 die Leitung der Volksversammlung und der Ratssitzungen von den geschäftsführenden Prytanen (S. 99) auf neun *Próhedroi* übertragen, die an jedem Sitzungstag neu aus den 450 Buleuten erlost wurden, die gerade nicht die Prytanen waren. Von den Prohedroi wurde wiederum einer zum Vorsitzenden (*Epistátes*) erlost. Noch erheblich komplizierter klingen die Regelungen für die Auslosung der Dikasten (S. 26f.), wie sie uns die aristotelische *Athenaion politeia* (63 ff.) überliefert. Die einzelnen Verfahrensschritte, die allen 6000 Geschworenen gleiche Chancen geben, die Besetzung der einzelnen Gerichtshöfe unvorhersehbar machen und jede Art von Beeinflussung verhindern sollten, wurden wahrscheinlich in mehreren Stufen eingeführt, bis man den uns bekannten Stand der 330er Jahre erreichte. Das ausgeklügelte Verfahren konnte, wie moderne Versuche bestätigen, in einer eingespielten Praxis sehr schnell und effektiv durchgeführt werden.[279]

Spezialisierung und Arbeitsteilung

Im allgemeinen zeichnet sich im 4. Jahrhundert eine Tendenz zur Spezialisierung, zur Arbeitsteilung ab. Das gilt sowohl für die verschiedenen künstlerischen Techniken als auch für den politisch-militärischen Bereich.[280] Waren die großen Persönlichkeiten des 5. Jahrhunderts wie Themistokles, Perikles und Alkibiades jeweils in einer Person Strategen *und* Redner in der Volksversammlung, so bestiegen im 4. Jahrhundert die großen Strategen wie

Iphikrates, Chabrias und Timotheos selten das Rednerpult, während die führenden Redner wie Demosthenes, Demades und Hypereides nie zu Strategen gewählt wurden. Den besonderen Stellenwert der Finanzverwaltung bringt die Einrichtung von neuen, vierjährigen Wahlämtern zum Ausdruck, die von Männern wie Eubulos und später Lykurg erfolgreich verwaltet wurden.

Bedeutung des 4. Jahrhunderts

Gegenüber früheren Traditionen, nur das Zeitalter des Perikles mit der klassischen athenischen Demokratie gleichzusetzen, hat die Forschung inzwischen die gleichrangige Bedeutung des 4. Jahrhunderts erkannt.[281] Da unsere Kenntnis der Demokratie weitgehend auf den Quellen des 4. Jahrhunderts beruht, ist es in Wirklichkeit dieser Zeitabschnitt, der unser Bild von der Demokratie entscheidend geprägt hat. Wie stabil die in mancher Hinsicht modifizierte Verfassung nach 403 geblieben ist, zeigt sich nicht zuletzt daran, daß sie im Gegensatz zur Zeit davor keine Umstürze erlebte und selbst die Niederlage gegen Makedonien zunächst unbeschadet überstand (S. 166).

3.2. *Soziale Destabilisierung in Sparta*

Stabilität der Verfassung

Die politische Verfassung Spartas, wie sie sich bis zur Mitte des 5. Jahrhunderts entwickelt hatte, blieb im 4. Jahrhundert prinzipiell noch stabiler als die athenische. Da die Quellen über die spartanische Verfassungsentwicklung bekanntlich weniger berichten als über die athenische, mag es natürlich Veränderungen im Detail gegeben haben, die uns unbekannt geblieben sind. Grundsätzlich aber sind die Institutionen und ihr Zusammenwirken nicht verändert worden. Halbgeheime Pläne Lysanders, den Kreis der zum Königsamt Berechtigten zu erweitern (S. 142), und schriftlich fixierte Vorstellungen des Königs Pausanias, das Ephorat abzuschaffen,[282] hatten keinen Erfolg.

Soziale Veränderungen

Die soziale Struktur Spartas blieb, zumindest was die grundsätzlichen Differenzierungen angeht, ebenfalls unverändert. Ansätze zu umstürzlerischen Aktionen, die sich in der Bewegung des Kinadon etwa im Jahr 398 (S. 142f.) und auch in der Zeit nach Leuktra[283] zeigen, sind schon im Keim erstickt worden. Quantitativ haben aber die einzelnen Schichten und damit auch ihr Verhältnis zueinander erhebliche Veränderungen erlebt. Zwar war der Helotenaufstand von 464 niedergeschlagen worden (S. 90), aber 369 errangen die Messenier dann doch ihre Unabhängigkeit (S. 160), so daß den

Spartanern mit dem Territorium unmittelbare Produzenten, aber auch militärische Hilfs- und Reservetruppen verlorengingen.

Oliganthropie

Das Hauptproblem Spartas bestand jedoch in der beständigen Abnahme der Bürgerzahl, also vor allem im Rückgang der als Hopliten dienenden Anzahl von Spartiaten, wahrscheinlich seit den Perserkriegen.[284] Aristoteles, zu dessen Zeit die Entwicklung schon sehr weit fortgeschritten war, diagnostiziert in der *Politik* (1270 a29–32): «Obwohl also das Land in der Lage war, 1.500 Reiter und 30.000 Hopliten zu ernähren, betrug deren Zahl nicht einmal 1000. An ihren Taten hat sich gezeigt, daß diese Ordnung schlecht für sie war. Die Polis war nicht in der Lage, einen einzigen Schlag auszuhalten, sondern erlebte wegen des Mangels an Menschen (*Oliganthropía*) einen Niedergang». Die potentiellen Soldatenzahlen mögen aus einem Vergleich mit Athen abgeleitet sein, soviele Bürger hatte Sparta natürlich nie. Unter der «Ordnung» versteht Aristoteles, daß das Land unter relativ wenigen Vollbürgern aufgeteilt war, die es von Heloten bebauen ließen. Mit dem einen Schlag ist die Niederlage bei Leuktra gemeint, und daß der Menschenmangel als Mangel an wehrfähigen Männern zu interpretieren ist, ergibt sich daraus, daß der Autor eingangs deren geringe Zahl beklagt.[285]

Zahl der Spartiaten

Die konkreten Bürgerzahlen des Aristoteles dürften nicht allzu weit von der Realität entfernt liegen. Die zehntausend Spartiaten, die es laut Aristoteles (1270a36–38), der selbst daran zweifelt, einmal gegeben haben soll, müssen zwar in der Tat als etwas zu hoch gelten, aber 8.000 Hopliten kann Sparta in den Perserkriegen durchaus aufgestellt haben, vor Leuktra dürften es nicht mehr als 1.500 gewesen sein und nach den Verlusten in jener Schlacht tatsächlich nur noch um die 1.000.[286] Die Zahl muß schon im 5. Jahrhundert kontinuierlich zurückgegangen sein.

Konzentration des Landbesitzes

Als Ursachen des Bürgerschwunds sieht Aristoteles selbst die Konzentration des Landbesitzes in den Händen von immer weniger Personen. Die Ungleichheit des Besitzes sei zustandegekommen, weil das Land zwar nicht verkauft, aber verschenkt und vererbt werden dürfe; über die Vererbung seien fast zwei Fünftel des Landes in den Besitz von Frauen gekommen (S. 120). Um den von Aristoteles vorausgesetzten Zusammenhang zwischen Bürgerstatus und Landbesitz zu verstehen, muß man sich daran erinnern, daß ein aus Landbesitz stammendes Einkommen sowohl in der spartanischen Staatsordnung als auch in der Idealvorstellung des

Aristoteles die Voraussetzung für die Ausübung des Bürgerrechts war.

Wege der Besitzübertragung

Die grundsätzlich überzeugende Analyse des Aristoteles ist von der modernen Forschung noch vertieft worden.[287] Da können zum einen die grundsätzlichen Verhaltensweisen einer privilegierten Schicht herangezogen werden. Wie die Aristokraten anderer Gesellschaften, namentlich der römischen Republik, waren auch die Spartiaten bestrebt, die ökonomische und damit verbundene gesellschaftliche und politische Exklusivität ihres eigenen Oikos aufrechtzuerhalten, wenn nicht sogar zu verstärken. Daraus resultierte eine geringe Geburtenrate, die möglichst nur einen männlichen Erben anstrebte und der auch nicht dadurch gegengesteuert werden konnte, daß den Vätern von mindestens drei Söhnen Privilegien in Aussicht gestellt wurden. Töchter, insbesondere Erbtöchter, suchte man in andere reiche Familien zu verheiraten. Neben der Vererbung bot die Schenkung eine legale Möglichkeit, das Erbgut (*Klaros*) zu veräußern. Die schon immer bestehende Besitzungleichheit unter den Spartiaten brachte zweifellos vielfältige Notwendigkeiten, aber auch Gelegenheiten zu Besitzübertragungen mit sich: Verschuldung oder sozialer Druck mag manchen Spartiaten dazu bewogen haben, sein Landgut zu verpfänden und schließlich abzugeben, wobei natürlich eine Schenkung vorgetäuscht werden konnte.

Geldgier der Spartiaten

Die genannten Tendenzen wurden zum anderen seit der Mitte des 5. Jahrhunderts durch zusätzliche Einflüsse verstärkt. Militärische Verluste und das Erdbeben von 464 hatten direkte Auswirkungen. In der Zeit des Peloponnesischen Krieges und insbesondere danach kamen viele Spartiaten mit auswärtigem Reichtum in Berührung und brachten große Mengen an Edelmetallen ins Land. Gerade von Autoren des 4. Jahrhunderts werden die Spartaner als geldgierig beschrieben, unter anderen auch von Xenophon, der in seiner *Verfassung der Spartaner* (Kap. 14) diese und andere Zersetzungserscheinungen der lykurgischen Verfassung beklagt.[288] Das Anwachsen disponiblen Reichtums hat den offenen und verdeckten Transfer von Grundeigentum natürlich gefördert. Auf der anderen Seite hat der Verlust Messeniens den verfügbaren Besitz geschmälert und die Konkurrenz um das verbliebene lakonische Land verschärft.

Vermeidung grundsätz-

Trotz aller Probleme, die die Oliganthropie mit sich brachte, haben sich die Spartiaten der klassischen Zeit auf keine grundlegenden Reformen eingelassen. Die militärischen Konsequenzen versuchte man dadurch aufzufangen, daß man den seit langem ins Heer eingegliederten Periöken und Spartanern ohne Vollbürgerstatus (Hypomeiones) seit dem Peloponnesischen Krieg bei Bedarf auch Heloten als Hopliten zur Seite stellte und diese dafür mit der Freilassung belohnte (S. 124). Soziale Konsequenzen wurden aber nicht gezogen, so daß die stark differenzierte Gliederung der Spartaner beibehalten und die noch wachsende Exklusivität der Bürgerschaft nicht angetastet wurde.

licher Reformen

Die innere Stabilität Spartas hat auch im 4. Jahrhundert ihre Bewunderer gefunden. Unter den Athenern gab es neben den Kritikern auch offene Sympathisanten, wie z. B. den bedeutenden Strategen und Politiker Phokion, und die spartanische Verfassung, insbesondere die Homónoia (Eintracht), erscheint in mehreren athenischen Reden als positiv besetzte Wendung.[289]

Bewunderung Spartas in Athen

4. Ausblick: Athen und Sparta nach der klassischen Zeit

Beide Staaten verdanken ihren Ruhm, der bis heute überdauert hat, unbestritten ihrer Entwicklung in dem Zeitraum, der in diesem Buch vorgestellt wurde. Die markanten Gesellschaftsordnungen, die sie ausprägten und der Einfluß, den sie auf die griechische Staatenwelt ausübten, sichern ihnen einen prominenten Platz in den Geschichtsbüchern.

Dauerhafter Ruhm Athens und Spartas

Die Gleichrangigkeit beider Poleis hatte im Grunde nur bis zum Ende des 5. Jahrhunderts Bestand. Sie wurde zuerst durch den Sieg im Peloponnesischen Krieg zugunsten Spartas, dann mit der Niederlage Spartas bei Leuktra zugunsten Athens aufgehoben. Nach dem Ende der klassischen Zeit standen beide Städte zwar nicht mehr in einem machtpolitischen Konkurrenzverhältnis, hatten aber dennoch eine durchaus unterschiedliche Bedeutung im weiteren Verlauf der Antike.

Ende der Gleichrangigkeit

Athen lehnte sich nach dem Tod Alexanders des Großen noch einmal gegen Makedonien auf, blieb aber nach seiner Niederlage im Lamischen Krieg (323/2) in Abhängigkeit zunächst von Makedonien, später von Rom. Abgesehen von den Zeiträumen, in denen sie eine von Makedonien oktroyierte und mehr oder weniger antidemokratische Regierung akzeptieren mußten, konnten die

Athen seit dem Hellenismus

Athener immer wieder demokratische Verfassungen einrichten, dadurch im Prinzip die demokratische Verfassungsform beibehalten und sogar mit Leben erfüllen, bis sich ab dem späten 2. Jahrhundert v. Chr. unter wohlwollender Duldung durch Rom ein Übergewicht oligarchischer Elemente über die fortbestehenden demokratischen Strukturen herausbildete.[290] Bleibende Bedeutung behielt Athen auf geistigem und künstlerischen Gebiet, ganz besonders aber in der Philosophie. Die «Schule von Hellas» wählten viele vornehme Griechen und Römer bis in die Spätantike hinein als Studienort.

Sparta seit dem Hellenismus

Sparta konnte eine formelle und weitgehend auch eine faktische Unterordnung unter Makedonien verhindern, obwohl es bei den direkten Konfrontationen Niederlagen erlitt – so 331 unter König Agis III. oder auch im Chremonideischen Krieg (ca. 267–261), als es noch einmal an der Seite Athens kämpfte. Sparta agierte nach außen hin selbständiger als Athen, bis es sich dem Achäerbund anschloß (192) und schließlich dem römischen Statthalter unterstellt wurde (146). Im 3. Jahrhundert suchten die spartanischen Könige sich hellenistischen Herrschern anzugleichen, und im folgenden Jahrhundert nahm das Einzelkönigtum, das sich bis dahin durchgesetzt hatte, sogar tyrannische Züge an. Gegen die zunehmende Konzentration des Landbesitzes und den Rückgang der Vollbürgerzahl wurden in diesem Jahrhundert unter den Königen Agis IV. und Kleomenes III. mehrere, nur zum Teil erfolgreiche Reformmaßnahmen durchgeführt. Die bewußte Traditionspflege gerade der «lykurgischen» Erziehung sicherte Sparta ein – auch touristisches – Interesse bis in die römische Kaiserzeit hinein.

IV. Anhang

Abkürzungen

Die Abkürzungen antiker Autoren und Werktitel folgen dem Verzeichnis in H. Cancik / H. Schneider (Hgg.), Der Neue Pauly. Enzyklopädie der Antike I, Stuttgart / Weimar 1996, S. XXXIX ff.

ATL	B. D. Meritt / H. T. Wade-Gery / M. F. McGregor (Hgg.), The Athenian Tribute Lists I–IV, Cambridge (Mass.) / Princeton 1939–53.
Diehl	H. Diehl (Hg.), Anthologia lyrica Graeca I, Leipzig (3. Aufl.) 1954
Frg.	Fragment
HGIÜ	K. Brodersen / W. Günther / H. H. Schmitt (Hgg.), Historische Griechische Inschriften in Übersetzung I–III, Darmstadt 1992–1999.
Meiggs / Lewis	R. Meiggs / D. Lewis (Hgg.), A Selection of Greek Historical Inscriptions to the End of the Fifth Century B. C., Oxford (2. Aufl.) 1988.
PMG	D. L. Page, Poetae Melici Graeci, Oxford 1962.
RE	G. Wissowa u. a. (Hgg.), Paulys Realenzyclopädie der classischen Altertumswissenschaft, Stuttgart 1893–1980.
Rose	V. Rose, *Aristotelis qui ferebantur librorum fragmenta*, Leipzig 1886.
s. v.	*sub voce* (siehe unter dem Stichwort)

Anmerkungen

1 Vgl. Ehrhardt 1992. Ehrhardts Skeptizismus beruht v. a. auf Forschungen von D. Fehling, die allerdings auch viel Widerspruch erfahren haben.

2 Vgl., auf Athen bezogen, Thomas 1989; Raaflaub 1988, 197–225.

3 Vgl. meine Einleitung zu Aristoteles, *Der Staat der Athener*, 1993.

4 Die hier gegebene Zusammenfassung der Frühzeit folgt in vieler Hinsicht der ausgezeichneten Darstellung von Welwei 1992, die auch umfangreiche Literaturhinweise bietet.

5 Zum folgenden vgl. als Vertreter der neueren Forschung Finley 1979; Dreher 1983, 31 ff.; Drews 1983; Ulf 1990; Welwei 1992, 80 ff. Allerdings stimmen auch diese Autoren nicht in allen Punkten überein.

6 Die Vernachlässigung insbesondere dieses Kriteriums führt in großen Teilen der einschlägigen Literatur zu widersprüchlichen und mißverständlichen Aussagen über den Charakter der frühen Polis und ihre Staatswerdung. Das gilt auch für die insgesamt vorzüglichen Darstellungen von K.-W. Welwei.

7 Mit der oben verworfenen traditionellen Forschungsmeinung, die frühe griechische Polis sei von einem Monarchen regiert worden, ist auch die noch allgemein verbreitete Vorstellung obsolet geworden, diese Monarchie sei von dem Adelsregiment in irgendeiner Form abgelöst oder beseitigt worden. Zu den Ursachen der Staatsentstehung vgl. Dreher 1983, 49 ff.

8 Von manchen modernen Forschern, z. B. von Welwei, werden die Thesmotheten als Richter verstanden, die nach Gewohnheitsrecht zu urteilen hatten und dieses dadurch festschrieben.

9 Vgl. zur Bedeutung des Areopag in der Frühzeit Thuk. 2,5; Aisch. *Eum.* 570. 684. Zur neueren Forschung, der Wallace 1989, 6, widerspricht, vgl. Welwei 1992, 111 f. Anm. 70; Schubert 2000.

10 HGIÜ I 145. Zur Datierung vgl. Stroud 1968, 66 ff. Vgl. im übrigen zu Drakons Recht Gagarin 1981; Thür 1990, 143–156; Carawan 1998.

11 Die Behauptung der *Ath. pol.* 4, Drakon habe eine Verfassung erlassen, ist eine anachronistische Konstruktion, weil sie Prinzipien der oligarchischen Verfassung von 411/10 voraussetzt.

12 Vgl. Hignett 1967, 316 ff., mit der früheren Literatur; Sealey 1976, 121 ff. Für das traditionelle Datum argumentiert Wallace 1983. Fehling 1985, 109 ff., bezweifelt auch die Historizität des Archontats, worin ihm die Forschung aber im allgemeinen nicht gefolgt ist; vgl. aber Ehrhardt 1992, 15 f.

13 Gegen diese weitgehend akzeptierte Deutung der solonischen Verse wendet sich Harris 1997, der sie nur als Metapher für die Schaffung des sozialen Friedens versteht; eine Schuldenaufhebung habe Solon nicht vorgenommen.

14 Die Dominanz des mittleren und kleinen Grundbesitzes wird auch von der noch jungen Disziplin der Siedlungsforschung bestätigt; vgl. exemplarisch Lohmann 1993.

15 Insbesondere Ruschenbusch hat in seiner grundlegenden Studie (1966) versucht, die echten solonischen Gesetze herauszufiltern.

16 Vgl. zur Forschungsdiskussion Welwei 1992, 187 ff.
17 Vgl. Thompson / Wycherley 1972; Welwei 1992, 214 ff.
18 Vgl. Korres 1997.
19 Vgl. neben Welwei 1992 auch die Arbeiten zur griechischen Tyrannis von Berve 1967 und De Libero 1996. De Libero ist insgesamt weniger kritisch gegenüber der Überlieferung als Welwei.
20 De Libero 1996, 80.
21 Bald nach der späteren Beseitigung der Tyrannis vereinnahmte man die beiden Tyrannenmörder dennoch als politische Vorkämpfer der Demokratie und stellte ihre Statuen auf der Agora auf.
22 Welwei 1992, 261.
23 Die Texte sind in Sammelausgaben der griechischen Lyriker zu finden.
24 Zur Quellenkritik, die nicht von allen modernen Historikern konsequent akzeptiert wird, vgl. z. B. Starr 1986.
25 Erklärungen dieses Sachverhalts gibt Thommen 2000a.
26 Die antike Idealisierung Spartas wird in allen neueren Darstellungen thematisiert. Vgl. z. B. Clauss 1983, 9 ff.; Thommen 1996, passim. Eine eingehende Untersuchung ist Tigerstedt 1965–1978. Zur Fortsetzung dieser Tendenz in der Neuzeit vgl. Rawson 1969; auf diesem Werk basiert Christ 1986.
27 Die archäologischen Forschungsergebnisse werden in der neueren Literatur im allgemeinen berücksichtigt, wenngleich mitunter unterschiedlich interpretiert. Große Bedeutung hat die Archäologie bei Cartledge 1979 und Hooker 1982. Stibbe 1996 ist die Darstellung eines Archäologen; zu den Ausgrabungen vgl. besonders 26 ff. und 41 ff. mit Spezialliteratur.
28 Antik hingegen ist neben Lakedaimon nur die Form *Lakoniké* (sc. *gé* oder *chóra*), ‹das lakonische Gebiet›. Zu den Grenzen, den geographischen und klimatischen Gegebenheiten vgl. Cartledge 1979, Kap. 1–3, mit weiterführender Literatur.
29 Vgl. dazu M. Meier 1998, 253 ff.; Thommen 2000b, 44 f. 49 f.
30 Beloch 1913, 76 ff. Die folgenden Positionen sind genauer referiert und belegt von Cartledge 1979, 75 ff., der Gegenargumente vorbringt. Vgl. Eder 1998, 203.
31 Umso weniger können diese Ereignisse isoliert nur für Lakonien diskutiert werden. Vgl. zu der sogenannten Seevölkerinvasion, durch die die mykenische Kultur zerstört wurde, den Überblick von Lehmann 1996.
32 Vgl. zu den hier zugrundegelegten archäologischen Schlußfolgerungen Cartledge 1979, 78 ff.; Eder 1998, 89 ff. 199 ff.
33 Vgl. dazu Stibbe 1996, 26 f.
34 Zu den Heloten und ihrem Verhältnis zu den Spartanern vgl. S. 123 f.
35 Die Messenischen Kriege werden in der modernen Forschung so unterschiedlich datiert und interpretiert, daß darüber hier nicht referiert werden kann; vgl. zuletzt M. Meier 1998, 91 ff.; zu den zitierten Versen 258 ff. In der Datierung von Tyrtaios sowie in der Beurteilung von Pausanias und Plutarch folge ich Parker 1991.
36 Zu den Versen vgl. M. Meier 1998, 266 ff.
37 Für die Phylen und Oben folgt die Darstellung mit einigen Abweichungen Welwei 1979; vgl. auch M. Meier 1998, 194 ff.

38 Die offizielle Bezeichnung der Volksversammlung kann nicht sicher ermittelt werden. De Ste Croix 1972, 346 f., hat für den allgemeinen Begriff ‹Ekklesia› plädiert. Andere, zuletzt Welwei, favorisieren ‹Apella›, obwohl der Terminus als Substantiv in den Quellen nicht vorkommt.

39 Vgl. bes. Kiechle 1963, 183 ff.; M. Meier 1998,18 ff., dessen Annahme zahlreicher Geheimbünde aber nicht überzeugt; Thommen 2000 b, 53; Hodkinson 2000, passim, bes. 2. 76 ff.

40 Eine systematische und mehrfach gegliederte Aufstellung aller Periökensiedlungen gibt Shipley 1997.

41 Vgl. zuletzt Thommen 1996, 50 f.

42 Vgl. Shipley 1992, 221.

43 Daß Spartiaten und Perioken in verschiedener Hinsicht aufeinander angewiesen waren, betont Lotze 1993/94; er verweist zu Recht auch auf die sozialen Differenzen unter den Perioken selbst. Vgl. auch Shipley 1997, 213.

44 Vgl. Clauss 1983, 110.

45 Der Text ist bei Diod. 7,12,5 f. überliefert, mit leichten Abweichungen auch bei Plut. *Lyk*. 6,10 (= Frg. 3 b Diehl). Vgl. zur Textüberlieferung zuletzt M. Meier 1998, 243 ff., der allerdings den Text des Orakels mit Zeile 6 enden läßt und Z. 7 ff. für eine Erläuterung des Tyrtaios hält. Eine abweichende Übersetzung, welche die Rolle des Volkes anders interpretiert, legt van Wees 1999 vor.

46 Diese Interpretation ergibt sich aus der vorletzten Zeile des Zitats. Diese Zeile wird auch von M. Meier 1998, 191. 253, ähnlich übersetzt, jedoch für eine spätere Interpolation gehalten. Im allgemeinen wird sie allerdings als Hinweis auf die Entscheidungsgewalt der Volksversammlung verstanden, z. B.: «Und die Versammlung soll durch den Sieg der Stimmen entscheiden» (Übersetzung Franyó-Gan).

47 Inhaltlich wie formal hat Tyrtaios direkten Einfluß auf Solon ausgeübt, vgl. M. Meier 1998, 312 ff.

48 Für eine strikte Trennung zwischen Tyrtaios und der Rhetra plädiert van Wees 1999; für ihn ist die Rhetra erst im 6. Jahrhundert mit der Ausprägung der spartanischen Staatsordnung entstanden.

49 Der verderbte Text des letzten Satzes ist bislang fast ausschließlich als Entscheidungsbefugnis des Damos interpretiert worden. Dabei hat man sich vor allem vom vermeintlich notwendigen Zusammenhang zum folgenden Zusatz leiten lassen, aber auch die Parallele zum oben zitierten, aber anders verstandenen (Anm. 45) Tyrtaios-Vers (v.13, Frg. 3ab Diehl) hergestellt. Jedoch dürfte m. E. auch die dem Orakeltext noch näherstehende Rhetra eher das einträchtige Zusammenwirken der drei Institutionen zum Wohl des ganzen Volkes als die letztinstanzliche Entscheidungsbefugnis der Volksversammlung hervorgehoben haben. In diese Richtung geht auch M. Meier 1998, 201 ff., der allerdings zu sehr späteren Verfassungsformalismen verhaftet bleibt.

50 Ich sehe keinen Grund, die vage Angabe «von Zeit zu Zeit» mit der später üblichen monatlichen Versammlung gleichzusetzen. Vielmehr scheint die Einberufung einer Versammlung davon abzuhängen, ob die Gerusia das für sinnvoll erachtete.

51 Von einer bewußten Institutionalisierung spricht zu Recht Starr 1986, 285.

52 Vgl. zur eingeschränkten Machtstellung der spartanischen Könige z. B. Drews 1983, 78 ff.

53 Wahl durch die Volksversammlung wie in späterer Zeit (S. 100) wird meistens vermutet. Wahl in Form einfacher Akklamation schiene mir angemessener, auch Kooptation ist nicht auszuschließen.

54 Darüber hinaus hat die moderne Forschung zahlreiche Vermutungen über die Gründe für die Ausbildung des Doppelkönigtums genannt, vgl. den Überblick bei Oliva 1971,23 ff. Die Königslisten (bei Hdt. 7,204; 8,131; vgl. Paus. 3,7) sind insbesondere für die Zeit vor der Staatsgründung nur als spätere Konstrukte aufzufassen.

55 Z. B. Thuk. 1,18, 1; Plut. *Lyk.* 1.

56 Vgl. dazu Hooker 1982, 79 ff. 91 ff.; Clauss 1983, 179 ff.; Stibbe 1996.

57 Der Begriff ‹Kosmos› wird in den antiken Quellen nur ausnahmsweise (Hdt. 1,65,4) auf die lykurgische Verfassung bezogen. Erst in der modernen Forschung wird er als scheinbarer *terminus technicus* verwendet; vgl. z. B. die Buchtitel von Nafissi 1991 oder Link 1994.

58 Als früher Vertreter dieser Forschungsrichtung sei genannt Ehrenberg 1925, 10 f.; 1929, 1381. Die These wird auch in der neueren Forschung von hervorragenden Kennern der Materie aufrechterhalten, vgl. zuletzt Hodkinson 2000, 3 f.

59 Vgl. etwa Stibbe 1996; Hodkinson 1998.

60 Vgl. Powell 1998

61 Vgl. schon Starr 1986 (1965), 278; Hodkinson 1998.

62 An den Ereignissen hatte nach Plutarch (*Sol.* 10) der Athener Solon wesentlichen Anteil. Zur Einordnung des Schiedsgerichts als atthidographisches Ideologem vgl. Welwei 1992, 209 m. Anm. 175.

63 Vgl. Hdt. 1,68,6. Zum folgenden vgl. v. a. Wickert 1961; De Ste Croix 1972, 96 ff.; Tausend 1992, 167 ff.

64 Strab. 8,3,30. Der Abschluß eines Bündnisvertrags, geschweige denn sein Inhalt, ist aber trotz der Vermutungen von Tausend 1992, 167, nicht sicher zu erschließen.

65 Plut. *mor.* 292B = Aristot. Frg. 592 Rose. Nach anderer Meinung (z. B. Cawkwell 1993a, 368 ff.) gehört der Vertrag erst ins 5. Jahrhundert, was allerdings ein früheres Bündnis nicht ausschlösse, wie Thommen 1996, 59, anmerkt.

66 Diese Bestimmung könnte allerdings auch ein späterer Zusatz sein.

67 Es ist möglich, daß Sparta auch die Insel Kythera zu diesem Zeitpunkt von Argos gewann.

68 Vgl. zum folgenden auch Baltrusch 1994, 19 ff. Gegen eine Kontinuität des Bundes argumentiert hingegen Cawkwell 1993a.

69 Vgl. Lendon 1994.

70 Vgl. Cawkwell 1993 b.

71 Vgl. Thommen 1996, 64. Dagegen bestreitet M. Meier 1998, passim, die Bedeutung der Außenpolitik und will die spartanische Entwicklung ausschließlich auf innere Faktoren zurückführen.

72 Vgl. Nafissi 1991, 144 ff.

73 Vgl. dazu insbesondere Thommen 1996, 75 ff. mit Kritik an älteren Auffassungen; M. Meier 2000, 44 ff. mit neuen Hypothesen. In seinem umfassenden Werk über die Ephoren vertritt Richer 1998 die Meinung, daß das Amt um 700 im Zusammenhang mit den Messenischen Kriegen eingeführt worden sei.

74 Vgl. etwa Clauss 1983, 25.

75 Contra Thommen 1996, 90. Inoffizielle, gleichsam private Kriegszüge, wie sie auch auch von anderen Poleis aus geführt wurden, sowie eigenmächtige Unternehmungen sind dadurch natürlich nicht ausgeschlossen.

76 Vgl. genauer Thommen 1996, 87 ff.

77 Vgl. Xen. *Lak. pol.* 4,7 mit dem Kommentar von Rebenich 1998 Anm. 57.

78 Gestützt auf Aristot. *pol.* 1273a9–13 meint Nafissi 363 ff., daß die Beschlüsse der Volksversammlung von der Gerusia grundsätzlich wieder aufgehoben werden konnten.

79 Beim Kriegsbeschluß des Jahres 432 bewertete der vorsitzende Ephor die Lautstärke (Thuk. 1,87), bei den Wahlen zogen sich nach Plutarch (*Lyk.* 26,2 f.) ausgewählte Männer in ein nahes Haus zurück, um nur nach dem Gehör zu entscheiden. Die letztere Form könnte auch eine spätere Verfeinerung des Systems sein.

80 Aristot. *pol.* 1271a9 f.; vgl. Flaig 1993. Musti 1995, 84, weist darauf hin, daß auch diese Abstimmungsform den Mehrheitsgedanken voraussetzte.

81 So Flaig 1993, 157 f. zur Erklärung des «Hammelsprungs» im Jahr 432.

82 Frg. 98 PMG = Strab. 10,4,18 (129C), der sie als Bezeichnung für die Syssitien erklärt.

83 Zu den Termini vgl. Rebenich 1998, 108 f.

84 Kennell 1995; Ducat 1999.

85 Kennell 1995 setzt den Beginn der klassischen Agoge in das frühe 6. Jahrhundert und wird in diesem Punkt zu Recht von Thommen 1996, 14, kritisiert. Zur klassischen Agoge vgl. daher unten (S. 113).

86 Cartledge 1976.

87 Vgl. Thommen 1996, 72 f. 137.

88 Den großen Einfluß der Perserkriege hat Stibbe 1996, 12 f., hervorgehoben. Im übrigen Thommen 1996, passim.

89 Zum vieldiskutierten Verhältnis zwischen den beiden Überlieferungssträngen vgl. zuletzt die ausführliche Untersuchung von Bleckmann 1998, 17 ff., der zeigt, daß die *Hell. Oxy.* ihrerseits von Xenophon abhängig ist und dieser die zuverlässigere Überlieferung bietet.

90 Wenn im folgenden auf eine *Athenaion politeia* (*Ath. pol.*) ohne Nennung des Autors verwiesen wird, so ist immer die aristotelische Schrift gemeint, die ungleich häufiger zitiert werden muß als diejenige Pseudo-Xenophons.

91 472 in Athen aufgeführt. Zu diesem Stück als historischer Quelle vgl. Meister 1997, 111 ff.

92 In der *Athenaion politeia* (19,4) wird für die spartanische Intervention auch das politische Motiv angeführt, daß die Peisistratiden mit Argos, dem Erbfeind Spartas, befreundet gewesen seien. Dieses Motiv muß nicht mit Welwei (1992, 257) schon aus dem Grund zurückgewiesen werden,

weil es sich um eine spätere Interpretation handelt, die Herodot noch nicht kannte.

93 Diese Angabe wirft chronologische Probleme auf, die hier nicht näher diskutiert werden können. Hält man die Angabe für glaubwürdig, dann ergibt sich daraus, daß Peisistratos seine Tyrannis erst Mitte der 40er Jahre fest etabliert hat.

94 Daß Herodot und die *Athenaion politeia* die Anteile umgekehrt verteilen, dürfte auf die alkmeonidenfreundliche Überlieferung zurückgehen, die sich nach den Reformen des Kleisthenes herausgebildet und – nicht unberührt von der Person des Perikles – gerade im 4. Jahrhundert auch durchgesetzt hat, vgl. Zahrnt 1989. Wenigstens die Spartaner selbst haben wenig später, so ergibt sich aus Hdt. 5,91,2, die Vertreibung des Hippias als ihr eigenes Werk dargestellt. Nach Thukydides (6,53,3) wußten die Athener im Jahr 415, daß die Tyrannis «nicht von Harmodios und den Athenern selbst, sondern von den Spartanern gestürzt worden war»; 6,59,4 nennt er die Spartaner und die Alkmeoniden.

95 Das von Plinius, nat. 34,17, genannte Datum 510/9 ist nicht *per se* glaubwürdig. Den im Text genannten Zeitraum vertritt gegen spätere Datierungen Rausch 1999, 40ff.

96 Sparta wurden daher auch so gut wie alle Absetzungen der archaischen Tyrannen zugeschrieben, vgl. schon Thuk. 1,18,1; Plut. *mor.* 859 C, was sicher nur zum Teil berechtigt ist und sich wiederum aus den jeweiligen politischen Interessen Spartas an diesen Poleis erklärt. Zur modernen Kritik der angeblichen spartanischen Tyrannenfeindschaft vgl. besonders Bernhardt 1987.

97 Die in der früheren Forschung verbreitete Annahme, Athen sei nach der Vertreibung der Tyrannen formal Mitglied des Peloponnesischen Bundes geworden, kann inzwischen als widerlegt gelten, vgl. besonders Wickert 1961, 20ff.

98 Die Situation erinnert an die nachsolonische Zeit, als um die Besetzung des Archontats gekämpft wurde, Aristot. Ath. pol. 13.

99 Vgl. zuletzt Rausch 1999.

100 Die Frage, welcher Rat (*Bulé*) in den Quellen gemeint ist, ist in der Forschung umstritten. Neben dem hier favorisierten Rat auf dem Areopag, dessen Existenz von alters her gesichert ist (S. 20), wird (zuletzt von Welwei 1999, 5. 10) für den von Solon eingesetzten Rat der Vierhundert plädiert, dessen Existenz allerdings sehr zu bezweifeln ist (S. 27), und neuerdings wird die Ansicht vertreten, es sei ein schon von Kleisthenes provisorisch gebildeter Rat gemeint. Zur Begründung der letztgenannten These vgl. Rausch 1998 mit der früheren Literatur.

101 Die Darstellung folgt der differenzierten Beschreibung Herodots. Die *Athenaion politeia* hingegen spricht von einem bereits *durch das Volk erzwungenen Rückzug* des Kleomenes auf die Akropolis. Der Autor, der die Reformen des Kleisthenes als sehr demokratisch einstuft (22,1), schreibt also dem Volk eine größere Rolle zu als Herodot, und darin folgen ihm nicht wenige moderne Interpreten.

102 Vgl. zu diesem Problem zuletzt Badian 2000.

103 Vgl. auch den Überblick bei Develin / Kilmer 1997.

104 Die Demenforschung hat trotz des beschränkten Quellenmaterials in jüngerer Zeit beträchtliche Fortschritte erzielt. Neben zusammenfassenden Arbeiten – vgl. besonders Whitehead 1986 – wurden von archäologischer Seite Fallstudien durchgeführt, die Aufschlüsse über die geographische, wirtschaftliche und soziale Entwicklung einer solchen Gemeinde vermitteln; vgl. besonders Lohmann 1993. Methodisch ist immer zu berücksichtigen, daß Quellen aus der späteren klassischen Zeit nicht unbedingt auch die Verhältnisse zur Zeit des Kleisthenes widerspiegeln.

105 Eine detaillierte Demen-, Trittyen- und Phylenforschung hat sich vor allem auf der Grundlage späterer Inschriften entwickeln können; vgl. etwa den Überblick bei Welwei 1999, 11 ff.

106 Ein Instrument in dieser Konkurrenz war das wahrscheinlich schon von Kleisthenes eingeführte Scherbengericht (*Ostrakismós*), das jedoch erstmals 488/87 in der Form angewandt wurde, die uns genauer bekannt ist: Durch eine Abstimmung aller Vollbürger wurde der Athener, auf den die meisten Stimmen entfielen, für zehn Jahre außer Landes geschickt, ohne daß er sein Vermögen und seine Ehre verloren hätte. Vgl. zusammenfassend Dreher 2000.

107 Der Begriff *Demokratia* ist für das politische System erst in der zweiten Hälfte des 5. Jahrhunderts belegt. Dennoch spricht vieles dafür, daß er schon früher für die kleisthenische Ordnung benutzt wurde, so das Argument, daß er nur deshalb nicht benutzt wurde, weil er nicht in das Versmaß der durchgängig lyrischen Texte paßte, sowie das Vorkommen des Eigennamens Demokrátes; vgl. dazu Hansen 1986.

108 HGIÜ I 23.

109 Überwiegend unter militärische Ziele stellt die Reform Siewert 1982; zur Relativierung vgl. etwa Bleicken 1995, 521 f.

110 Man hat vermutet, daß die Korinther das sich anbahnende Bündnis Athens mit Persien fürchteten (so Zahrnt 1992, 273 ff. 257 f.; zustimmend Thommen 1996, 89), aber die vorausgesetzte Chronologie bleibt unsicher.

111 Vgl. die genaueren Ausführungen von Thommen 1996, 90 ff.

112 Diese athenischen Bürger-Kolonisten wurden als ‹Kleruchen› bezeichnet. Die von Herodot (5,77,2) genannte Zahl von 4000 Kleruchen wird heute im allgemeinen als zu hoch beurteilt.

113 Ein Indiz dafür ist der Ausbau der Akropolis im letzten Jahrzehnt des 6. Jahrhunderts. Ein riesiger Athenatempel (Pa I) sollte jetzt den sogenannten Urparthenon ersetzen. Zum Baubeginn Ende des 6. oder Anfang des 5. Jahrhunderts vgl. Korres 1997, 236 ff. Nach einer von Korres nicht geteilten Ansicht wurde auch der Alte Athenatempel erst nach 510 errichtet, vgl. Childs 1997. Ein weiteres Indiz ist die Prägung der ersten Eulenmünzen, vgl. zuletzt Horsmann 2000.

114 Diese These von Tausend 1992, 185 f., stützt sich vor allem darauf, daß Eretria als einzige griechische Stadt Athen bei seinem Hilfszug im ionischen Aufstand Heeresfolge leistete.

115 Die Datierung des Bündnisses mit Plataiai (Hdt. 6,108), die von Thukydides (3,68,5) ins Jahr 519 gesetzt wird, ist sehr problematisch. Vgl.

Tausend 1992, 180 ff., dessen eigener Vorschlag für 510/9 mir weniger plausibel erscheint als sein Ansatz zu Eretria. Hdt. 5,74,2 dürfte implizieren, daß Plataiai im Jahr 506 zum athenischen Machtbereich gehörte.

116 Herodot (5,96 f.) erweckt den Eindruck, daß der athenische Beschluß nicht lange vor dem Ionischen Aufstand gefaßt wurde; genauer lassen sich die Ereignisse nicht datieren.

117 Die Historizität dieses Berichts wird von einigen Forschern, zuletzt Welwei 1999, 32, mit m. E. unzureichenden Argumenten bestritten.

118 Anstelle des Demaratos übernahm Leotychidas das Königsamt der Eurypontiden und kooperierte mit Kleomenes gegen die Ägineten. Das sollte der letzte erfolgreiche Coup des Kleomenes bleiben, denn unmittelbar danach verlor auch er Amt und Leben.

119 Die Geschichte vom Marathonkämpfer, der in voller Rüstung nach Athen lief, dort den Sieg verkündete und tot zusammenbrach, wurde erst später erzählt (Plut. mor. 347 c) und kann nicht als historisch gelten.

120 Unter dem Namen des Dichters Simonides ist der wahrscheinlich erst nach Salamis entstandene Vers überliefert: «Als Vorkämpfer der Hellenen haben die Athener bei Marathon der goldtragenden Meder Macht niedergestreckt» (Sim. Frg. 88a Diehl, Übersetzung U. Wilcken).

121 Plat. leg. 698e, vgl. Strab. 8,4,10 (362); Paus. 4,23,5 ff. Vgl. Welwei 1999,35.

122 Vgl. Clauss 1983, 169 ff.; Hodkinson 1983, 273 ff.; Parker 1989.

123 Hdt. 6, 132 ff. Miltiades wurde wegen dieses Mißerfolgs angeklagt und verurteilt. Er starb kurz danach an den Folgen einer Verletzung.

124 Im 4. Jahrhundert, aus dem genauere Zahlen vorliegen, war jede Triere mit 170 Ruderern, zehn Hopliten, mehreren Bogenschützen und den Seeleuten besetzt, zusammen rund 200 Mann. Zur Zeit des Themistokles mag die Zahl geringer gewesen sein, man schätzt sie auf rund 150 Mann.

125 Vgl. Hdt. 7,157. Nur Athen und Sparta bot Xerxes nicht mehr die Möglichkeit, sich auf diplomatischem Wege zu unterwerfen (7,133).

126 Vgl. zur völkerrechtlichen Bedeutung und zur Vertragsform des Bundes ausführlich Baltrusch 1994, 30 ff. Die von Baltrusch wieder vertretene These, alle Verbündeten einschließlich Athens hätten dem Peloponnesischen Bund angehört und Sparta einen Eid geleistet «zu folgen, wohin immer es führe», halte ich allerdings für unzutreffend.

127 Herodot (7,184 ff. u. a.) gibt allein für die persische Streitmacht folgende Zahlen: Landheer 1,7 Mio. Fußsoldaten, 80 000 Reiter; Flotte: 1200 Trieren mit über 500 000 Mann Besatzung. Dazu kommen die Verstärkungen aus Europa und der gesamte Troß. Moderne Schätzungen gehen hingegen von höchstens 100 000 Mann Landtruppen und ca. 600 Trieren aus.

128 Die Zahl könnte eine feststehende Chiffre für einen ‹kleineren Trupp› sein, vgl. Ehrhardt 1995.

129 Vgl. etwa die nüchternen Bemerkungen von Welwei 1999, 61.

130 Vgl. etwa Rawson 1969, 379 (Index) s. v. Leonidas; Tigerstedt III 1978, 42 (Index) s. v. Leonidas; Thommen 1996, 113; Macgregor Morris 2000.

131 Hdt. 7,207 (vor den Thermopylen); 8,4 f. (vor Artemision)

132 Als ad-hoc-Maßnahme, wie von Herodot (8,40) dargestellt, war die Evakuierung nicht durchführbar. Der athenische Rückzug auf die Schiffe war die Strategie, die Themistokles wohl schon seit einiger Zeit verfochten hatte. In diesem Sinne hatte er in der Volksversammlung auch das berühmte delphische Orakel interpretiert, nach dem die Athener nur durch hölzerne Mauern gerettet werden könnten (Hdt. 7,140 ff.).
Der entscheidende athenische Volksbeschluß, als dessen Antragsteller Themistokles genannt wird, ist in einer Inschrift aus dem dritten Jahrhundert v. Chr. überliefert (HGIÜ I 35). Wieviel von diesem Text authentisch ist, ist in der Forschung umstritten; vgl. die Zusammenstellung bei Meister 1997, 99 ff., der auch eine Übersetzung bietet.

133 Hdt. 8,86. In seinem Stück «Die Perser» (zur Schlacht bei Salamis Verse 249 ff.) beschreibt Aischylos (V. 412 ff.), wie sich die Schiffe der persischen Flotte gegenseitig behinderten.

134 Zu seiner Anerkennung bei den anderen Griechen vgl. Hdt. 8,123 ff.

135 Vgl. die Interpretation dieses sogenannten Athenerpassus Herodots bei Meister 1997, 127 ff.

136 Vgl. Barron 1988, 616 ff. Zur Schlangensäule in Delphi vgl. auch Meister 1997, 119 ff.

137 Vgl. dazu Baltrusch 1994, 53 f.

138 Herodot (9,106,4) gibt an, man habe die persischen Schiffsbrücken zerstören und damit den erneuten Übergang eines Heeres nach Europa verhindern wollen. Es ist jedoch kaum glaubhaft, daß die Heerführer nicht gewußt hätten, daß die Brücke zwischenzeitlich längst vom Sturm zerstört worden war, vgl. Welwei 1999, 73.

139 Die Schlacht bei Mykale markiert auch für den Dichter Phrynichos den Abschluß der Perserkriege; sie war das Hauptthema seiner 476 in Athen aufgeführten Tragödie *Die Phönissen*, die uns nicht erhalten ist.

140 *Ath. pol.* 23,1–2 mit der ebensowenig überzeugenden Begründung, der Areopag habe an die Ruderer Geld verteilt. *Ath. pol.* 22,5 berichtet, daß ab 488/7 die Archonten erlost wurden; dadurch hat nach allgemeiner Meinung das Ansehen des Areopag gelitten. Vgl. zum Forschungsstand in dieser umstrittenen Frage zuletzt Ryan 1999 mit allerdings schwachen Argumenten für die Glaubwürdigkeit der Nachricht, und Schubert 2000, 117 ff., die gegenüber der angeblichen Herrschaft des Areopag zu Recht skeptisch bleibt. Die ganze Geschichte könnte, meiner Ansicht nach, erst aus dem Wiederaufstieg des Areopag in der 2. Hälfte des 4. Jahrhunderts heraus abgeleitet sein.

141 Die entsprechenden Schlüsse sind vor allem von Thommen 1996, 99 ff., gezogen worden, dem hier gefolgt wird.

142 Der Polemarch war offenbar der für ein Jahr gewählte, unter dem königlichen Kommando stehende militärische Befehlshaber, vgl. Busolt / Swoboda 1926, 708; Thommen 1996, 103.

143 *Hellanodíkai*, für die Rechtsprechung unter den Bundesgenossen zuständig, und *Tamíai*, Kassenverwalter, mögen ebenfalls jetzt erstmals fungiert haben, vgl. Thommen 1996, 67.

144 Die Quellen für diese Zeit sind zusammengestellt bei Hill 1966.

145 Das wird allerdings auch bei Thukydides 3,10,2 vorausgesetzt. Vgl. zu den formalen Grundlagen des Bundes Baltrusch 1994, 56 ff.

146 Thuk. 1,96,2; Plut. *Arist.* 24; nach Rückrechnungen der modernen Forschung aus den späteren Tributlisten muß der Betrag zu Beginn des Seebunds allerdings niedriger gewesen sein.

147 Vgl. auch Baltrusch 1994, 55. Diod. 11,50 berichtet allerdings, daß es in Sparta auch Befürworter einer eigenen hegemonialen Überseepolitik und eines Kriegs gegen Athen gegeben habe; diese hätten sich aber nicht durchsetzen können. Mit anderen hält Welwei 1999, 82, die Aussage für anachronistisch.

148 Zu diesem Aspekt vgl. Steinbrecher 1985, bes. 89 ff., der auch die traditionelle Meinung widerlegt, Kimons Unternehmungen seien vorrangig an seiner Freundschaft zu Sparta ausgerichtet gewesen.

149 Vgl. besonders Schuller 1974, 151 ff. Zu den völkerrechtlichen Formen Baltrusch 1994, 59 ff.

150 Die Darstellung des Thukydides ist meines Wissens bisher nicht in Zweifel gezogen worden, vgl. zuletzt Stein-Hölkeskamp 1999, 148; Welwei 1999, 89. Man müßte dabei aber auch an spätere Rechtfertigungen von spartanischer Seite denken, die erklären sollten, warum man der athenischen Machtausdehnung nicht von Anfang an energischer entgegengetreten war.

151 Der sich entwickelnde Gegensatz ist auch in der jeweiligen Propaganda greifbar. Je mehr sich Athen gegenüber den ionischen Seebundsstädten als Mutterstadt aller Ionier stilisierte, desto mehr stellte auch Sparta sein Doriertum in den Vordergrund (vgl. Thommen 2000, 49 f.). Der ursprünglich überwiegend sprachlich-kulturelle Unterschied der beiden größten griechischen Stämme wurde im Lauf des 5. Jahrhunderts zunehmend dem politischen Gegensatz dienstbar gemacht.

152 Einige Forscher akzeptieren für das Erdbeben das von Diodor (11,63,1) angegebene Datum 469, die überwiegende Mehrheit plädiert für das aus der Schilderung des Thukydides erschlossene Jahr 464. Die Kämpfe gegen die Heloten werden vielfach als Dritter Messenischer Krieg bezeichnet.

153 Kimon hätte eine solche Absprache in Athen natürlich nicht zugeben können, sonst hätte er Verrat an seinem Auftrag begangen. Er mußte stattdessen behaupten, von den Spartanern weggeschickt worden zu sein. Der offizielle Grund, die Hilfe werde nicht mehr benötigt, ließ Interpretationsspielräume für alle Beteiligten.

154 Vgl. Stein-Hölkeskamp 1999.

155 Die Ephialtes-Reformen wurden von den Athenern selbst nicht als Beginn der Demokratie angesehen. Heute wissen wir von den Reformen einfach zu wenig, als daß wir ihnen eine so weitreichende Bedeutung zuschreiben dürften. Vor allem aber waren die Institutionen, die unbestritten über die Maßnahmen entschieden, nämlich Bule und Ekklesia, schon längst etabliert und schufen mit ihrer Machterweiterung nichts qualitativ Neues. Begrifflich bleibt es unbefriedigend, daß bei vielen modernen Autoren die Demokratie gleichsam aus dem Nichts auftaucht. Kleisthenes soll sie zwar noch nicht eingeführt haben, bei Ephialtes aber ist sie auf einmal voll ausgebildet.

156 Vgl. Schuller 1984.

157 Die Bedeutung des Erdbebens für den Rückgang der Gesamtbevölkerung, nicht nur der Spartiaten, ist jüngst wieder sehr stark, letztlich zu stark, hervorgehoben worden von Wierschowski 1998. Zentral hingegen erscheint der von Hodkinson 2000, 416 ff., hergestellte Zusammenhang zur Besitzkonzentration.

158 Vgl. Thommen 1996, 119 ff.

159 Ebd.127.

160 Die Gebräuche bei Plut. Lyk. 28; zur Datierung vgl. Thommen 1996, 127 f.

161 Vgl. Thommen 1996, 129 ff.

162 Die Terminologie, die sich in der Forschung etabliert hat, bleibt unbefriedigend, da der eigentliche, 431 beginnende Krieg nicht entsprechend als Zweiter Peloponnesischer Krieg, sondern einfach als *der* Peloponnesische Krieg bezeichnet wird. Vgl. zum sogenannten Ersten Peloponnesischen Krieg besonders de Ste. Croix 1972, 50 ff. 180 ff.

163 Vgl. auch HGIÜ I 61.

164 Vgl. auch die beiden Inschriften HGIÜ I 59 und 60.

165 Vgl. auch HGIÜ I 55.

166 Die Listen sind in vier Bänden publiziert von Meritt / Wade-Gery / McGregor; vgl. auch die Abkürzung: ATL.

167 Aus der umfangreichen Literatur seien genannt Meister 1972 und Badian 1993, 1 ff., der wieder für die Historizität eintritt.

168 Die strengen, aber nicht überharten Bedingungen für Chalkis sind uns bekannt aus der Inschrift HGIÜ I 79, für Eretria vgl. den schlechter erhaltenen Text HGIÜ I 78.

169 Der Friede hatte zwar formal den Charakter eines Waffenstillstandes (*Spondai*), also nur eines Aufschiebens der Kriegshandlungen, kann aber aufgrund seiner langen Frist und seiner inhaltlichen Regelungen als Friedensvertrag betrachtet werden, vgl. ausführlich, auch zum folgenden, Baltrusch 1994, 159 ff.

170 Dennoch ist die Quellenlage insofern asymmetrisch, als sie uns über die Verhältnisse in Athen, nicht zuletzt durch die in Sparta fehlenden Inschriften, ungleich mehr überliefert.

171 Zu wesentlichen Veränderungen im 4. Jahrhundert vgl. dann Kap. III.

172 Vgl. für Athen besonders M. H. Hansen, der sein einschlägiges Buch deshalb ausdrücklich «Die athenische Demokratie *im Zeitalter des Demosthenes*» genannt hat, während traditionell das Zeitalter des Perikles als Inbegriff der athenischen Demokratie gilt. Für Sparta vgl. besonders Kennell 1995 zum Erziehungswesen und Thommen 1996 zur allgemeine Verfassung.

173 Aristot. *Ath. pol.* 26,4; Plut. *Per.* 37,3. Vgl. Boegehold / Scafuro (Hgg.) 1994; darin besonders den Beitrag von Boegehold, Perikles' Citizenship Law of 451/0.

174 Über eine Ausnahme, die Geschichte von Teisamenos aus Elis und seinem Bruder, berichtet Herodot (9,33).

175 Vgl. Thommen 1996, 107 A. 42.

176 Vgl. bes. Aristot. *Ath. pol.* 43,2–49, dessen Angaben den Stand des späten 4. Jahrhunderts v. Chr. wiedergeben.
177 Vgl. etwa Link 1994, 76 ff.
178 40 000 (männliche) Bürger und ihre Familienmitglieder ergeben eine Gesamtbevölkerung von 100–150 000 Athenern. Dazu kommen noch ca. 25–35 000 Metöken und vielleicht 80–120 000 Sklaven (S. 122 f.). Vgl. Bleicken 1995, 99 ff.
179 Vgl. dazu die Untersuchungen von M. H. Hansen, besonders die von 1984.
180 Diese Gegebenheit sowie die im folgenden noch auszuführende Tatsache, daß fast jeder Bürger staatlicher Aufgaben wahrzunehmen hatte, läßt auf einen relativ hohen Alphabetisierungsgrad der athenischen Bürgerschaft schließen.
181 So Busolt/Swoboda 1926, 693. Weitere Literatur bei Luther 2000, 124 mit Anm. 32; Luther selbst versteht unter dem Gremium die Gerusia, die Ephoren und die Könige.
182 Zur heute umstrittenen Frage, ob die Spartaner schon mit 20 oder, was ich für wahrscheinlicher halte, erst mit 30 Jahren Vollbürger mit allen Rechten wurden, also auch die Volksversammlung besuchen durften, vgl. den Überblick bei Rebenich 1998, 91 ff. (Anm. 16). 107 (Anm. 57). Zur Anzahl der Spartiaten vgl. S. u19
183 Vgl. dazu besonders Hdt. 6,56–58; Xen. *Lak. pol.* 13. 15.
184 Vgl. zur Dichotomie zwischen formal-politischer Ohnmacht und gesellschaftlicher Bedeutung der spartanischen Könige besonders Link 1994, 62 ff.
185 Vgl. besonders Richer 1998; M. Meier 2000.
186 Vgl. etwa Clauss 1983, 135 ff.
187 Die Idee der Mischverfassung ist zumindest implizit bereits bei Aristoteles vorhanden (*pol.* 1270 b 21 ff.), obwohl er explizit sagt, Sparta sei aus einer Aristokratie zur Demokratie geworden (1270 b16 f.). Am deutlichsten äußert sich Polyb. 6,10.
188 So etwa Nafissi 1991, 356 f. Viele Autoren sind jedoch sehr zurückhaltend und vermeiden eine klare Einordnung, z. B. Welwei 1998, 111. Bei der Mischverfassung bleibt Baltrusch 1998, 29. Zur Oligarchie in den zeitgenössischen Staatstheorien vgl. Ostwald 2000.
189 Deinarch. 1,106; Demosth. or. 57,56; Aristot. *Ath. pol.* 9,1; *pol.* 1274 a 4 f. Zur Debatte über die Souveränität der Gerichtshöfe und ihr Verhältnis zur Volksversammlung vgl. etwa Bleicken 1995, 606 f. Zur Lokalisierung der Gerichtshöfe auf der Agora vgl. Boegehold 1995, 91 ff.
190 Vgl. Bleicken 1995, 266.
191 Zum spartanischen Recht vgl. v. a. MacDowell 1986; Cartledge 2000.
192 Vgl. Boring 1979, 24 ff.; anders Cartledge 1978, 35.
193 Vgl. zu diesem Abschnitt besonders die vielschichtigen Überlegungen von Musti 1995. Auf Mustis vorbildliche Untersuchung der Grundkategorien *Öffentlich* und *Privat* geht auch die Überschrift dieses Abschnitts zurück. Vgl. auch Welwei 1999, 136 ff.

194 Aus der umfangreichen Literatur seien genannt Gaiser 1975; Leppin 1999, 86ff.
195 Vgl. auch Hansen 1995, 80ff.; Wallace 1994; dens. (im Druck). Vgl. Morawetz 2000 zur Geschichte der Freiheitsvorstellung, zu «machen, was man will».
196 Pseudo-Xenophon *Ath. pol.* 1,5. 10.
197 Vgl. auch Ducat 1999.
198 Vgl. Hodkinson 1983; Kennell 1995.
199 Vgl. Singor 1999.
200 Zur Egalitätsideologie vgl. Hodkinson 2000, 209ff.; zur Einbindung der führenden Spartiaten Thommen 1996, 151.
201 Vgl. dazu besonders die wissenschaftsgeschichtlichen Darstellungen von Rawson 1969 und Christ 1986.
202 Vgl. Cartledge 1978; Boring 1979. Zu Athen vgl. Anm. 91.
203 Die von Nietzsche in der *Geburt der Tragödie* zugespitzte Gegenüberstellung des apollinischen und des dionysischen Prinzips, die dabei sofort in den Sinn kommt, muß für Athen und Sparta aus vielen Gründen differenziert werden – unmittelbar schon deshalb, weil es sich in beiden Fällen um Fruchtbarkeitsfeste handelte.
204 Zur Agora vgl. Thompson / Wicherley 1972; Camp 1989; Shear 1994; Boegehold 1995. Zur Baupolitik Athens allgemein Boersma 1970.
205 Perikles wurde von Thukydides, dem Sohn des Melesias und anderen Politikern vehement angegriffen, weil er die Tribute der Verbündeten für die Baupolitik verwendet und damit ihrer eigentlichen militärischen Bestimmung entzogen habe, vgl. bes. Plut. *Per.* 11–14. Inwiefern dieser Vorwurf zutrifft, ist in der Forschung umstritten, vgl. zuletzt Samons 1993; Welwei 1999, 121f.
206 Schuller 1991, 43.
207 Natürlich waren Werke mehrerer Gattungen auch politisch beeinflußt oder bestimmt, man denke nur an den Parthenon-Fries, an die Skulpturen der eponymen Heroen, an die Grabmonumente bei Staatsbegräbnissen oder an die Preisamphoren, welche die Sieger der panathenäischen Spiele erhielten. Zu diesen und weiteren Beziehungen zwischen Demokratie und Kunst vgl. Coulsen u. a. (Hgg.) 1994; Boedeker / Raaflaub 1998.
208 Stibbe 1996, bes. 254ff.
209 Vgl. Thommen 2000a.
210 Vgl. die historischen Portraits in Brodersen (Hg.) 1999.
211 Gegenteilige Auffassungen in der Forschung sind von Schuller 1985 korrigiert worden. Vgl. auch Schaps 1998.
212 Xen. *oik.* 7–10; dieser Dialog zwischen Ischomachos und seiner Frau ist zwar ein idealisiertes Lehrgespräch, vermittelt aber gleichwohl Einblicke in die von einer Frau erwarteten Tätigkeiten.
213 Vgl. v. a. Schuller 1985; Schnurr-Redford 1996.
214 Vgl. z. B. auch Xen. *oik.* 7,30.
215 Aus einem expliziten Vergleich mit Athen resultiert das entsprechende Urteil von Dettenhofer 1993. Vgl. auch Pomeroy (im Druck).
216 Vgl. zuletzt Herrmann-Otto 1998, 25ff.
217 In dieser umstrittenen Frage am konsequentesten urteilt Hodkinson

1986, 378 ff., der zur Erklärung der aristotelischen Angaben die Hypothese aufstellt, Töchter und Söhne hätten im Verhältnis von eins zu zwei geerbt. Zu weiteren Erläuterungen vgl. dens. 1989; 2000, 98 ff. 400 ff.

218 Thommen 1999. Zum Vergleich mit Barbaren vgl. Millender 1999.

219 Vgl. zum folgenden besonders Link 1994, 1 ff.; Welwei 1998, 100.

220 Vgl. zusammenfassend Whitehead 1977.

221 Vgl. Ameling 1998.

222 Genannt seien Ducat 1990, 19 ff. und Hodkinson 2000, 113 mit weiteren Literaturangaben zu dieser Kontroverse.

223 Vgl. zuletzt Hodkinson 2000, 125 ff.

224 Vgl. Figueira 1999; Baltrusch 2001.

225 Thuk. 1,89–118. Vgl. zur Diskussion um die Konstruktion dieses Abschnitts zuletzt Tsakmakis 1995, 64 ff. Die Pentekontaetie wurde oben (S. 84 ff.) im chronologischen Zusammenhang behandelt.

226 Vgl. zuletzt Orwin 1994, 30 ff.; Sertcan 1997. Nach Pébarthe 1999 hat Thukydides die ökonomische Dimension des Krieges zu wenig herausgestellt.

227 Im Winter 430/29 fiel die Stadt schließlich den Athenern in die Hände.

228 Diod. (= Ephoros) 12,39,4 f.; vgl. auch Aristoph. *Ach.* 515 ff.; *Pax* 605 ff.

229 Vgl. besonders Kagan 1981.

230 Einen größeren Stellenwert der antidemokratischen Strömungen schon vor der Sizilienkatastrophe reklamiert Lehmann 1987; vgl. dens. 1997.

231 Die Berichte des Thukydides und der aristotelischen *Athenaion politeia* über den oligarchischen Umsturz sind im einzelnen schwer verständlich und widersprüchlich. Dementsprechend kontrovers werden die Vorgänge in der modernen Forschung behandelt.

232 Zur Abfolge und Interpretation der Ereignisse vgl. jetzt Bleckmann 1998, 393 ff., gegen frühere Datierungen.

233 Nach der Schilderung der beiden Seeschlachten und ihrer Folgen bricht das Werk des Thukydides (8,109) unvermittelt ab. Zu Xenophons *Hellenika* und weiteren Fortsetzungen vgl. die Quellenhinweise am Anfang des Kapitels.

234 Zur umstrittenen Chronologie vgl. zuletzt Bleckmann 1998, 267 ff.

235 Umgekehrt gewichtet Bleckmann 1998, besonders 572 ff.

236 Dieses Friedensangebot wird von manchen Forschern als unglaubwürdig betrachtet, weil es nur von Aristot. *Ath. pol.* 34,1 bezeugt ist.

237 Die Auswirkungen des Peloponnesischen Krieges auf die Bevölkerung und die Wirtschaft Athens sind umstritten. Spielvogel 1999 schließt aus den Zeugnissen der Komödie, daß die Rückwirkungen des Krieges erheblich größer gewesen seien, als man im allgemeinen annimmt.

238 Xenophon (*hell.* 2,4,38) nennt 15, die *Ath.pol.* (38,4) zehn Schlichter.

239 Vgl. besonders Loening 1987.

240 Vgl. dazu Tuplin 1993. Das Buch, eine Kombination zwischen einer thematischen Untersuchung und einem historisch-philologischen Kommentar, vertritt die – in dieser Absolutheit nicht überzeugende – These, daß

Xenophon den Herrschaftsansprüchen *aller* Staaten, auch denjenigen Spartas, ablehnend gegenübergestanden habe.

241 Die These, die spartanische Machtpolitik sei nur von einzelnen Spartiaten ins Werk gesetzt, von der Mehrheit aber eher abgelehnt worden (Andrewes 1978), ist zumindest für diesen Zeitraum nicht überzeugend. In der englischsprachigen Literatur ist für diese Phase übrigens häufig vom spartanischen Imperialismus die Rede. Dieser Begriff wird hier ebenso wie im Kapitel über das 5. Jahrhundert vermieden.

242 Die Gruppe ist beschrieben bei Paus. 10,9,7ff; vgl. Plut. *Lys.* 18. Zehn der 13 Basisblöcke mit den Fußlöchern der Bronzestatuen sind wiedergefunden worden, vgl. die Angaben bei Meiggs / Lewis 95. Die Epigramme wurden möglicherweise erst im 4. Jahrhundert nachträglich angebracht (vgl. ebd.), der Text ist zitiert nach HGIÜ I 151 (C).

243 Die hiermit von den Göttern erstmals auf einen Menschen übertragenen Ehrungen wurden später – wiederaufgenommen und noch gesteigert bei Philipp II. von Makedonien und seinem Sohn Alexander – zur allgemeinen Praxis der antiken Herrscherverehrung.

244 In der englischsprachigen Literatur ist daher verschiedentlich vom spartanischen «Empire» die Rede.

245 Plut. *Lys.* 26; vgl. Aristot. *pol.* 1301b19–21. 1306b33f.; diese Schrift war auch Plutarch bekannt.

246 Interessanterweise ist die Überlieferung zu diesem Sachverhalt zwiespältig: Nur Plutarch berichtet von den Plänen Lysanders und erwähnt Kinadon nicht, und umgekehrt berichtet nur Xenophon von Kinadon (vgl. auch Aristot. *pol.* 1306b34) und erwähnt die Pläne Lysanders nicht. Die Kinadon-Verschwörung wird von manchen Forschern für unhistorisch gehalten. Die Vermutung von Luther 2000, sie sei von Agesilaos und Lysander nur vorgetäuscht worden, um die Stellung des Agesilaos zu stärken, hat mich nicht überzeugt.

247 Xenophon hat diesen Rückmarsch in seiner Schrift *Anabasis* geschildert.

248 Gegen die Parteienschemata in den Quellen (*Hell. Oxy.*; Aristoph. *eccl.* 197f.), vgl. insbesondere Funke 1980, 57ff.; Schmitz 1988, 1ff. zu wirtschaftlichen Aspekten.

249 Eine eindrucksvolle Rede der thebanischen Gesandten hat Xenophon (*hell.* 3,5,8–15) komponiert.

250 Vgl. Isokr. or. 9, 56.

251 Wiederum teilten sich in dieser Auseinandersetzung die Gegner nicht, wie man früher geglaubt hat, nach ihrer sozioökonomischen Zuordnung oder nach ihrer Einstellung zur Verfassung (Reiche= Oligarchen= Friedensfreunde; Arme= Demokraten= Kriegstreiber) ein, vgl. Funke 1980, 147; Schmitz 1988, 233ff.

252 Daher kommt auch hier wieder der Imperialismus-Begriff zur Anwendung, z. B. Cawkwell 1976: The *Imperialism* of Thrasybulos.

253 Vgl. die gründliche Studie von Urban 1991. Nach Urban, dem darin hier nicht gefolgt wird, entsprach der Frieden eher persischen und weniger spartanischen Interessen.

254 Vgl. Plat. *Mx.* 245E.

255 Die Griechenstädte Kleinasiens blieben bis zum Eroberungszug Alexanders des Großen unter persischer Herrschaft.

256 Xenophon stellt Agesilaos in der gleichnamigen Lobrede erheblich positiver dar als in den *Hellenika*, vgl. etwa Tuplin 1993, 53. Plutarchs Biographie über Agesilaos verwendet Xenophons Lobrede, ist in einigen Punkten aber kritischer gegenüber Agesilaos.

257 HGIÜ II 214.

258 Während man früher zum Jahr 377 als Gründungsdatum neigte, geht man in jüngerer Zeit mindestens bis 378 zurück. Zur Problematik des Gründungsdatums vgl. zuletzt Sealey 1993, 52ff.

259 HGIÜ II 215. Der Text gehört wegen seines guten Erhaltungszustands und seiner großen historischen Bedeutung zu den wichtigsten Inschriften der klassischen Zeit.

260 In der Forschung ist stark umstritten, ob Athen seine Garantien in der Folgezeit auch wirklich eingehalten hat. Während die traditionelle Meinung dahin geht, auch der Zweite Seebund habe sich analog zum Ersten zunehmend in ein athenisches Herrschaftsinstrument verwandelt, hat Cargill 1981 vehement für eine völlig «weiße Weste» Athens argumentiert. Obwohl Cargill in einigen Punkten zum Umdenken zwingt, ist seine These in dieser Konsequenz nicht haltbar. Vgl. vorläufig Dreher 1995a, 284ff.

261 Grundlegend ist Cawkwell 1973.

262 Nach Xenophon (*hell.* 5,4,20) wurde Sphodrias von den Thebanern bestochen, um Athen in einen Krieg mit Sparta zu verwickeln.

263 Die Namen der Mitglieder wurden, wie im Aristoteles-Dekret vorgesehen, auf dieselbe Stele wie das Dekret selbst eingemeißelt und sind uns dadurch zum guten Teil erhalten (HGIÜ II 215). Eine Liste der Mitglieder ist zusammengestellt bei Dreher 1995b, 189ff.

264 Vgl. dazu zuletzt Jehne 1994. Jehne schreibt den Verträgen eine dynamische Wirkung zu, da sie geradezu zu neuen Kriegen herausfordert hätten.

265 Eine antike Marmorkopie der Statue befindet sich in der Münchner Glyptothek.

266 Die Meinung, die Peloponnesier seien damit auch dem Zweiten Athenischen Seebund beigetreten, ist nicht haltbar, vgl. etwa Jehne 1994, 75f.

267 Zu diesem und anderen griechischen Bünden des 4. Jahrhunderts vgl. Beck 1997.

268 Nach Xenophon (*hell.* 6,5,1) hatten die Athener den Frieden von 371 in dem Gedanken initiiert, daß die Spartaner noch nicht in eine solche Lage gekommen seien, in die jene ihrerseits (wohl 386 mit dem Königsfrieden) die Athener gebracht hätten.

269 Es spricht vieles dafür, daß Sparta und andere Griechen die athenischen Ansprüche auf Amphipolis und die Chersones bei *dieser* Gelegenheit anerkannten. Die diesbezüglichen Aktivitäten in der Nordägäis, die hier nicht behandelt werden – vgl. dazu Heskel 1997 –, beanspruchten im folgenden Jahrzehnt einen Großteil der athenischen Energien.

270 Mit der Schilderung der bislang größten Schlacht in der griechischen Geschichte beendet auch Xenophon seine griechische Geschichte. Sein

Ausblick: «Unordnung und Verwirrung wurden nach der Schlacht nur noch größer als sie schon vorher in Griechenland waren» (*hell.* 7,5,27) ist pessimistisch.

271 Solche Zahlenangaben verdanken wir zumeist den inschriftlich erhaltenen Listen der athenischen Werftaufseher, in denen die Schiffe und ihr Zustand einzeln aufgeführt sind. Vgl. dazu Gabrielsen 1994.

272 In seiner Rede über den Frieden (8) von 355 gesteht Isokrates den Athenern das Recht auf die führende Stellung in Griechenland zu, verlangt aber als Voraussetzung, daß Athen nicht nur mit den abgefallenen Bundesgenossen, sondern mit der ganzen Welt Frieden schließen, die Autonomiebestimmungen des Königsfriedens respektieren und auf alle aggressiven und herrschsüchtigen Maßnahmen verzichten solle.

273 So der Titel der einschlägigen deutschen Ausgabe von Schütrumpf 1982. Griechisch heißt die Schrift *Póroi.*

274 Polyb. 18,14. Vgl. dazu Errington 1986, 72.

275 Auf die Differenzen pocht besonders M. H. Hansen. Seine ursprünglich allzu scharfe Trennung zwischen den beiden Jahrhunderten ist zu Recht kritisiert und auch von ihm selbst abgeschwächt worden, vgl. etwa Bleicken 1987 (obwohl Bleicken selbst noch zu stark den traditionellen Vorstellungen anhängt, welchen das Zeitalter des Perikles als Inbegriff der athenischen Demokratie galt); Dreher 1993b, 163ff.; vgl. auch Anm. 277. Die Demokratie des 4. Jahrhunderts ist besonders gewürdigt in dem von W. Eder 1995 herausgegebenen Sammelband (s. dazu Dreher 1999).

276 Vgl. genaueres bei Hansen 1995, 311f.

277 Die Kompetenz der Dikasterien, sowohl Gesetze als auch Dekrete zu verwerfen, ist für M. H. Hansen ein wichtiger Grund dafür, der Demokratie des 4. Jahrhunderts einen neuen Status zuzuerkennen (vgl. Anm. 275). Statt oder zumindest neben der Ekklesia seien jetzt die Dikasterien «Herr über alles», wie manche Quellen sagen, mithin auch der eigentliche Souverän im athenischen Staat.

278 Die Quellen lassen in dieser Frage keine sicheren Schlüsse zu. Ich folge Hansen 1995, 137f.

279 Vgl. Schuller 1987, bes. 530ff.

280 Vgl. dazu verschiedene Beiträge in Eder (Hg.) 1995.

281 Auch wenn diese Neubewertung noch nicht in alle Überblicksdarstellungen eingeflossen ist, so steht sie doch in der Spezialliteratur nicht mehr in Frage. Das Sammelwerk von Eder (Hg.) 1995 bedeutet eher eine vorläufige Bilanz dieser Tendenz, als daß es noch Anstöße dazu hätte leisten müssen. Wie überholt die frühere Standardwendung von der Krise des 4. Jahrhunderts inzwischen ist, zeigt etwa der den Band einführende Beitrag von J. K. Davies mit dem programmatischen Titel: The Fourth Century Crisis: What Crisis?

282 Aristot. *pol.* 1301b19–21; Strab. 8,5,5, C 366; vgl. Cartledge 1987, 162f.

283 Hauptquelle ist Plut. *Ages.* 32. Vgl. David 1980; Cartledge 1987, 160ff.

284 Cartledge 1987, 407ff., nennt daneben noch eine Reihe weiterer Faktoren, die zur Schwächung Spartas beigetragen haben, akzeptiert aber den von Aristoteles angeführten Hauptgrund. In der Literatur wird aller-

dings der Rückgang der Bürgerzahl unkritisch mit dem Schwinden militärischer Stärke gleichgesetzt; dagegen spricht schon, daß beide Entwicklungen ungleichzeitig verlaufen. Hier wären neue Überlegungen nötig.

285 Vgl. zu den einzelnen Aussagen des Aristoteles Herrmann-Otto 1998.

286 Vgl. die auf Herodot und Xenophon gestützten Berechnungen von Cartledge 1987, 37f. Nach anderen Meinungen betrug die Zahl der Spartiaten in den Perserkriegen allerdings nur zwischen 5.000 und 6.000. Die Zahl der Periöken ist kaum zu schätzen, dürfte aber ein Mehrfaches der Spartiatenzahl ausgemacht haben. Auch die Zahl der lakonischen und messenischen Heloten wird zusammengenommen für erheblich höher als die der Spartiaten gehalten.

287 Vgl. besonders Cartledge 1987, 167ff. 405ff.; Hodkinson 1988, 100ff.; dens. 2000, bes. 399ff. 432ff. Die Behauptung Plutarchs (*Agis und Kleomenes* 5,3–5), Vererbung und Schenkung von Land seien erst nach dem Peloponnesischen Krieg durch ein Gesetz des Ephoren Epitadeus gestattet worden, verdient nach Cartledge a. a. O. 167f. keinen Glauben.

288 Vgl. Hodkinson 1994; dens. 2000, 369ff. Später hat auch Polybios (6,48–50) festgestellt, daß die spartanische Verfassung nur für die Herrschaft in Lakonien, aber nicht in Übersee geeignet gewesen sei.

289 Vgl. Fisher 1994.

290 Vgl. Habicht 1995, 16; Dreyer 1999 setzt in vielem andere Akzente. Er differenziert die einzelnen Phasen sehr sorgfältig und argumentiert für eine wesentliche Veränderung der Demokratie in der Zeit nach 229 bzw. 228 v. Chr. Speziell auf die Frage nach dem Ende der Demokratie konzentriert sich ein eigener Aufsatz Dreyers (im Druck) – ich danke Herrn Dr. Dreyer für die Einsicht in das Manuskript.

Literaturverzeichnis

(Aufgenommen sind die in den Fußnoten abgekürzt zitierten Titel sowie einige ergänzende Hinweise. Mit wenigen Ausnahmen sind die Verweise auf die jüngere Literatur beschränkt, über die die ältere zu erschließen ist.)

Quellenausgaben und -literatur:

Aristoteles:
Aristoteles 1993, Der Staat der Athener, übersetzt und herausgegeben von M. Dreher, Stuttgart.

Herodot
R. Bichler 2000, Herodots Welt. Der Aufbau der Historie am Bild der fremden Länder und Völker, ihrer Zivilisation und ihrer Geschichte, Berlin.

Thukydides:
K. Gaiser 1975, Das Staatsmodell des Thukydides. Zur Rede des Perikles für die Gefallenen, Heidelberg.
S. Hornblower 1991–1996, A commentary on Thucydides I–II, Oxford.
C. Orwin 1994, The Humanity of Thucydides, Princeton.
D. Sertcan 1997, War Thukydides ein Lügner? Zur Vorgeschichte des Peloponnesischen Krieges, in: Hermes 125, 269–293.

Xenophon:
Xenophon 1982, Vorschläge zur Beschaffung von Geldmitteln oder Über die Staatseinkünfte, eingeleitet, herausgegeben und übersetzt von E. Schütrumpf, Darmstadt.
Xenophon 1998, Die Verfassung der Spartaner, herausgegeben, übersetzt und erläutert von S. Rebenich, Darmstadt.
C. Tuplin 1993, The failings of empire. A reading of Xenophon Hellenica 2. 3. 11–7. 5.27, Stuttgart.
Ders. (Hgg.) (im Druck), The World of Xenophon, Stuttgart.

Quellensammlungen:
K. Brodersen / W. Günther / H. H. Schmitt (Hgg.) 1992–1999, Historische Griechische Inschriften in Übersetzung (= HGIÜ) I–III, Darmstadt.
C. W. Fornara (Hg.) 1983, Archaic Times to the End of the Peloponnesian War (Translated Documents of Greece and Rome, Vol. I), Cambridge u. a. (2. Aufl.).
P. Harding (Hg.) 1985, From the end of the Peloponnesian War to the Battle of Ipsus (Translated Documents of Greece and Rome, Vol. II), Cambridge u. a.
G. F. Hill (Hg.) 1962, Sources for Greek History between the Persian and Peloponnesian Wars. A new edition by R. Meiggs and A. Andrewes, Oxford. [Einsprachige Texte, S. 340–360 sehr nützlicher chronologischer Quellenindex.]

R. Meiggs / D. Lewis (Hgg.) 1988, A Selection of Greek Historical Inscriptions to the End of the Fifth Century B. C., Oxford (2. Aufl.) (= Meiggs / Lewis). [Einsprachig, mit englischem Kommentar.]
K. Meister 1997, Die Interpretation historischer Quellen. Schwerpunkt: Antike. Band I: Griechenland, Paderborn u. a. [Ausgewählte Quellentexte in Übersetzung mit Muster-Interpretationen.]
G. R. Stanton 1990, Athenian Politics c. 800–500 B. C. A Sourcebook, London / New York. [Texte in englischer Übersetzung.]

Griechische Geschichte insgesamt, Athen und Sparta

E. Badian 1993, From Plataea to Potidaea. Studies in the History and Historiography of the Pentecontaetia, Baltimore / London.
J. M. Balcer 1995, The Persian Conquest of the Greeks 545–450 B. C., Konstanz.
E. Baltrusch 1994, Symmachie und Spondai. Untersuchungen zum griechischen Völkerrecht der archaischen und klassischen Zeit (8.–5. Jahrhundert v. Chr.), Berlin/New York.
J. P. Barron 1988, The Liberation of Greece, in: The Cambridge Ancient History, 2. Aufl., Bd. IV, hg. v. J. Boardman u. a., Cambridge, 592–622.
H. Beck 1997, Polis und Koinon. Untersuchungen zur Geschichte und Struktur der griechischen Bundesstaaten im 4. Jahrhundert v. Chr., Stuttgart.
K. J. Beloch 1912–1927, Griechische Geschichte I–IV, Straßburg bzw. Berlin / Leipzig (2. Aufl.).
H. Berve 1967, Die Tyrannis bei den Griechen I–II, München.
K. Brodersen (Hg.) 1999, Große Gestalten der griechischen Antike. 58 historische Portraits von Homer bis Kleopatra, München 1999.
G. Busolt / H. Swoboda 1920–1926, Griechische Staatskunde I–II, München.
G. Cawkwell 1997, Thucydides and the Peloponnesian War, London/New York.
L. de Libero 1996, Die archaische Tyrannis, Stuttgart.
J. K. Davies 1996, Das klassische Griechenland und die Demokratie (dtv-Geschichte der Antike), München (5. Aufl.).
G. E. M. de Ste Croix 1972, The Origins of the Peloponnesian War, London.
R. Drews 1983, Basileus. The Evidence for Kingship in Geometric Greece, New Haven / London.
N. Ehrhardt 1995, Rez. Tausend 1992, s. dort, Klio 77, 454 f.
V. Ehrenberg 1925, Neugründer des Staates. Ein Beitrag zur Geschichte Spartas und Athens im VI. Jahrhundert, München.
M. Errington 1986, Geschichte Makedoniens. Von den Anfängen bis zum Untergang des Königreiches, München.
D. Fehling 1985, Die sieben Weisen und die frühgriechische Chronologie. Eine traditionsgeschichtliche Studie, Bern u. a.
M. I. Finley 1979, Die Welt des Odysseus, München.
N. Fisher / H. van Wees (Hgg.) 1998, Archaic Greece. New Approaches and New Evidence, London.
P. Flensted-Jensen / Th. Heine Nielsen / L. Rubinstein (Hgg.) 2000, Polis &

Politics. Studies in Ancient Greek History presented to M. H. Hansen, Kopenhagen.

H.-J. Gehrke 2000, Ethnos, Phyle, Polis. Gemäßigt unorthodoxe Vermutungen, in: P. Flensted-Jensen u. a. (Hgg.), s. dort, 159–176.

M. H. Hansen 1986, The Origin of the Term Demokratia, Liverpool Classical Monthly 11, 35–36.

Ders. (Hg.) 1995, Sources for the Ancient Greek City State (Acts of the Copenhagen Polis Centre Vol. 2), Kopenhagen.

J. Heskel 1997, The North Aegean Wars, 371–360 B. C., Stuttgart.

K.-J. Hölkeskamp 1999, Schiedsrichter, Gesetzgeber und Gesetzgebung im archaischen Griechenland, Stuttgart.

M. Jehne 1994, Koine Eirene. Untersuchungen zu den Befriedungs- und Stabilisierungsbemühungen in der griechischen Poliswelt des 4. Jahrhunderts v. Chr., Stuttgart.

G. A. Lehmann 1996, Umbrüche und Zäsuren im östlichen Mittelmeerraum und Vorderasien zur Zeit der «Seevölker»-Invasionen um und nach 1200 v. Chr. Neue Quellenzeugnisse und Befunde, Historische Zeitschrift 262, 1–38.

D. Lotze 2000, Bürger und Unfreie im vorhellenistischen Griechenland. Ausgewählte Aufsätze, herausgegeben von W. Ameling und K. Zimmermann, Stuttgart.

A. Mersch 1996, Studien zur Siedlungsgeschichte Attikas von 950 bis 400 v. Chr., Frankfurt u. a.

L. G. Mitchell / P. J. Rhodes (Hgg.) 1997, The Development of the Polis in Archaic Greece, London.

O. Murray 1995, Das frühe Griechenland (dtv-Geschichte der Antike), München.

M. Ostwald 2000, Oligarchia. The Development of a Constitutional Form in Ancient Greece, Stuttgart.

Chr. Pébarthe 1999, Fiscalité, empire athénien et écriture: retour sur les causes de la guerre du Péloponnèse, Zeitschrift für Papyrologie und Epigraphik 129, 47–76.

A. Powell 1988, Athens and Sparta. Constructing Greek Political and Social History from 478 B. C., London.

W. Schuller 1985, Frauen in der griechischen Geschichte, Konstanz.

Ders. 1991, Griechische Geschichte (Oldenbourg Grundriß der Geschichte), München (3. Aufl.).

R. Sealey 1976, A History of the Greek City States ca. 700–338 B. C., Berkeley u. a.

K. Tausend 1992, Amphiktyonie und Symmachie. Formen zwischenstaatlicher Beziehungen im archaischen Griechenland, Stuttgart.

C. Ulf 1990, Die homerische Gesellschaft. Materialien zur analytischen Beschreibung und historischen Lokalisierung, München.

K.-W. Welwei 1998, Die griechische Polis. Verfassung und Gesellschaft in archaischer und klassischer Zeit, Stuttgart (2. Aufl.).

Athen

W. Ameling 1998, Landwirtschaft und Sklaverei im klassischen Athen, Historische Zeitschrift 266, 281–316.

E. Badian 2000, Back to Kleisthenic Chronology, in: P. Flensted-Jensen u. a. (Hgg.), s. unter Griechische Geschichte, 447–464.

B. Bleckmann 1998, Athens Weg in die Niederlage. Die letzten Jahre des peloponnesischen Kriegs, Stuttgart.

J. Bleicken 1987, Die Einheit der athenischen Demokratie in klassischer Zeit, Hermes 115, 257–283.

Ders. 1995, Die athenische Demokratie, Paderborn u. a. (4. Aufl.).

A. L. Boegehold 1994, Perikles' Citizenship Law of 451/0 B. C., in: Boegehold / Scafuro (Hgg.), s. dort, 57–66.

Ders. 1995, The Lawcourts at Athens. Sites, Buildings, Equipment, Procedure, and Testimonia (The Athenian Agora. Results of Excavations XXVIII), Princeton.

A. L. Boegehold / A. C. Scafuro (Hgg.) 1994, Athenian Identity and Civic Ideology, Baltimore-London.

J. S. Boersma 1970, The Athenian Building Policy from 561/0 to 405/4 B. C., Groningen.

L. Burckhardt / J. v. Ungern-Sternberg (Hgg.) 2000, Große Prozesse im antiken Athen, München.

J. M. Camp, 1989, Die Agora von Athen, Mainz.

E. Carawan 1998, Rhetoric and the Law of Draco, Oxford.

J. Cargill 1981, The Second Athenian League. Empire or free alliance?, Berkeley u. a.

G. L. Cawkwell 1976, The Imperialism of Thrasybulos, Classical Quarterly 70, 270–277.

W. A. P. Childs 1994, The Date of the Old Temple of Athena on the Athenian Acropolis, in: Coulsen u. a. (Hgg.) 1994, s. dort, 1–6.

W. D. E. Coulsen u. a. (Hgg.) 1994. The Archaeology of Athens and Attica under the Democracy, Oxford.

J. K. Davies, The Fourth Century Crisis: What Crisis?, in: Eder (Hg.) 1995, s. dort, 29–39.

B. Develin / M. Kilmer 1997, What Kleisthenes Did, Historia 46, 3–17.

M. Dreher 1983, Sophistik und Polisentwicklung. Die sophistischen Staatstheorien des fünften Jahrhunderts v. Chr. und ihr Bezug auf Entstehung und Wesen des griechischen, vorrangig athenischen Staates, Frankfurt a. M. / Bern.

Ders. 1993a (s. unter Quellenausgaben zu Aristoteles).

Ders. 1993b, Rez. M. H. Hansen 1991, The Athenian Democracy in the Age of Demosthenes. Structure, Principles and Ideology. Translated by J. A. Crook, Oxford, Göttingische Gelehrte Anzeigen 245, 160–187.

Ders. 1995a, Hegemon und Symmachoi. Untersuchungen zum Zweiten Athenischen Seebund, Berlin / New York.

Ders. 1995b, Poleis und Nicht-Poleis im Zweiten Athenischen Seebund, in: M. H. Hansen (Hg.), Sources for the Ancient Greek City State, Acts of the Copenhagen Polis Centre vol. 2 (Historisk-filosofiske Meddelelser 72), Kopenhagen, 171–200.

Ders. 1999, Rez. Eder (Hg.) 1995, s. dort, Klio 81, 242–244.

B. Dreyer 1999, Untersuchungen zur Geschichte des spätklassischen Athen (322 – ca. 230 v. Chr.), Stuttgart.

Ders. (im Druck), Wann endete die klassische Demokratie in Athen?, Ancient Society 31.

W. Eder (Hg.) 1995, Die athenische Demokratie im 4 Jahrhundert v. Chr. Vollendung oder Verfall einer Verfassungsform?, Stuttgart.

N. Ehrhardt 1992, Athen im 6. Jahrhundert v. Chr.: Quellenlage, Methodenproblem und Fakten, in: Antikensammlung Staatliche Museen Berlin (Hg.), Euphronios und seine Zeit, Berlin, 12–23.

P. Funke 1980, Homónoia und Arché. Athen und die griechische Staatenwelt vom Ende des Peloponnesischen Krieges bis zum Königsfrieden (404/3–387/6), Wiesbaden.

M. Gagarin 1981, Drakon and Early Athenian Homicide Law, New Haven / London.

C. Habicht 1995, Athen. Die Geschichte der Stadt in hellenistischer Zeit, München.

M. H. Hansen 1995, Die athenische Demokratie im Zeitalter des Demosthenes. Struktur, Prinzipien und Selbstverständnis, Deutsch von W. Schuller, Berlin.

E. M. Harris 1997, A New Solution to the Riddle of the Seisachtheia, in: Mitchell / Rhodes (Hgg.), s. unter Griechische Geschichte, 103–112.

C. Hignett 1967, A History of the Athenian Constitution to the End of the Fifth Century B. C., Oxford (4. Aufl.).

G. Horsmann 2000, Athens Weg zur eigenen Währung: Der Zusammenhang der metrologischen Reform Solons mit der timokratischen, Historia 49, 259–277.

D. Kagan 1981,The Peace of Nicias and the Sicilian Expedition, Ithaka / London.

K. H. Kinzl (Hg.) 1995, Demokratia. Der Weg zur Demokratie bei den Griechen, mit einer Einleitung von Kurt Raaflaub, Darmstadt.

M. Korres 1997, Die Athena-Tempel auf der Akropolis, in: W. Hoepfner (Hg.), Kult und Kultstatuen auf der Akropolis, Berlin, 218–243.

G. A. Lehmann 1987, Überlegungen zur Krise der attischen Demokratie im Peloponnesischen Krieg: Vom Ostrakismos des Hyperbolos zum Thargelion 411 v. Chr., Zeitschrift für Papyrologie und Epigraphik 69, 33–73.

Ders. 1997, Oligarchische Herrschaft im klassischen Athen. Zu den Krisen und Katastrophen der attischen Demokratie im 5. und 4. Jahrhundert, Opladen.

T. C. Loening 1987, The Reconciliation Agreement of 403/2 in Athens. Its Content and Application, Stuttgart.

H. Lohmann 1993, Atene. Forschungen zu Siedlungs- und Wirtschaftsstruktur des klassischen Attika I–II, Köln u. a.

C. Meier 1988, Die politische Kunst der griechischen Tragödie, München.

K. Meister 1972, Die Ungeschichtlichkeit des Kalliasfriedens und deren historische Folgen, Wiesbaden.

B. D. Meritt / H. T. Wade-Gery / M. F. McGregor (Hgg.) 1939–53, The Athenian Tribute Lists I–IV, Cambridge (Mass.) / Princeton (= ATL).

T. Morawetz 2000, Der Demos als Tyrann und Banause. Aspekte antidemokratischer Politik im Athen des 5. und 4. Jahrhunderts v. Chr., Frankfurt a. M. u. a.

D. Musti 1995, Demokratía. Origini di un'idea, Roma-Bari.

K. A. Raaflaub 1988, Athenische Geschichte und mündliche Überlieferung, in: J. v. Ungern-Sternberg / H. Reinau (Hgg.), Vergangenheit in mündlicher Überlieferung, Stuttgart, 197–225.

M. Rausch 1998, Kleisthenes, Isagoras, der Rat und das Volk: die athenische Innenpolitik zwischen dem Sturz der Tyrannis und dem Jahr 507 v. Chr., Chiron 28, 355–369.

Ders. 1999, Isonomia in Athen. Veränderungen des öffentlichen Lebens vom Sturz der Tyrannis bis zur zweiten Perserabwehr, Frankfurt.

E. Ruschenbusch 1966, Sólonos nómoi. Die Fragmente des solonischen Gesetzeswerkes mit einer Text- und Überlieferungsgeschichte, Wiesbaden.

F. X. Ryan 1999, Die areopagitische Herrschaft und die Areopagiten, Revue international des droits de l'Antiquité 46, 43–51.

L. J. Samons 1993, Athenian Finance and the Treasury of Athena, Historia 42, 129–138.

D. M. Schaps, 1998, What Was Free About a Free Athenian Women?, Transactions and Proceedings of the American Philological Association 128, 161–188.

W. Schmitz 1988, Wirtschaftliche Prosperität, soziale Integration und die Seebundpolitik Athens. Die Wirkung der Erfahrungen aus dem Ersten Attischen Seebund auf die athenische Außenpolitik in der ersten Hälfte des 4. Jahrhunderts v. Chr., München.

C. Schnurr-Redford 1996, Frauen im klassischen Athen. Sozialer Raum und reale Bewegungsfreiheit, Berlin.

W. Schuller 1974, Die Herrschaft der Athener im Ersten Attischen Seebund, Berlin / New York.

Ders. 1984, Wirkungen des Ersten Attischen Seebunds auf die Herausbildung der athenischen Demokratie, in: J. M. Balcer, H.-J. Gehrke, K. A. Raaflaub, W. Schuller, Studien zum Attischen Seebund, Konstanz, 87–101.

Ders. 1987, Neue Prinzipien der athenischen Demokratie, Der Staat 26, 527–538.

C. Schubert 2000, Der Areopag als Gerichtshof, Zeitschrift der Savigny-Stiftung für Rechtsgeschichte, Romanistische Abteilung, 117, 103–132.

R. Sealey, Demosthenes and his Time. A Study in Defeat, New York / Oxford 1993.

T. L. Shear Jr. 1994, Isonómus t'Athénas epoiesáten: The Agora and the Democracy, in: Coulsen u. a. (Hgg.), s. dort, 225–248.

P. Siewert 1982, Die Trittyen Attikas und die Heeresreform des Kleisthenes, München.

J. Spielvogel 1999, Wirtschaft und Geld bei Aristophanes. Untersuchungen zu den ökonomischen Bedingungen in Athen im 5. und 4. Jahrhundert v. Chr., Habilitationsschrift Bremen (Manuskript).

M. Steinbrecher 1985, Der delisch-attische Seebund und die athenisch-spartanischen Beziehungen in der kimonischen Ära (ca. 478–462/1), Stuttgart.
R. Stroud 1968, Drakon's Law on Homicide, Berkeley u. a.
R. Thomas 1989, Oral Tradition and Written Record in Classical Athens, Cambridge.
H. A. Thompson / R. E. Wycherley 1972, The Agora of Athens: The History, Shape and Uses of an Ancient City Center (The Athenian Agora. Results of Excavations XIV), Princeton.
G. Thür 1990, Die Todesstrafe im Blutprozeß Athens, The Journal of Juristic Papyrology 20, 143–156.
R. Urban 1991, Der Königsfrieden von 387/6 v. Chr. Vorgeschichte, Zustandekommen, Ergebnis und politische Umsetzung, Stuttgart.
R. W. Wallace 1983, The Date of Solon's Reforms, American Journal of Ancient History 8, 1983, 81–95.
Ders. 1989, The Areopagos Council to 307 B. C., Baltimore / London.
Ders. 1994, Private Lives and Public Enemies: Freedom of Thought in Classical Athens, in: Boegehold / Scafuro, s. dort, 127–155.
Ders. (im Druck), Freedom and Democracy in Ancient Athens.
K.-W. Welwei 1992, Athen. Vom neolithischen Siedlungsplatz zur archaischen Großpolis, Darmstadt.
Ders. 1999, Das klassische Athen. Demokratie und Machtpolitik im 5. und 4. Jahrhundert, Darmstadt.
D. Whitehead 1977, The Ideology of the Athenian Metic, Cambridge.
Ders. 1986, The Demes of Attica 508/7 – ca. 250 B. C. A Political and Social Study, Princeton.
Ders. 1998, Hó néos dasmós: «Tribute» in Classical Athens, Hermes 126, 173–188.

Sparta:
A. Andrewes 1978, Spartan Imperialism? in: P. D. A. Garnsey / C. R. Whittaker, Imperialism in the Ancient World, Cambridge, 92–102.
E. Baltrusch 1998, Sparta. Geschichte, Gesellschaft, Kultur, München.
Ders. 2001, Mythos oder Wirklichkeit? Die Helotengefahr und der Peloponnesische Bund, Historische Zeitschrift 272, 1–24.
R. Bernhardt 1987, Die Entstehung der Legende von der tyrannenfeindlichen Außenpolitik Spartas im sechsten und fünften Jahrhundert v. Chr., Historia 36, 257–289.
T. A. Boring 1979, Literacy in Ancient Sparta, Leiden.
K. Bringmann 1975, Die Große Rhetra und die Entstehung des spartanischen Kosmos, Historia 24, 513–538 (ND in: Christ (Hg.) 1986, s. dort, 351–386).
P. Cartledge, 1978, Literacy in the Spartan Oligarchy, Journal of Hellenic Studies 98, 25–37.
Ders. 1979, Sparta and Lakonia. A Regional History 1300–362 BC, London.
Ders. 1987, Agesilaos and the Crisis of Sparta, London.
Ders. 2000, Spartan Justice? or «the State of the Ephors»?, Dike 3, 5–26.
K. Christ (Hg.) 1986, Sparta, Darmstadt.
Ders. 1986, Spartaforschung und Spartabild, in: ders. (Hg.), s. dort, 1–72

W. G. Cavanagh / S. E. C. Walker (Hgg.) 1998, Sparta in Laconia, London.
G. L. Cawkwell 1993a, Sparta and Her Allies in the Sixth Century, Classical Quarterly 43, 364–376.
Ders. 1993b, Cleomenes, Mnemosyne 46, 1993, 506–527.
M. Clauss 1983, Sparta. Eine Einführung in seine Geschichte und Zivilisation, München.
E. David 1980, Revolutionary Agitation in Sparta After Leuctra, Athenaeum 68, 299–308.
M. H. Dettenhofer 1993, Die Frauen von Sparta: Gesellschaftliche Position und politische Relevanz, Klio 75, 61–75.
J. Ducat 1990, Les Hilotes, Paris.
Ders. 1999, Perspectives on Spartan Education in the Classical Period, in: Hodkinson / Powell (Hgg.), s. dort, 43–66.
B. Eder 1998, Argolis, Lakonien, Messenien. Vom Ende der mykenischen Palastzeit bis zur Einwanderung der Dorier, Wien.
V. Ehrenberg 1929, s. v. Sparta (Geschichte), RE III A, 1373–1453.
T. Figueira 1999, The Evolution of the Messenian Identity, in: Hodkinson / Powell (Hgg.), s. dort, 211–244.
N. R. E. Fisher 1994, Sparta Re(de)valued: Some Athenian Public Attitudes to Sparta Between Leuctra and the Lamian War, in: A. Powell / S. Hodkinson (Hgg.), s. dort, 347–400.
E. Flaig 1993, Die spartanische Abstimmung nach der Lautstärke. Überlegungen zu Thukydides 1,87, Historia 42, 139–160.
C. D. Hamilton, Sparta's Bitter Victories. Politics and Diplomacy in the Corinthian War, London.
E. Herrmann-Otto 1998, Verfassung und Gesellschaft Spartas in der Kritik des Aristoteles, Historia 47, 18–40.
S. Hodkinson 1983, Social Order and the Conflict of Values in Classical Sparta, Chiron 13, 239–281.
Ders. 1986, Land Tenure and Inheritance in Classical Sparta, Classical Quarterly 36, 378–406.
Ders. 1989, Inheritance, Marriage and Demography: Perspectives upon Success and Decline of Classical Sparta, in: Powell (Hg.), s. dort, 79–121.
Ders. 1994, ‹Blind Ploutos›? Contemporary Images of the Role of Wealth in Classical Sparta, in: Powell / Hodkinson (Hgg.), s. dort, 183–222.
Ders. 1997, The Development of Spartas Society and Institutions in the Archaic Period, in: Mitchell / Rhodes (Hgg.), s. unter Griechische Geschichte, 83–102.
Ders. 1998, Lakonian Artistic Production and the Problem of Spartan Austerity, in: Fisher / van Wees (Hgg.), s. unter Griechische Geschichte, 93–117.
Ders. 2000, Property and Wealth in Classical Sparta, London.
S. Hodkinson / A. Powell (Hgg.) 1999, Sparta. New Perspectives, London.
J. T. Hooker 1982, Sparta. Geschichte und Kultur, Stuttgart.
N. M. Kennell 1995, The Gymnasium of Virtue. Education and Culture in Ancient Sparta, Chapel Hill / London.
F. Kiechle 1963, Lakonien und Sparta. Untersuchungen zur ethnischen Struk-

tur und zur politischen Entwicklung Lakoniens und Spartas bis zum Ende der archaischen Zeit, München.
J. E. Lendon 1994, Thucydides and the ‹Constitution› of the Peloponnesian League, Greek, Roman and Byzantine Studies 35, 159–177.
S. Link 1994, Der Kosmos Sparta. Recht und Sitte in klassischer Zeit, Darmstadt.
D. Lotze 1993/94, Bürger zweiter Klasse: Spartas Periöken. Ihre Stellung und Funktion im Staat der Lakedaimonier, Akademie der gemeinnützigen Wissenschaften zu Erfurt, SB geisteswiss. Kl. 2, 37–51 (ND in Lotze 2000, s. unter Griechische Geschichte, 171–183).
A. Luther 2000, Die cholé basileía des Agesilaos, Ancient History Bulletin 14, 120–129.
D. M. MacDowell 1986, Spartan Law, Edinburgh.
I. Macgregor Morris 2000, To Make a New Thermopylae: Hellenism, Greek Liberation and the Battle of Thermopylae, in: Greece and Rome 47, 211–230.
M. Meier 1998, Aristokraten und Damoden. Untersuchungen zur inneren Entwicklung Spartas im 7. Jahrhundert v. Chr. und zur politischen Funktion der Dichtung des Tyrtaios, Stuttgart.
M. Meier 2000, Zwischen Königen und Demos. Überlegungen zur Funktion und Entwicklung des Ephorats in Sparta, Zeitschrift der Savigny-Stiftung für Rechtsgeschichte, Romanistische Abt., 117, 43–102.
E. Millender 1999, Athenian ideology and the empowered Spartan women, in: Hodkinson / Powell (Hgg.), s. dort, 355–391.
M. Nafissi 1991, La nascita del ‹kosmos›. Studi sulla storia e la società di Sparta, Neapel.
P. Oliva 1971, Sparta and her Social Problems, Amsterdam / Prag.
V. Parker 1989, Spartan Religion, in: Powell (Hg.), s. dort, 142–172.
Ders. 1991, The Dates of the Messenian Wars, Chiron 21, 25–47.
S. Pomeroy (im Druck), Xenophon's Spartan Women, in: C. Tuplin (Hgg.), s. Quellenliteratur zu Xenophon.
A. Powell (Hg.) 1989, Classical Sparta. Techniques behind her Success, London.
A. Powell / S. Hodkinson (Hgg.) 1994, The Shadow of Sparta, London.
E. Rawson 1969, The Spartan Tradition in European Thought, Oxford.
S. Rebenich 1998 (s. unter Quellenausgaben zu Xenophon).
N. Richer 1998, Les Éphores. Études sur l'histoire et sur l'image de Sparte, VIIIe-IIIe siècle avant Jésus-Christ, Paris.
J. M. Sanders (Hg.) 1992, Philolakon. Lakonian Studies in Honour of Hector Catling, London.
H. W. Singor 1999, Admission to the Syssitia in Fifth-Century Sparta, in: Hodkinson / Powell (Hgg.), s. dort, 67–89.
G. Shipley 1992, Perioikos: The Discovery of Classical Lakonia, in: J. M. Sanders (Hg.), s. dort, 211–226.
Ders. 1997, «The Other Lakedaimonians»: The Dependent Perioikic Poleis of Laconia and Messenia, in: M. H. Hansen (Hg.), The Polis as an Urban Centre and as a Political Community (Acts of the Copenhagen Polis Centre Vol.4), Kopenhagen, 189–281.

C. G. Starr 1986, Die Glaubwürdigkeit der frühen spartanischen Geschichte, in: Christ (Hg.), s. dort, 264–289.
C. M. Stibbe 1996, Das andere Sparta, Mainz.
L. Thommen 1996, Lakedaimonion politeia. Die Entstehung der spartanischen Verfassung, Stuttgart.
Ders. 1999, Spartanische Frauen, Museum Helveticum 56, 129–149.
Ders. 2000a, Spartas fehlende Lokalgeschichte, Gymnasium 107, 399–408.
Ders. 2000b, Spartas Umgang mit der Vergangenheit, Historia 49, 40–53.
N. Tigerstedt 1965–1978, The Legend of Sparta in Classical Antiquity I–III, Stockholm.
H. van Wees, 1999, Tyrtaeus' Eunomia. Nothing to do with the Great Rhetra, in: Hodkinson / Powell (Hgg.), s. dort, 1–41.
K.-W. Welwei 1979, Die spartanische Phylenordnung im Spiegel der Großen Rhetra und des Tyrtaios, Gymnasium 86, 178–196 (ND in: Christ (Hg.), s. dort, 426–447).
Ders. 1997, Apella oder Ekklesia? Zur Bezeichnung der spartanischen Volksversammlung, Rheinisches Museum 140, 242–249.
K. Wickert 1961, Der Peloponnesische Bund von seiner Entstehung bis zum Ende des archidamischen Krieges, Erlangen.
L. Wierschowski 1998, Die demographisch-politischen Auswirkungen des Erdbebens von 464 v. Chr. für Sparta, in: E. Olshausen / H. Sonnabend (Hgg.), Stuttgarter Kolloquium zur Historischen Geographie des Altertums 6, «Naturkatastrophen in der antiken Welt», Stuttgart, 291–306.
M. Zahrnt 1989, Delphi, Sparta und die Rückführung der Alkmeoniden, Zeitschrift für Papyrologie und Epigraphik 76, 297–307.

Register

(Ständig vorkommende Begriffe wie Athen, Attika, Peloponnes, Sparta sind nicht aufgenommen. Häufiger zitierte antike Autoren sind nicht mit allen, sondern nur mit charakteristischen Belegstellen aufgenommen. Akzente auf den griechischen Termini zeigen die im Deutschen übliche Betonung an.)

Karten

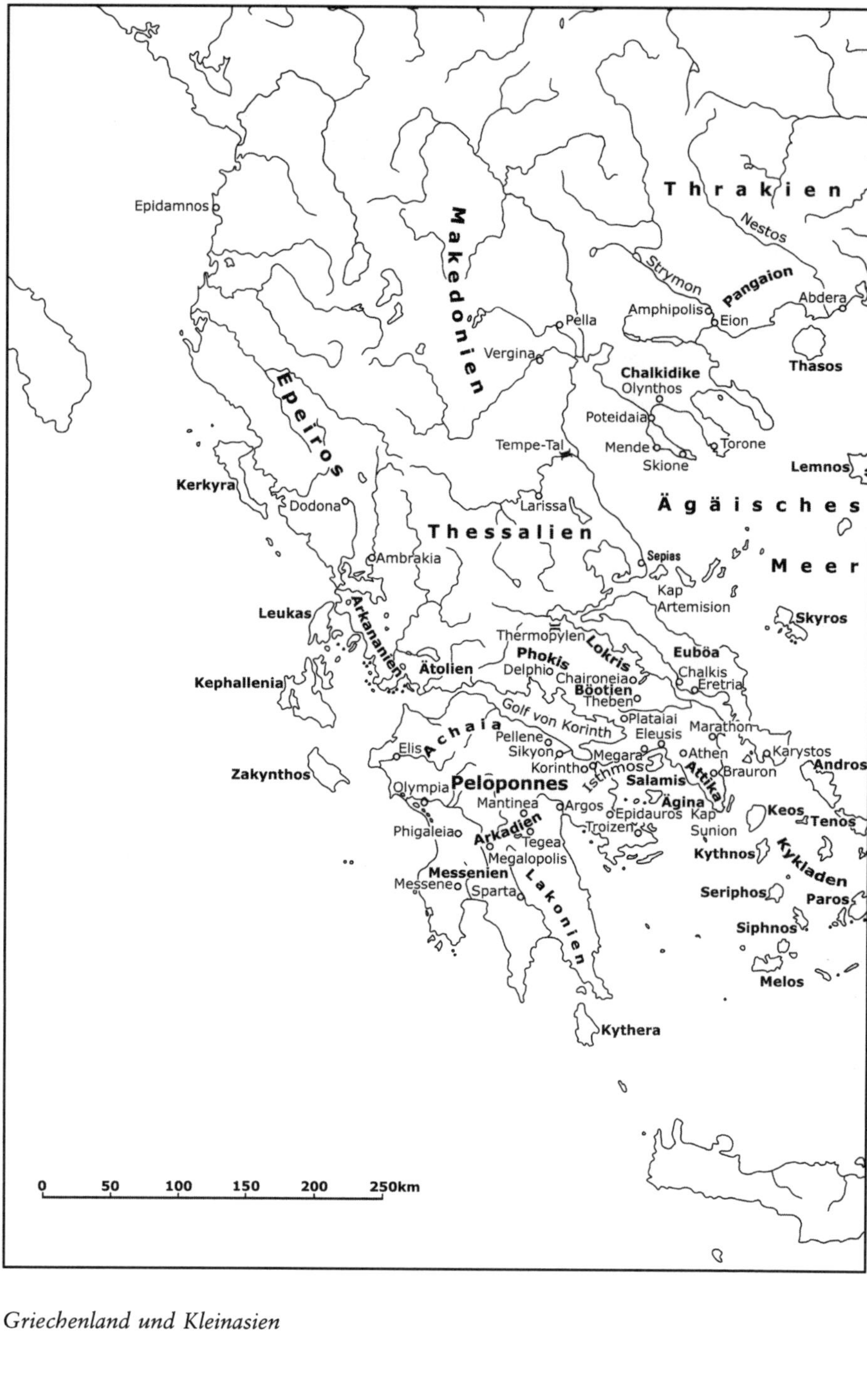

Griechenland und Kleinasien

Schwarzes Meer
Hebros
Herakleia
Byzantion
Kalchedon
Bosporus
Doriskos
Propontis
Samothrake
Kardia
Chersonesos
Hellespont
Aigospotamoi
Sestos
Madytos
Lampsakos
Kyzikos
Sangarios
Granikos
Abydos
Dardanos
Daskyleion
Sigeion
Ilion
Phrygien
(am Hellespont)
Gordion
Assos
Adramytteion
Methymna
Mytilene
Kaikos
Lesbos
Pergamon
Arginusen In.
Lydien
Phrygien
Kyme
Phokaia
Larisa
Hermos
Sardes
Chios
Smyrna
Erythrai
Klazomenai
Kaystros
Kelainai
Teos
Kolophon
Ephesos
Samos
Tralleis
Maiandros
Mykale
Magnesia
Priene
Myus
Latmos
Eurymedon
Pamphylien
Mykonos
Milet
Iasos
Didyma
Karien
Naxos
Halikarnassos
Kos
Kaunos
Amorgos
Knidos
Phaselis
Lykien
Ialysos
Kameiros
Rhodos
Thera
Lindos
Mittelmeer
Kreta

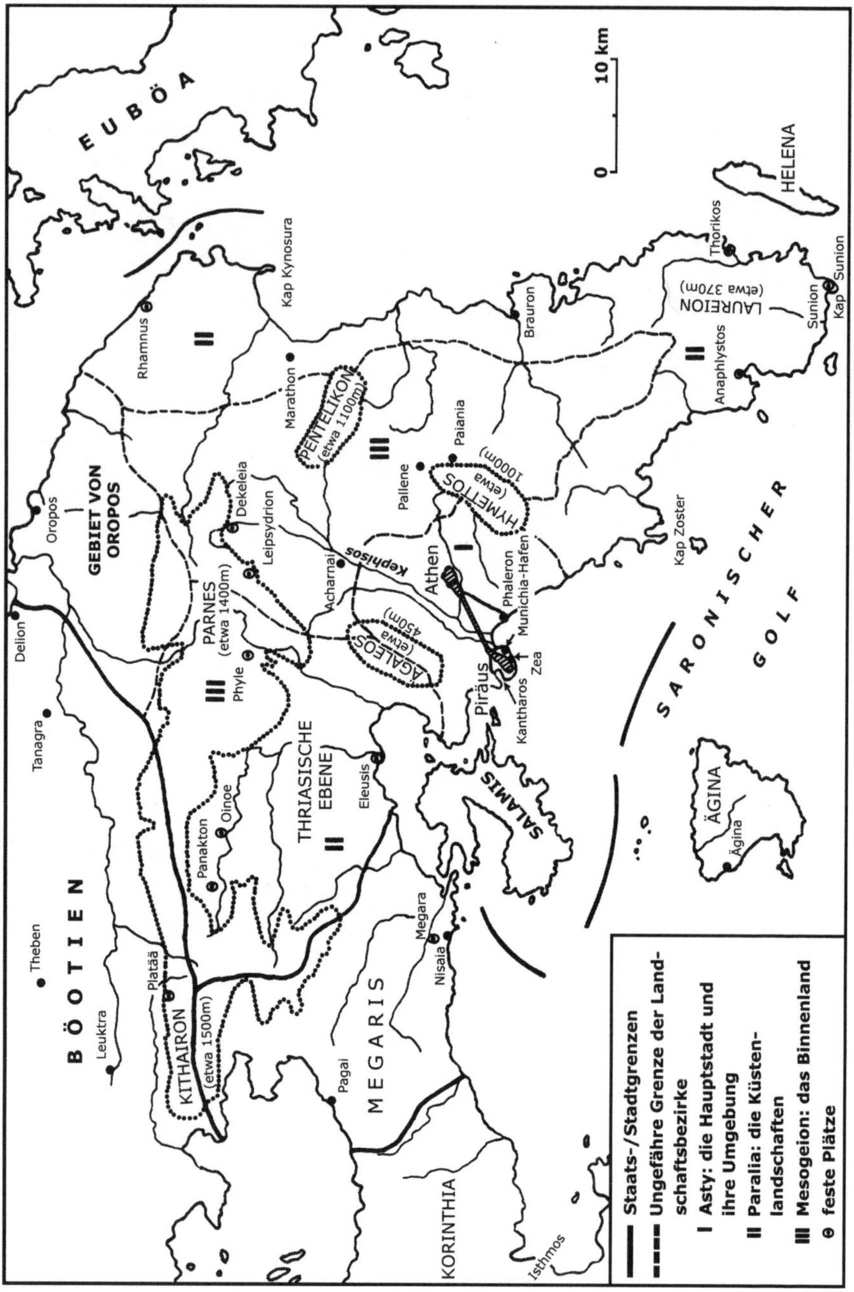
EUBÖA
BÖOTIEN
Theben
Leuktra
Tanagra
Delion
Oropos
GEBIET VON OROPOS
Rhamnus
Kap Kynosura
Marathon
PENTELIKON (etwa 1100m)
Plataä
KITHAIRON (etwa 1500m)
Panakton
Oinoe
Phyle
PARNES (etwa 1400m)
Dekeleia
Leipsydrion
Acharnai
Kephisos
THRIASISCHE EBENE
Eleusis
AGALEOS (etwa 450m)
Athen
HYMETTOS (etwa 1000m)
Pallene
Paiania
Brauron
Phaleron
Munichia-Hafen
Piräus
Kantharos
Zea
SALAMIS
MEGARIS
Megara
Nisaia
Pagai
KORINTHIA
Isthmos
SARONISCHER GOLF
ÄGINA
Ägina
Kap Zoster
Anaphlystos
LAUREION (etwa 370m)
Thorikos
Sunion
Kap Sunion
HELENA
0
10 km
Staats-/Stadtgrenzen
Ungefähre Grenze der Landschaftsbezirke
I Asty: die Hauptstadt und ihre Umgebung
II Paralia: die Küstenlandschaften
III Mesogeion: das Binnenland
feste Plätze

Attika

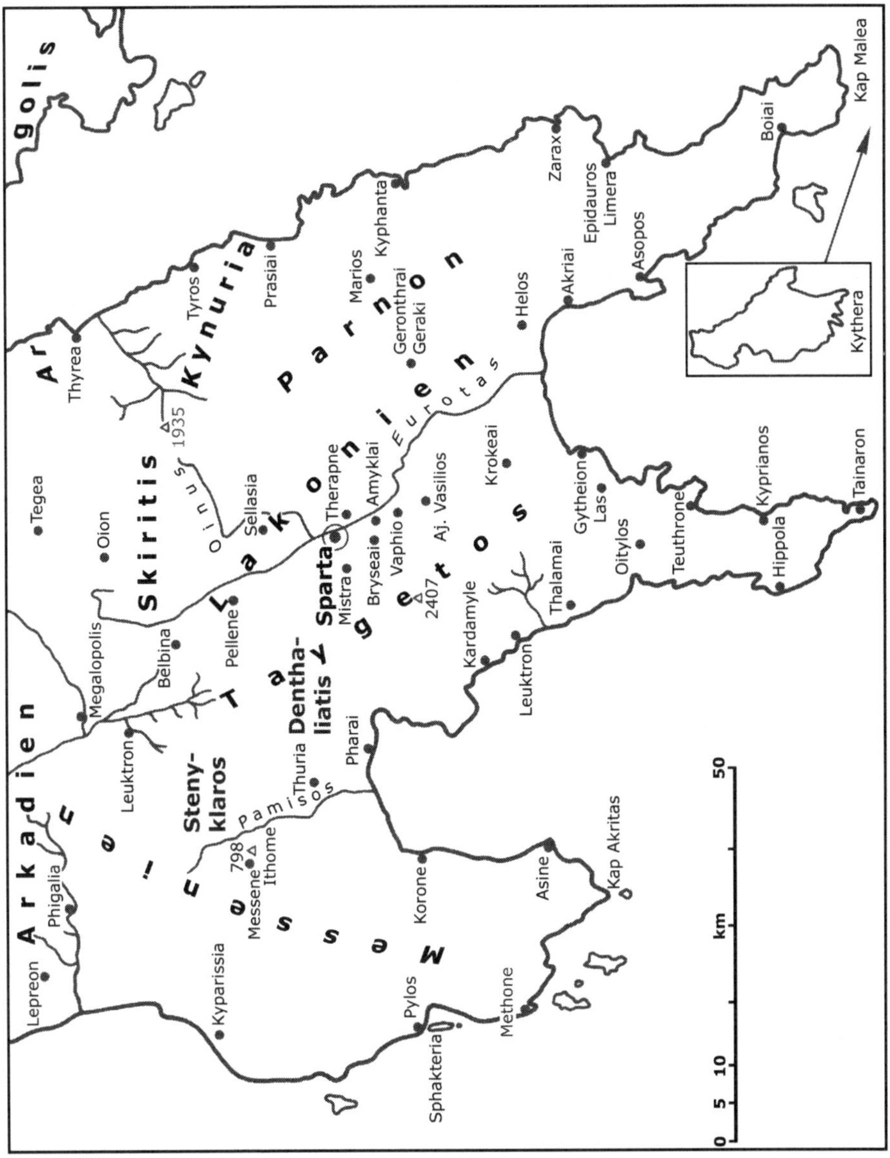

Südliche Peleponnes

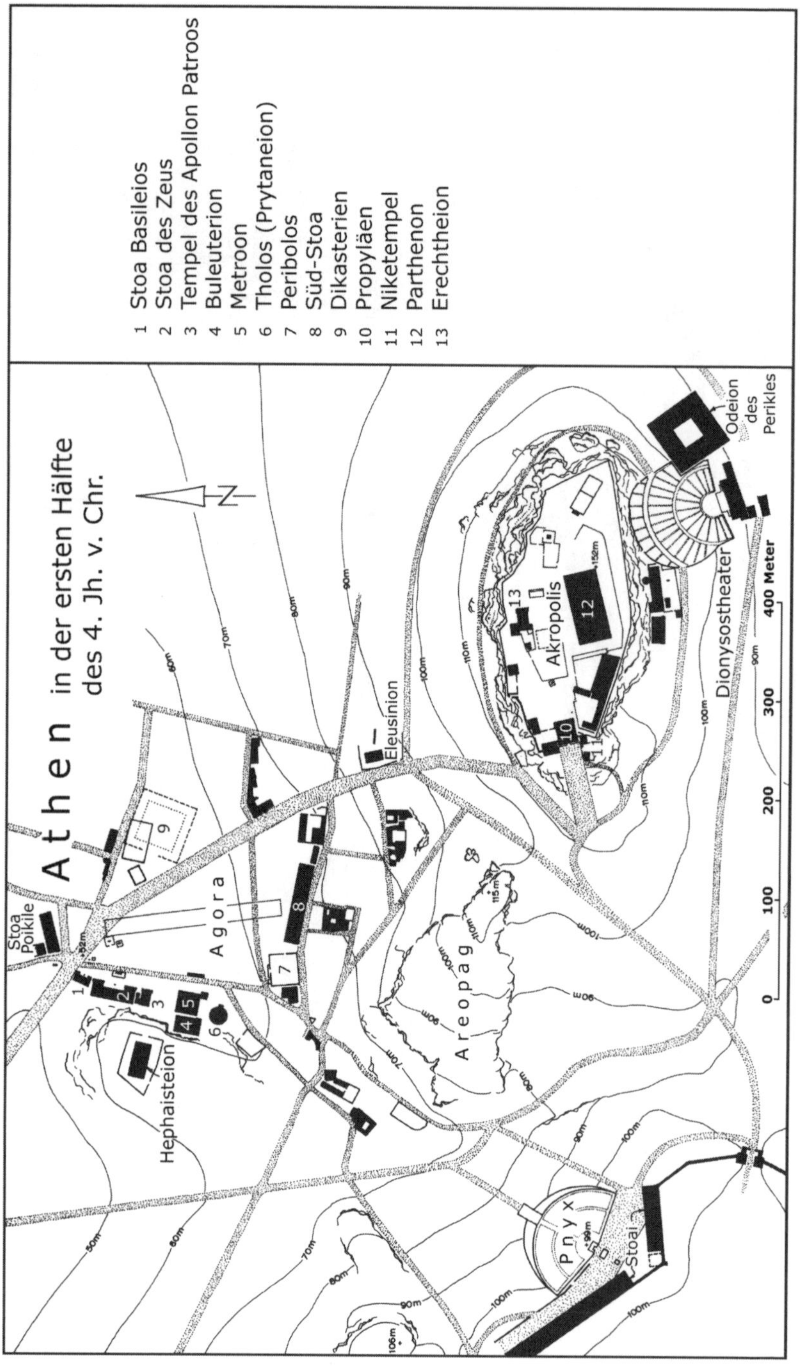

Athenisches Stadtgebiet

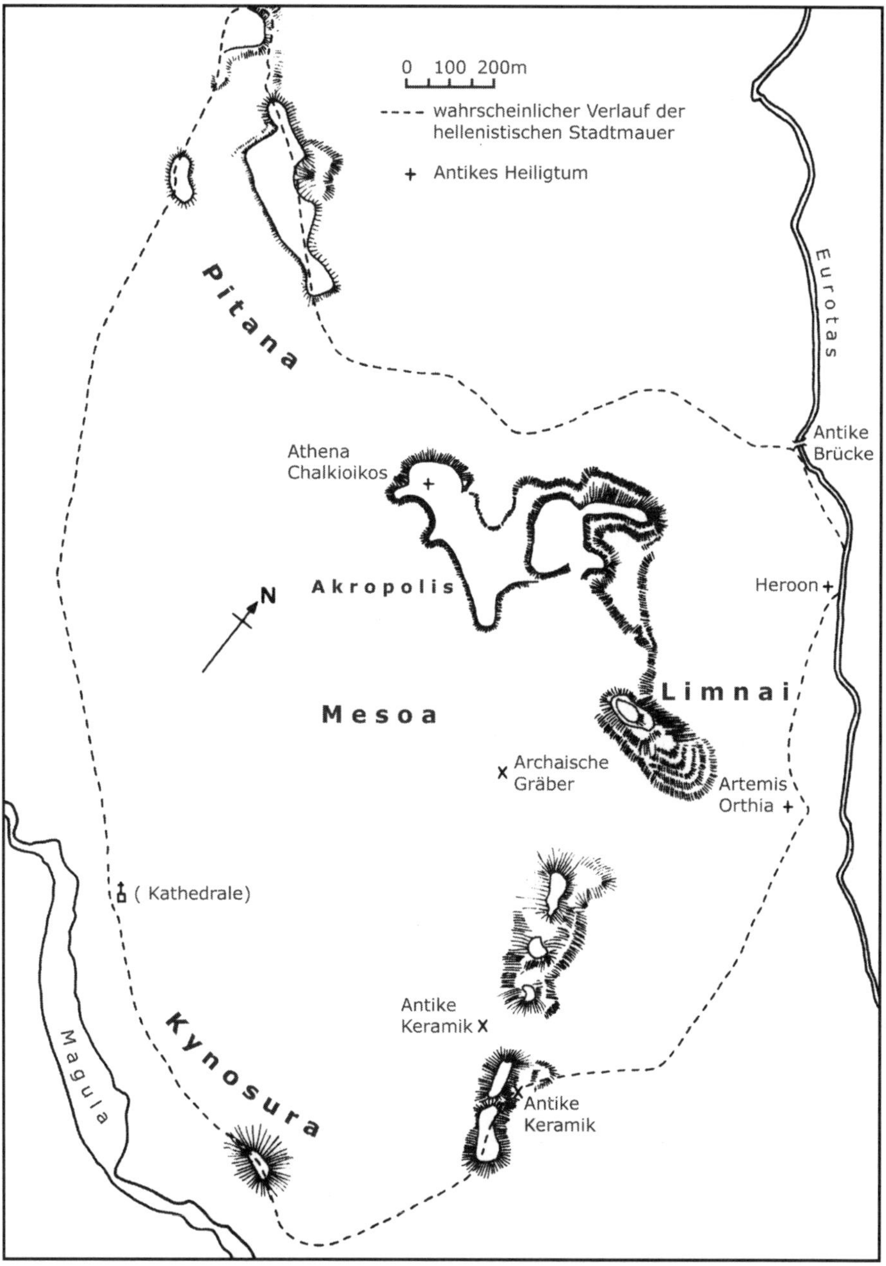

Spartanisches Stadtgebiet

Studienbücher zur Antike bei C. H. Beck

Karl Christ
Die Römer
Eine Einführung in ihre Geschichte und Zivilisation
3., überarbeitete Auflage. 1994.
328 Seiten mit 16 Abbildungen auf 8 Tafeln und 10 Karten.
Broschiert
C. H. Beck Studium

Manfred Clauss
Einführung in die Alte Geschichte
1993. 217 Seiten mit 18 Abbildungen.
Broschiert
C. H. Beck Studium

Peter Riemer, Michael Weißenberger, Bernhard Zimmermann
Einführung in das Studium der Gräzistik
2000. 252 Seiten mit 12 Abbildungen,
1 Karte und 4 Stammbäumen.
Broschiert
C. H. Beck Studium

Peter Riemer, Michael Weißenberger, Bernhard Zimmermann
Einführung in das Studium der Latinistik
1998. 232 Seiten mit 6 Abbildungen und 1 Karte.
Broschiert
C. H. Beck Studium

Ulrich Sinn
Einführung in die klassische Archäologie
2000. 239 Seiten mit 32 Abbildungen.
Broschiert
C. H. Beck Studium

Verlag C. H. Beck München